LES IDÉES
LES FAITS
& LES ŒUVRES

ANDRÉ HALLAYS

EN·FLÂNANT

SOCIÉTÉ·D'ÉDITION·ARTISTIQUE·PARIS
PAVILLON DE HANOVRE·Rue LOUIS LE GRAND·32·34

à Monsieur Maurice Barrès
affectueux souvenir
André Hallays

En Flânant

IL A ÉTÉ TIRÉ DE CET OUVRAGE :

Dix exemplaires de grand luxe sur Japon

numérotés de 1 à 10

ET

Quinze exemplaires de luxe sur Hollande

numérotés de 11 à 25.

Droits de traduction réservés pour tous pays
y compris la Suède et la Norvège.

7847-99. — CORBEIL. Imprimerie ÉD. CRÉTÉ

LES IDÉES, LES FAITS ET LES ŒUVRES

André HALLAYS

En Flânant

PARIS
SOCIÉTÉ D'ÉDITION ARTISTIQUE
32 et 34, Rue Louis-le-Grand (Pavillon de Hanovre)

A TRAVERS LES IDÉES

DE L'INFLUENCE
DES
LITTÉRATURES ÉTRANGÈRES

> Lasst alle Völker unter gleichem Himmel
> Sich gleicher Gabe wohlgemut erfreun !
> GOETHE.

I

Est-il encore nécessaire de démontrer qu'en France, et ailleurs, l'influence des littératures étrangères n'est pas un phénomène nouveau ? On l'a déjà cent fois constaté. Noter et classer ces influences diverses serait proprement écrire l'histoire de *toute* la littérature française. Car, pour être mortes, les littératures grecque et latine n'en sont pas moins « étrangères » ; et quel est le poète, quel est l'écrivain qui, du xvi° siècle jusqu'à nous, ne porte l'empreinte, plus ou moins profonde, de l'éducation classique ? Mais laissons les anciens. Les Espagnols et les Italiens au xvii° siècle, les Anglais au xviii°, les Allemands, les Anglais et les Italiens au commencement du xix°, ont agi sur l'imagination des auteurs français.

Sans remonter bien loin dans le passé, arrêtons-nous aux origines du romantisme. On n'a pas encore tenté un tableau complet de cette époque littéraire. C'est pourtant un admirable sujet : car le siècle entier a vécu de l'esthétique alors inventée. Peut-être même, parmi beaucoup d'œuvres que nous avons naguère crues nouvelles, quelques-unes ne paraîtront-elles dans l'avenir que les dernières manifestations du romantisme à son déclin. Mais le romantisme nous intéresse ici seulement comme le premier éveil du cosmopolitisme littéraire et intellectuel.

De nos jours, de nombreux critiques ont repris et développé cette remarque pénétrante de madame de Staël : « J.-J. Rousseau, Bernardin de Saint-Pierre, Chateaubriand, dans quelques-uns de leurs ouvrages, sont tous, même à leur insu, de l'école germanique, c'est-à-dire qu'*ils ne puisent leur talent que dans le fond de leur âme* (1). » (En ce temps-là, « germanique » est le synonyme de romantique.) Si l'on étudie de près la révolution qui alors transforma les lettres françaises, si on laisse de côté les apparences, la mode, le décor, le procédé, on voit que cette simple phrase de madame de Staël définit bien la vraie originalité de l'esthétique nouvelle : le droit et le devoir pour l'artiste de laisser sa propre sensibilité s'épancher en ses œuvres. Le romantisme fut surtout l'avènement de la littérature personnelle. Rousseau est le premier écrivain de langue française qui ait ouvert cette voie inconnue.

Mais, cela dit, on a expliqué le romantisme et non les

---

(1) *De l'Allemagne,* 2ᵉ partie, ch. Iᵉʳ.

romantiques. Il reste à déterminer comment se sont formées les sensibilités si diverses des poètes, des romanciers et des dramaturges qui publièrent leurs chefs-d'œuvre aux environs de l'année 1830.

C'est ici qu'apparaît l'influence des littératures étrangères, de *toutes* les littératures étrangères ; car il serait injuste de nier la part qu'eurent les littératures du Midi dans l'éducation et le développement des romantiques français. Madame de Staël a écrit son livre *De l'Allemagne*, « un puissant instrument, dit Gœthe, qui fit la première brèche dans la muraille chinoise d'antiques préjugés élevée entre nous et la France » ; mais elle est aussi l'auteur de *Corinne* et elle lisait Calderon dans les traductions de Schlegel. L'ouvrage de Sismondi sur *la Littérature du midi de l'Europe* a été une des armes de guerre des romantiques contre les classiques. Charles Nodier promenait ses curiosités enthousiastes du nord au sud et écrivait des études même sur les littératures slaves. Enfin la *Collection des chefs-d'œuvre des théâtres étrangers*, où tant de poètes français puisèrent leur érudition et cherchèrent leur inspiration, contient des pièces de Calderon à côté de celles de Schiller.

Les classiques, du reste, montraient le même dégoût des Espagnols que des Allemands ou des Anglais : Geoffroy parlait avec horreur du « fumier des Shakespeare, des Calderon, des Lope de Vega ».

Si l'on considère, non plus les écrits des critiques, mais l'œuvre même des poètes, l'éclectisme des romantiques français éclate encore avec plus d'évidence. Qui niera ce que doit à l'Espagne le génie de Victor Hugo ? Qui ne distinguera dans le théâtre de Musset, avec la part de Shakespeare, celle des conteurs italiens ? Tous les jeunes poètes qu'il était de mode, sous la Restauration, d'appeler les « adorateurs de la Melpomène germanique », parce qu'ils applaudissaient la *Marie Stuart* de Schiller dans la pauvre adaptation de Lebrun, étaient les mêmes qui, pris d'une ferveur toute classique, s'indignaient à la pensée de la Grèce asservie.

Ce fut donc à l'époque du romantisme, que pour la première fois les artistes français eurent la notion réfléchie qu'il existait, dans le présent et dans le passé, d'autres littératures riches et diverses où leur imagination pouvait, sans crainte ni scrupule, trouver un aliment. Avant eux, Corneille, Molière, Voltaire, Montesquieu, avaient déjà fait de semblables emprunts, d'instinct, en dissimulant plus ou moins leurs prises. Les premiers, les romantiques ont délibérément battu tout le champ de la culture européenne. Les premiers, ils ont érigé en maxime la vieille coutume des échanges grâce auxquels toutes les littératures se sont sans cesse renouvelées. « Il est permis, dit Chateaubriand, de profiter des idées et des images exprimées dans une langue étrangère pour enrichir la sienne ; cela s'est vu dans tous les siècles et dans tous les temps. Je reconnais tout d'abord que, dans ma première jeunesse, *Ossian, Werther, les Rêveries du promeneur solitaire, les Études de la nature*, ont pu s'apparenter à mes idées : mais je n'ai rien dissimulé du plaisir que me causaient des ouvrages où je me délectais (1). »

De nos jours, après quelques années d'engourdisse-

---

(1) *Mémoires d'outre-tombe*, t. III, p. 318.

ment, la curiosité littéraire s'est réveillée avec une grande ardeur. De toutes parts, on s'est mis à l'étude des littératures étrangères : MM. Émile Montégut et Scherer ont glorifié les romans de George Eliot. M. Bourget a exprimé son admiration pour les poètes anglais. M. Rod a révélé aux Français l'existence d'une littérature contemporaine en Allemagne et en Italie. M. de Vogüé s'est fait l'apôtre du réalisme russe. Des Russes on passa aux Scandinaves: Ibsen, Björnson, Strindberg, etc... Puis on prêta quelque attention à la renaissance littéraire de la jeune Allemagne. Tous ces enthousiasmes successifs pour des génies aussi divers que Ibsen, Tolstoï, Nietzsche, montrent bien que cette enquête fut menée sans parti pris. On a, il est vrai, accusé les Français de ne plus admirer que les littératures septentrionales. Mais la raison peut-être en était qu'ils admiraient simplement ce qu'il y avait d'admirable. D'ailleurs, quelques romans et quelques poèmes remarquables ayant paru en Italie, il ne semble pas qu'on veuille les exiler de la France. M. d'Annunzio n'est pas un homme du Nord, j'imagine. Quant à savoir si, né le plus latin des Latins, il n'a pas subi l'influence d'écrivains nés sous une latitude plus septentrionale, c'est une autre question.

Parmi toutes les œuvres ainsi apportées à la France, beaucoup ont excité l'admiration, non seulement des écrivains, mais aussi du public français. Et c'est là le trait essentiel par où se distinguent le cosmopolitisme littéraire d'aujourd'hui et le cosmopolitisme littéraire de 1830.

Jusqu'à nos jours, on n'admirait guère les étrangers

que sur la foi des critiques ou des adaptateurs. On lisait en France des études, des extraits, des résumés, non les œuvres elles-mêmes. Les traductions étaient rares et, en général, infidèles. Ces excursions intellectuelles n'intéressaient le plus souvent que les « professionnels » de la littérature. Le public ignorait les originaux, il n'avait sous les yeux que des copies, où le copiste avait souvent mis du sien. Maintenant tout est changé. La connaissance des langues étrangères s'est répandue. Les traductions se sont multipliées ; beaucoup sont loin d'être parfaites, mais elles ont du moins le mérite de vouloir être littérales. On répugne aux arrangements et aux coupures. On traduit les poètes en prose, plutôt que de s'acharner à de déloyales versifications. On ne se contente plus de mettre en français les chefs-d'œuvre ; on nous donne des ouvrages de second et de troisième ordre, et nous pouvons ainsi mieux saisir l'originalité des maîtres. Enfin, sur nos théâtres, on consent à représenter des drames joués, en ces dernières années, sur les scènes de Norvège et d'Allemagne, sans les défigurer par de sottes mutilations et d'ineptes remaniements.

Le résultat de ces mœurs nouvelles a été que le public, mis en présence des œuvres étrangères, a pu les juger et les comprendre. Les idées de Tolstoï parviennent jusqu'à nous sans passer par un critique qui, malgré son scrupule d'exactitude, les colore toujours du reflet de son imagination personnelle ; entre Tolstoï et nous il n'y a plus que les inévitables infidélités d'une traduction. Et de même pour les œuvres dramatiques. Sans doute, les maladresses d'un régisseur ou d'un comédien peuvent cruellement déformer un drame, même si le texte français est une version fidèle. Mais peu à peu cet inconvénient s'atténuera : on recevra plus docilement les indications de l'auteur, on adoptera les traditions de théâtre où la pièce fut pour la première fois représentée.

C'est ainsi qu'aujourd'hui l'action des littératures étrangères peut s'exercer sur tout l'organisme intellectuel de la France. On lit les œuvres russes, scandinaves, italiennes, non plus comme des « curiosités » exotiques, mais avec le même empressement et la même liberté de jugement que si ces livres étaient d'auteurs nationaux. Cela est une grande nouveauté. Beaucoup de critiques français l'ont senti plus ou moins confusément. Les uns en ont témoigné un étonnement joyeux. Les autres en ont manifesté de grandes inquiétudes. Ce sont ces alarmes que je voudrais dissiper.

II

Nous laisserons à leurs stupides engouements les *snobs* qui débordent d'enthousiasme, aussitôt que devant eux est prononcé un nom d'écrivain ou d'artiste à désinence exotique. Pour ces gens, le goût des choses étrangères est une simple affaire de mode ; c'est un « sport ». Leur ignorance des littératures européennes n'a d'égale que leur ignorance de la littérature française. Ils auraient depuis longtemps découragé par leur bruyante niaiserie les admirateurs de Richard Wagner, si nous ne devions au génie de l'aimer toujours, malgré tout, en dépit de la sottise ou de la simonie de ceux qui célèbrent son culte.

Nous ne parlerons pas davantage d'une autre engeance, non moins malfaisante : la société des protectionnistes de lettres, ce syndicat de vaudevillistes qui, pour défendre leurs marchandises contre l'importation étrangère, se font, tour à tour, pitres ou patriotes.

Mais il y a des esprits sérieux et réfléchis, qui se sont demandé en toute sincérité si l'intrusion des écrivains étrangers n'était pas un péril pour notre propre littérature et si, à la longue, elle ne pouvait pas pervertir l'« âme française ».

Avant de tant s'alarmer, il faudrait, semble-t-il, faire une distinction psychologique.

Admirer une œuvre d'art n'est pas toujours l'indice qu'on doit en subir l'influence. Je puis trouver fort beaux les romans de Tolstoï sans que mes convictions en soient modifiées, sans que ma vie en soit troublée. Je sais des hommes qui, par tempérament, sont les gens les moins lyriques et les moins mystiques du monde, et qui ne sauraient écouter *Parsifal* sans être bouleversés jusqu'aux larmes. C'est ainsi qu'on peut être sensible à des ordres de beauté très divers. Et je me rappelle ce passage d'une lettre de mademoiselle de Lespinasse citée par Stendhal : « Oui, dans tous les genres, j'aimerai ce qui paraît opposé, *mais qui n'est peut-être opposé que pour les gens qui veulent toujours juger et qui ont le malheur de ne point sentir.* »

Combien d'écrivains et d'artistes jugent et créent selon des poétiques contradictoires et démentent leurs sympathies et leurs admirations par le caractère même de leur œuvre ! Au début du siècle, Nodier travaille à l'avènement du romantisme : il défend contre les classiques Gœthe, Schiller, Shakespeare ; il soutient de toutes ses forces les jeunes poètes du cénacle. C'est lui qui en 1818 écrit ces lignes, lesquelles sont encore aujourd'hui la meilleure réponse aux critiques acharnés contre les écrivains étrangers : « Ce n'est pas en les accablant d'un profond mépris, en les rabaissant au-dessous des bardes sauvages des peuplades les plus barbares, en les livrant à la discussion publique dans d'indignes travestissements que nous parviendrons à détruire les inductions tirées en leur faveur du suffrage des nations... Il fallait anéantir Shakespeare ou ne pas essayer de le dégrader. Attaquer une renommée qui résiste à toutes les attaques, c'est s'avilir en pure perte. » Si maintenant on lit les charmants ouvrages de cet écrivain, épris de toutes les nouveautés et curieux des littératures étrangères, on découvre un talent très peu romantique ; et lui-même semble avoir jugé son propre style, lorsqu'un jour il a défini la langue française une langue « exacte, noble, élégante, mais timide et délicate ». — On connaît par son *Journal* les goûts musicaux et littéraires d'Eugène Delacroix : le peintre de la *Barque de Don Juan* mettait Racine au-dessus de tous les poètes et Mozart au-dessus de tous les musiciens. — Mêmes contrastes chez Berlioz : l'auteur de la *Symphonie fantastique* adorait Virgile. — Il n'y a rien de commun entre le talent de Tourgueneff, fait d'intuition et de tendresse, et le talent précis et déductif de Mérimée : cependant, Mérimée aimait Tourgueneff. — « Je ne peux mieux vous comparer qu'à un grand fleuve d'Amérique. Énormité et douceur », écrivait Gustave Flaubert à George Sand ; et toute la correspondance publiée montre la grande, la profonde admiration de Flaubert pour George Sand. Comparez pourtant *Indiana* et *Madame Bovary*... Et l'on citerait cent autres artistes en qui se peut observer la même antithèse. C'est ce qu'un ingénieux critique traduisait naguère par cette maxime : « On produit avec son tempérament, on juge avec son esprit. »

Écrivains ou lecteurs ne sont donc pas fatalement les victimes de leurs enthousiasmes artistiques. Il peut y avoir admiration sans qu'il y ait influence. Cela est surtout vrai pour la France, nation de culture très ancienne et très raffinée où l'art n'a jamais été mêlé intimement à la vie populaire et où les goûts littéraires de chacun ont peu d'effet sur la conduite de sa vie.

Néanmoins, il y a certainement des hommes chez qui n'existe pas cette sorte de dualité psychologique. Ceux-là ont un invincible penchant à subir l'ascendant intellectuel et moral des artistes ou des penseurs qu'ils admirent. Ils se laissent pétrir et modeler par les écrivains qui ont éveillé leur enthousiasme. L'individualisme a beau faire de rapides progrès — décimant chaque jour la foule des disciples et des imitateurs et faisant pulluler celle des utopistes et des héros manqués, — combien de cerveaux demeurent encore dociles à toutes les suggestions ! Il ne faut pas soutenir *a priori* que drames, romans et poèmes venus du dehors restent sans effet sur les imaginations françaises. Quelle sera donc leur influence sur ce qu'on appelle le génie national ?

Pour répondre à une pareille question, il faudrait d'abord définir avec précision « l'esprit français » et en marquer les caractères essentiels. C'est une tâche embarrassante.

A la vérité, pour certaines personnes, la chose va de soi. Elles pensent très sérieusement ce qu'Alfred de Vigny écrivait en un jour de colère : « Tout Français, ou à peu près, naît vaudevilliste et ne conçoit pas plus haut que le vaudeville (1). » Il n'y a pas longtemps qu'un académicien personnifiait l'esprit français dans Eugène Labiche et sommait les jeunes gens de renoncer à leurs sottes curiosités et de prendre tous pour modèle l'auteur de *la Cagnotte*. Dites au pied de la statue de Bossuet, ces choses étaient d'une délicieuse bouffonnerie.

D'autres, moins facétieux, ont cherché des définitions plus larges et grâce auxquelles il fût possible de ne pas traiter Pascal, Racine et Chateaubriand comme des Moscovites. Mais ils en sont encore à découvrir une formule qui ne mette pas quelques grands auteurs français hors de la littérature française. C'est peut-être que le caractère unique de « l'esprit français » est une prodigieuse diversité.

En effet, le mot de « français » n'est pas une expression ethnique. C'est une expression historique, rien de plus. Du pêle-mêle des races qui ont peuplé notre territoire est sortie une variété de types tout à fait extraordinaire. Depuis un siècle, surtout, les sangs se sont mêlés encore davantage : la vie nomade des fonctionnaires, des magistrats, des militaires, des ouvriers, a achevé cette grande confusion, jadis commencée par les invasions et les passages d'armées. Sauf dans les campagnes, il n'y a plus guère aujourd'hui de Français qui ait dans les veines le pur sang de sa province. Et les incessantes

---

(1) *Journal d'un poète*, 1829.

immigrations d'ouvriers étrangers augmentent encore la complexité des filiations. Essayez donc de saisir et de fixer en une formule « l'esprit » d'un peuple dont les caractères ethniques sont ainsi brouillés, confondus et effacés !

Peut-être est-il permis de dire qu'en art et en littérature « l'esprit français » se reconnaît à un certain goût de la mesure, à une sorte d'heureux équilibre intellectuel. Ne donnez pourtant pas trop de rigueur à cette remarque : vous seriez exposés à renier Corneille, Hugo, Balzac et d'autres encore. Ce goût de la mesure, cet heureux équilibre intellectuel sont du reste les conséquences naturelles de la confusion des races. Dans l'individu, les tendances des races diverses se modèrent, se tempèrent les unes par les autres ; elles se gardent mutuellement des excès ; les hérédités se font contrepoids. D'autre part, si les caractères d'une race unique prédominent chez un artiste, celui-ci n'en est pas moins forcé d'en corriger toutes les exagérations pour ne point choquer les goûts variés et complexes de la nation à qui son œuvre s'adresse.

De cette infinie diversité de « l'esprit français » on peut encore conclure qu'il sera plus apte qu'un autre à recevoir avec curiosité et avec sympathie les œuvres les plus diverses et même les plus opposées des littératures européennes.

A entendre certains critiques, on croirait qu'il n'existe au monde que deux littératures : la française et l'étrangère. Pour eux, tout ce qui vit et pense au delà de nos frontières forme une masse indistincte et confuse : c'est la barbarie. D'autres consentent à couper l'Europe en deux et distinguent les littératures du Nord des littératures du Midi. C'est un progrès. Mais il est un peu téméraire de grouper ensemble des littératures aussi dissemblables que celle des Slaves et celle des Anglo-Saxons. J'éprouve quelque méfiance à l'égard de ces vastes synthèses où l'on voit Tolstoï fraterniser avec Ibsen. M. Jules Lemaître, qui est en général prudent et subtil, a pourtant parlé un jour de « l'humanité miséricordieuse du roman russe et du drame norvégien ». Ce rapprochement pourra étonner quelques Slaves et déconcerter quelques Scandinaves.

On dirait que, plusieurs génies étrangers nous ayant été révélés presque en même temps, l'enthousiasme avec lequel ils furent accueillis en France prouve que les mêmes, parmi les Français, ont pu subir à la fois l'influence de Tolstoï, celle de Wagner, celle de Nietzsche, etc. Nous n'en sommes pas encore à ce point d'éclectisme, ou plutôt de démence, que chacun puisse être simultanément païen et chrétien, concilier la théorie du *super-homme* et le Sermon sur la montagne. Nous avons pu, nous, Français, admirer à la fois Tolstoï, Wagner, Nietzsche, etc...; leurs enseignements n'ont agi que sur des consciences très diverses et des talents très différents. Tolstoï a inspiré à quelques âmes sérieuses et ingénues la résolution d'une réforme morale par le retour à la simplicité et le mépris des choses intellectuelles. Wagner a donné à quelques artistes le goût du symbole et a exalté leur mysticisme. Nietzsche a trouvé des disciples dans une jeunesse écœurée de démocratie à qui il prêchait l'orgueil et le paganisme. Il y avait donc des Français de tempérament évangélique, des Français de tempérament mystique, des Français de tempérament individualiste. Tous n'attendaient pour prendre conscience d'eux-mêmes que la parole d'un homme de génie. Si cette parole eût été prononcée en France, ils l'eussent tout aussi bien écoutée. Elle a été dite par delà nos frontières, en une langue étrangère ; ils ne l'ont pas pour cela recueillie avec moins d'avidité, et ils ont eu cent fois raison. Voilà comment s'exerce l'influence des littératures étrangères.

III

M. Jules Lemaître a publié naguère un essai intitulé : *de l'Influence récente des littératures du Nord*. Avec une grande ingéniosité, il s'est efforcé de démontrer que les idées générales que nous avons cru découvrir dans les littératures septentrionales sont d'origine française : en les transportant dans leurs œuvres, les étrangers leur ont seulement donné un accent nouveau, plus ingénu, ou plus grave, ou plus religieux. C'est ainsi que, à son avis, Eliot est de la descendance de George Sand ; M. Alexandre Dumas fils a inspiré Ibsen ; la Sonia de *Crime et châtiment* ressemble beaucoup à la Fantine des *Misérables* ; enfin la pitié, la tendresse pour les humbles, l'inquiétude du mystère universel, tout ce qui nous a paru neuf et original chez les romanciers russes, peut se retrouver chez les romantiques ou les réalistes français, même chez Flaubert...

Cette thèse a le grand avantage de flatter le chauvinisme. J'ajoute qu'elle me paraît contenir une part de vérité. Admettons néanmoins que tous ces écrivains septentrionaux aient subi — parmi beaucoup d'autres influences — certaines influences françaises. Faut-il en conclure que leurs idées nous appartiennent ?

Les sources d'où sont venues toutes les idées qui ont, depuis un siècle, alimenté la littérature française sont les œuvres de madame de Staël, de Chateaubriand et de Jean-Jacques Rousseau.

Madame de Staël est une Genevoise ; il y a dans sa sensibilité de la rêverie germanique et de la passion italienne. Madame de Staël n'a guère emprunté à la France que sa langue.

Chateaubriand, émigré à Londres, avait étudié, avant d'avoir rien écrit, Shakespeare, Richardson, Walter Scott, les œuvres des lakistes, les poèmes de Beattie, qui « a parcouru la série entière des rêveries et des idées mélancoliques dont cent autres poètes se sont crus les *discovers* ». Et nous avons déjà rappelé comment il payait à Gœthe sa dette de reconnaissance. La première traduction française de *Werther* avait paru depuis 1776.

« Soit ! dira-t-on, on a connu *Werther* en 1776, deux ans après son apparition en Allemagne. Mais la *Nouvelle Héloïse* est de 1761 ; Gœthe lui-même n'a jamais nié qu'il devait beaucoup à Rousseau. C'est donc à ce dernier qu'il faut s'arrêter. C'est dans ses écrits qu'on découvre les germes de toutes les idées qui depuis cent années ont nourri les littératures européennes et qui sont le fond des livres d'Ibsen, de Tolstoï, d'Eliot : l'esprit de révolte contre la société, l'amour de l'humanité, le retour à la nature, l'individualisme, etc... »

Malheureusement, Rousseau n'est pas un Français. Répondant à l'étude de M. Lemaître, M. de Vogüé l'a déjà fait judicieusement observer. Rousseau est un Suisse, c'est-à-dire un génie cosmopolite. Et il ne s'agit pas d'un simple hasard de naissance. Si l'on examine le caractère de Rousseau, on voit que la culture française y fut pour peu de chose. Madame de Warens, avant sa conversion plus ou moins sincère au catholicisme, avait été l'élève d'un réformateur vaudois, Magny, qui était lui-même un fervent adepte du piétisme allemand de Spener ; or, ce fut dans ses longues conversations avec « maman » que Rousseau — lui-même nous l'a conté — puisa toutes ses pensées sur la religion et les religions (1). Plus tard, il a lu les Anglais : Locke, Sidney, Young, Thomson, Richardson, et jamais il n'a dissimulé la grande impression que ces lectures ont faite sur son esprit.

C'est qu'en vérité les *idées* ne sont ni anglaises, ni allemandes, ni françaises, ni slaves, ni latines. Aucune nation n'a le droit de les considérer comme son patrimoine. Vagues et indécises, elles flottent à travers le monde. Nul ne peut dire où elles sont nées et qui les inventa. Dans l'intelligence de l'humanité, comme dans celle d'un individu, les pensées se tiennent et se continuent : la chaîne n'a pas de brisure. Les *idées* traversent bien des esprits, qui n'en soupçonnent ni le prix ni la fécondité, avant d'être découvertes ou renouvelées par les hommes de génie. Ces derniers, selon les suggestions de leur milieu, selon les inclinations de leur race, selon les lois de leur tempérament, transforment de vieux thèmes déjà cent fois entendus.

Il est donc vain de chercher l'origine des *idées*. Les penseurs et les artistes sont tous solidaires les uns des autres. Une seule chose importe dans une œuvre humaine, c'est ce que l'auteur y a mis de sa sensibilité propre,

---

(1) Virgile Rossel, *Histoire de la Littérature française hors de France*, p. 76.

c'est son caractère individuel. M. Lemaître a reconnu et démontré avec beaucoup de finesse que l'*accent* d'Eliot n'était pas celui de Sand. Seulement il semble trouver cette différence de peu d'importance ; et je la crois capitale. Imiter l'*accent* d'un écrivain, même si l'on développe des *idées* différentes, c'est faire un pastiche. S'inspirer des idées d'autrui, mais en trouvant un *accent* nouveau, c'est vraiment créer.

S'imagine-t-on, du reste, que la France soit la seule nation soumise aux influences du dehors? Le spectacle de toutes les littératures européennes est bien instructif. Toutes se pénètrent les unes les autres, en dépit des critiques, qui condamnent cette tendance au cosmopolitisme littéraire et s'indignent contre la perversion du génie national.

La littérature allemande est cosmopolite. Elle a toujours été largement ouverte aux influences étrangères. Pour blâmer les jeunes littérateurs qui accueillent aujourd'hui avec tant de faveur les œuvres de Zola, de Tolstoï ou d'Ibsen, on évoque le souvenir du grand mouvement artistique de l'Allemagne à la fin du xviiie siècle, le *Sturm und Drang*, et on en célèbre le caractère *national*. Simple paradoxe. Car le *Sturm und Drang*, réaction contre l'imitation servile des Français, a été dans son ensemble un mouvement révolutionnaire et international. Qui donc a le premier parlé de la *Weltlitteratur* (1)? C'est Gœthe, dont le génie puisait indifféremment à toutes les sources ; Gœthe qui nous a livré lui-même le secret de ses inspirations diverses et de ses

---

(1) Gœthe, *Épigrammes*.

enthousiasmes variés ; Gœthe qui, établissant pour une seule année (1) le bilan de ses lectures, énumère : le livre de Schaubart sur Homère, l'*Aristophane* de Voss, *Kenilworth* de Walter Scott, le *Marino Faliero* et le *Manfred* de Byron, deux poèmes indous ; *Megha Douta* et *Nala*, deux drames de Calderon, une chrestomathie espagnole, l'*Ildegonda* de l'Italien Grossi, la *Guerre des Hussites* par Zaccharias Théobaldus et la *Respublica Bohemiæ* de Strausky... Les écrivains qui depuis quinze ans ont rendu un vif éclat aux lettres allemandes n'ont donc fait que suivre la plus certaine de leurs traditions nationales en cherchant sinon des modèles, du moins des inspirations à l'étranger.

Aujourd'hui l'Allemagne est traversée et fécondée par tous les grands souffles de la pensée européenne. La France, avec la philosophie de Taine et les romans de M. Zola, la Russie, avec les livres de Tolstoï, la Scandinavie, avec les drames d'Ibsen, ont formé le talent de MM. Sudermann, Hauptmann, Hartleben, Max Halbe, etc... L'Allemagne contemporaine a eu un très grand écrivain : Nietzsche. Mais il est d'origine polonaise et il a célébré par-dessus tout la splendeur du génie latin. Et le plus extraordinaire est que l'influence de sa pensée ne s'est point exercée directement sur les Allemands : ce sont les Scandinaves qui l'ont d'abord subie, et c'est par leurs ouvrages que le « nietzschianisme » s'est depuis répandu sur toute l'Allemagne. La théorie aristocratique de Nietzsche est tout entière dans le quatrième acte de *l'Ennemi du Peuple*. Les furieuses déclamations

---

(1) Gœthe, *Annales*, 1821.

de Nietzsche contre la femme moderne ont passé dans *le Père* de Strindberg. Je ne cite que ces deux exemples, parce que *le Père* et *l'Ennemi du Peuple* sont connus en France. Mais on retrouve encore la pensée de Nietzsche, plus ou moins fidèlement traduite, dans les livres de Ola Hansson, de Knut Hamsun et d'autres Scandinaves, dont la vogue est prodigieuse dans la jeune Allemagne.

Naturellement, en Allemagne comme en France, des critiques s'indignent de ces enthousiasmes. Ils trouvent que le zolaïsme, le tolstoïsme, le scandinavisme pervertissent l'« âme allemande ». Dans les journaux, dans les revues, ce ne sont que plaintes et cris d'alarme. J'ai sous les yeux les leçons professées à l'Université de Bonn, en 1893, par le professeur Berthold Litzmann sur *le Drame allemand et les mouvements littéraires du temps présent* (1). On y peut lire une attaque violente contre les admirateurs de Zola et d'Ibsen, une sévère condamnation de tout l'effort de la jeune littérature qualifié d'*antinational*. D'autres soutiennent que l'influence des Scandinaves et, en particulier, celle de M. George Brandès corrompt jusqu'à la vieille langue allemande et que sous prétexte de vouloir parler européen on tombe en plein *volapück* (2). Mais jusqu'ici la colère des critiques nationaux ne semble pas décourager l'activité cosmopolite du nouveau *Sturm und Drang*.

En Scandinavie, la littérature est jeune. Est-elle si

---

(1) Arvède Barine a traduit un fragment de ce livre dans le *Journal des Débats* du 8 janvier 1895.

(2) Voir sur ce sujet une étude de M. Fels parue dans la *Gazette de Cologne* du 2 janvier 1895.

profondément nationale qu'on le croit souvent? Oui, si l'on considère que, très réaliste, elle est le tableau exact des mœurs et des préjugés de la société scandinave. Non, si l'on regarde aux thèses soutenues par les écrivains. Björnson doit beaucoup aux romantiques français et aux conteurs anglais. Ibsen a subi tour à tour l'influence classique et l'influence germanique. Les œuvres de Strindberg révèlent son admiration pour les naturalistes français. Le critique George Brandès est l'apôtre d'une culture européenne. J'ai déjà signalé le nietzschianisme des Scandinaves. Ajoutez encore à cela l'étrange passion de lumière et de clarté qui possède ces septentrionaux et leur donne à tous la superstition du génie latin.

A l'autre extrémité de l'Europe, le spectacle n'est pas différent. Il y a aussi de nos jours une renaissance de la littérature italienne. Et ici encore des étrangers sont les initiateurs. Lisez Fogazzaro, et dites si vous ne sentez pas chez cet Italien le souvenir des poètes allemands et surtout de Henri Heine. Giacosa, en écrivant ses œuvres dramatiques, a d'abord été hanté par la pensée des dramaturges français ; maintenant, c'est Ibsen qui s'est emparé de son imagination. Zola, les Goncourt, les naturalistes français ont été les premières admirations et les premiers modèles de Verga, de Capuana, de tous les « véristes » italiens. Enfin, chez Gabriel d'Annunzio — quelle que soit l'admirable vigueur de son tempérament personnel — on peut découvrir, tantôt des réminiscences de nos poètes et de nos romanciers, tantôt l'influence de Tolstoï et plus encore celle de Dostoiewsky... Si bien que les descendants de l'Arioste subissent eux aussi les influences moscovites. Et il y a aujourd'hui des Français pour supplier leurs compatriotes de conserver intactes les traditions du pur génie latin ! A la vérité, les Italiens semblent plus sages : ils regardent avec joie grandir la moisson prochaine sans invectiver contre la bourrasque bienfaisante qui un jour souffla de Scythie et porta jusqu'aux plaines lombardes, avec des graines fécondes, l'espérance d'une récolte imprévue.

Nous avons coutume de considérer les romanciers russes comme la personnification du génie slave en sa pureté originelle. Quand M. de Vogüé nous révéla et nous expliqua ces grands artistes, il sut dégager avec tant de force et tant d'éclat leurs caractères nationaux que nous avons un peu perdu de vue la part de l'Europe dans la formation de leur intelligence. Cependant la littérature russe tout entière est la débitrice de la métaphysique allemande, de la sociologie française et même de l'art anglais. Je ne parle pas de Pouchkine et des romantiques, chez qui M. de Vogüé découvre seulement « l'esprit qui anime au même moment leurs frères d'Allemagne, d'Angleterre et de France ». Je ne parle pas non plus de Tourgueneff, qui vint en Europe « comme un missionnaire du génie slave » et qui, au cours de cette mission, s'est beaucoup *occidentalisé*. Mais Dostoiewsky a lu Dickens, Eugène Sue, et l'on s'en aperçoit. A l'origine du nihilisme de Tolstoï, on découvre sans peine l'influence des Herzen et des Bakounine, qui formèrent leur intelligence à l'école de Hegel et leur sensibilité à l'école des révolutionnaires français... Aujourd'hui que Dostoiewsky et Tourgueneff ont disparu et que Tolstoï use son génie en des paradoxes contradictoires, la littérature cherche ses inspirations à tâtons chez les Allemands (Nietzsche) et chez les Français (les poètes symbolistes). Et l'on s'inquiète aussi là-bas de ces curiosités d'exotisme parmi lesquelles dérive « l'âme flottante des Russes ».

En Espagne, jusqu'en Espagne, on se préoccupe des idées étrangères. Il y a des romanciers zolaïstes comme madame Pardo Bazan. D'autres, comme Perez Galdoz, sont pénétrés de l'esprit anglais. Et l'on traduit M. Materlinck lui-même en catalan!

L'Angleterre, dont l'influence est grande sur l'art et la pensée des autres nations, est peut-être la seule qui échappe aux suggestions du dehors. Encore ne faut-il pas oublier que, depuis un siècle, les poètes et les artistes anglais ont subi la séduction des choses grecques ou latines. A Venise, en Toscane ou en Grèce, le génie anglo-saxon s'est enrichi de complexités imprévues. « L'Anglais, dit Taine à propos de Byron, transplanté parmi les mœurs du midi et dans la vie italienne, s'était imbibé d'une nouvelle sève qui lui faisait porter de nouveaux fruits. On lui avait fait lire les satires très lestes de Busatti et même les sonnets plus que voluptueux de Baffo... » L'Anglais trouva aussi sous le ciel italien la révélation de la beauté païenne : « Il semble, dit Shelley en sortant de Ravenne, que l'un des premiers effets de la religion chrétienne a été de détruire la beauté dans l'art. » Plus tard, encore, l'Anglais aima en Italie le mysticisme des Primitifs : Dante Gabriel Rossetti, Anglais par circonstance, personnifie bien cette nouvelle forme de l'esprit anglo-saxon. Mais tout cela est déjà le passé. La littérature anglaise contemporaine paraît peu accessible aux influences extérieures. Seulement, chez quelques poètes et quelques romanciers, on devine une vive sympathie pour des auteurs français. Zola eut naguère ses fidèles. Aujourd'hui, c'est le tour de Verlaine.

Tel est le mouvement des idées en Europe. Je n'ai pas la prétention que ce tableau soit complet ni même exact en tous ses détails. Il faudrait commenter et nuancer toutes ces menues indications. Ces jugements concis ont trop d'absolu. Puis, en étudiant des événements contemporains, on est la dupe de toutes sortes de mirages. Lorsqu'on ratiocine sur le présent, il faut s'attendre à tous les démentis et à toutes les ironies de l'avenir. J'aurais dû, enfin, dire un mot des littératures hollandaise, tchèque, polonaise, etc. Mais, de cette simple vue à vol d'oiseau, je pense néanmoins que l'on peut conclure sans trop de témérité, que l'influence des littératures étrangères, dont s'alarment tant de Français, sévit ailleurs qu'en France.

Je crois avoir suffisamment prouvé que cette grande circulation des idées à travers l'Europe n'est pas une nouveauté. Mais il faut reconnaître qu'elle est aujourd'hui plus rapide et plus active que jamais. Beaucoup de livres paraissent maintenant le même jour traduits en plusieurs langues. Des écrivains réservent aux traducteurs étrangers la première édition de leurs ouvrages. Autrefois une œuvre ne passait les frontières de son pays d'origine que très longtemps après sa publication, alors qu'elle était déjà devenue quelque chose de classique et parfois même de suranné. Maintenant, d'un bout à l'autre de l'Europe, ce sont nos propres contemporains qui nous parlent. Ils nous disent, sous des formes infiniment variées, des appréhensions ou des désirs qui sont voisins des nôtres. Et cela rend leur voix plus émouvante.

IV

Les littératures seront-elles moins *nationales* parce que leurs idées tendront toujours à être plus *européennes* ? Je ne le crois pas, tant que chaque peuple continuera de parler sa langue maternelle. Et cela promet encore bien des siècles d'existence aux littératures diverses.

Sans doute, chaque langue se transforme pour exprimer les nuances nouvelles dont s'enrichit la pensée de ceux qui la parlent. Mais elle se modifie selon les lois intimes et nécessaires de son organisme particulier. Elle peut s'assimiler des bribes de vocabulaires étrangers ; sa syntaxe est à peu près inaltérable. C'est par le style que s'affirme la diversité des écrivains et la diversité des littératures. Or « le style, selon une juste remarque de Chateaubriand, n'est pas, comme la pensée, cosmopolite ; il a une terre natale, un ciel, un soleil à lui ». Et Chateaubriand lui-même nous offre un exemple mémorable de la persistance du style national chez un littérateur accessible à toutes les suggestions des génies étrangers. (On peut faire la même observation pour Voltaire, et surtout pour Gœthe.)

Ne nous imaginons pas renier toutes nos traditions en faisant bon accueil à des œuvres nées hors de chez nous. Ne croyons pas non plus que nous cédons à un accès passager de « coquetterie intellectuelle ». En vérité, nous suivons — moins vite que beaucoup d'autres — le mouvement de notre siècle. Nous cédons à l'attrait du génie. Nous goûtons avec joie, nous, les victimes d'une culture trop ancienne et trop raffinée, le charme de littératures un peu plus jeunes, un peu plus spontanées que la nôtre. Peut-être y pourrons-nous trouver quelque réconfort : avouons que nous en avons besoin. Ne nous embarrassons pas de préjugés nationaux. En art, en littérature, le patriotisme est un non-sens. Ne nous demandons pas si les auteurs d'ouvrages qui nous émeuvent viennent du nord ou du midi. Ils nous émeuvent, et cela suffit.

J'irai jusqu'au bout de ma pensée, même si je dois faire sourire les dillettantes féroces qui croient à l'éternité des discordes européennes et envisagent avec résignation cet ignoble avenir de barbarie.

En 1886, en tête de ses études sur le roman russe, M. de Vogüé disait : « Entre deux peuples comme entre deux hommes, il ne peut y avoir amitié étroite et solidarité qu'alors que leurs intelligences ont pris contact. » L'histoire a bien commenté cette remarque. J'ajoute que, si les intelligences de deux peuples ont pris contact, il est impossible que ceux-ci ne sentent pas du même coup leur solidarité ; et de ce sentiment à l'estime, il n'y a pas loin.

Considérez l'étrange contraste dont aujourd'hui chacune des grandes nations de l'Europe donne le spectacle. Partout on peut observer deux tendances inverses, contradictoires.

Les relations entre les peuples deviennent chaque jour plus fréquentes et plus faciles. D'un État à un autre les mœurs, les coutumes, les lois sont moins différentes. Les costumes nationaux disparaissent peu à peu, même dans les classes inférieures de la société. Les modes sont internationales. Le luxe devient à peu près uniforme dans toutes les capitales. La vie des riches est soumise aux mêmes rites à Vienne, à Paris, à Londres. Chacun étudie la langue et l'esprit de ses voisins. En haut, comme en bas, le cosmopolitisme fait de grands progrès. Les frontières ne gênent plus les financiers pour traiter leurs affaires. Les socialistes de toutes les patries échangent leurs espoirs et leurs colères. Jusque dans l'ordre religieux les confessions diverses semblent se rapprocher, presque se rencontrer, et le Congrès des religions de Chicago a eu un écho jusque dans la vieille Europe.

Mais, d'un autre côté, les gouvernements rassemblent de formidables armées; les haines internationales, les plus stupides qui puissent entrer dans le cœur des hommes, n'ont jamais été aussi exaspérées. Chaque nationalité paraît se replier sur soi-même. Partout on prêche le retour aux pures traditions ethniques ou historiques. On hérisse les frontières de fortifications. On renforce les lignes de douanes. D'un pays à l'autre on se regarde, on se surveille, on se menace.

Jamais on ne vit pareille inconséquence. Pour la supprimer, des esprits un peu trop simplistes ont compris la patrie dans leur programme de destruction universelle, avec la propriété, la famille et le reste. Si nous voulons empêcher ces chimères sauvages de séduire les peuples, nous devons faire disparaître du monde cette inepte, cette monstrueuse contradiction : les haines des nations grandissant chaque jour, tandis que la différence des mœurs et des intérêts va s'atténuant.

Jusqu'ici les échanges intellectuels ont donné aux seuls artistes et aux seuls philosophes le sentiment de la *solidarité internationale*. Mais ce sentiment-là, par où nous serons sauvés de la barbarie, pénétrera plus loin, toujours plus loin, à mesure que s'élargira dans chaque nation la connaissance des langues et des littératures étrangères. Et c'est la suprême raison pour quoi, loin de nous indigner si des étrangers sont lus et admirés en France, nous devons au contraire nous en réjouir.

Les écrivains ne sont pas les seuls par qui se forme lentement une âme européenne (reconnaissons, du reste, que la diversité des langues ralentira toujours la diffusion des littératures) : plus qu'eux encore, les artistes précipitent le progrès du cosmopolitisme.

Déjà maintenant il est presque impossible de classer les peintres par écoles nationales. Il y a quelques mois, visitant les expositions de Munich, j'observais combien l'humeur nomade des peintres, les hasards de leur éducation artistique, leur soumission à des esthétiques le plus souvent littéraires, rendaient difficile à découvrir l'indice de leurs origines. Les styles sont si brouillés et si confondus qu'un critique d'art, même très avisé, hésitera toujours et souvent se trompera dans l'attribution des tableaux : il y a des Italiens qui peignent à la façon des Anglais et des Scandinaves qu'on prendrait pour des méridionaux.

Mais l'art cosmopolite par excellence, celui qui donne le mieux aux peuples la notion de leur solidarité, c'est la musique. « Elle est, écrivait Richard Wagner, une langue également intelligible à tous les hommes et elle devrait être la puissance conciliatrice, la langue souveraine, qui, résolvant les idées en sentiments, offrît un organe universel de ce que l'intuition de l'artiste a de plus intense ; organe d'une portée sans limite, surtout si l'expression plastique de la représentation théâtrale lui donnait cette clarté que la peinture a pu seule jusqu'ici réclamer comme son privilège exclusif (1). » Et c'est justement là ce que Wagner a réalisé. Par un prodige peut-être unique, son génie était capable de créer cet « organe universel » : car il réunissait le don de la rêverie, qu'on dit propre aux Allemands, la soudaineté de l'intuition, que l'on prétend réservée aux Slaves, et enfin la passion de la clarté, qu'on regarde comme un privilège des Latins. C'est pourquoi Wagner a d'abord trouvé hors de sa patrie les plus fervents et les plus intelligents de ses admirateurs.

Peut-être, un jour, les peuples feront-ils des pèlerinages pour honorer la mémoire des hommes qui auront préparé la venue des siècles moins barbares. Alors les lieux saints du monde nouveau seront la tombe de Beethoven, à Vienne, et celle de Richard Wagner, à Bayreuth.

(1) Lettre sur la musique, p. xvii.

L'IRONIE

Le mot français d'ironie vient d'un mot grec, εἰρωνεία, lequel veut dire interrogation, — précisons, — interrogation par quelqu'un qui feint l'ignorance.

Tel fut le procédé dont Socrate usa pour confondre les sophistes.

Quand il les rencontrait sous les platanes du Céramique, dans les jardins, dans les gymnases, dans les boutiques des artisans, il allait à eux et leur posait des questions. Il faisait, si j'ose m'exprimer ainsi, il faisait l'imbécile. Il disait ne rien savoir, témoignait le désir de s'instruire et traitait ses adversaires comme des maîtres révérés. Il paraît que les sophistes ne manquaient jamais de donner dans le piège, ce qui prouve, sans doute, qu'ils avaient dans l'esprit plus de subtilité pour raisonner que de sagacité pour deviner les embûches. Et de question en question, l'artificieux Socrate conduisait ses interlocuteurs à des contradictions ineptes où éclataient la fausseté de leurs principes et la vanité de leur dialectique.

Platon et Xénophon nous ont conservé beaucoup d'exemples de « l'ironie socratique ». Chez Platon, Socrate est un raisonneur âpre, impitoyable, qui triomphe avec des sarcasmes, quand ses ennemis sont en déroute.

Chez Xénophon, qui avait une âme naïve, même puérile, Socrate est un questionneur plus bénin : il a plus de bonhomie dans l'argumentation et plus de modestie dans la victoire. Si bien que selon que l'on considère Socrate au travers des *Mémoires* de Xénophon ou bien au travers des *Dialogues* de Platon, l'ironie de celui que la Pythie elle-même proclama le plus sage des hommes nous fait penser soit aux malices d'une vieille fille experte au jeu des petits papiers, soit aux plaisanteries féroces d'un pince-sans-rire habile à mystifier, disons le mot, à « raser » ses contemporains.

.*.

La méthode de conversation familière à Socrate a donc une parenté bien lointaine avec ce que nous avons coutume d'appeler ironie.

Littré définit l'ironie « une raillerie particulière par laquelle on dit le contraire de ce que l'on veut faire entendre ». Elle consiste à donner au discours un tour plus vif, un accent plus pénétrant grâce à un mensonge souriant dont personne n'est la dupe. C'est ainsi que l'on pourra, sans qu'aucun ait le droit de s'y tromper, émettre des aphorismes comme ceux-ci : « Le grand souci des journaux d'aujourd'hui, c'est le souci de la vérité » ; ou bien : « De tous les artistes contemporains les plus remarquables, les plus originaux, les plus inventifs sont assurément les architectes » ; ou bien encore : « Le prestige du régime parlementaire grandit chaque jour en France ».

Cette ironie-là est vieille comme le monde. Elle est

même d'institution divine. Les premières paroles que Dieu dit à Adam après sa chute furent ironiques. Ce n'est pas moi qui l'affirme, c'est Pascal. Dans la onzième des Provinciales, il réfute les jésuites qui l'avaient accusé de railler hors de propos les choses sacrées et il invoque l'autorité des Pères de l'Église pour démontrer que Dieu tint au premier homme un discours d'une *ironie piquante :*

... Après qu'Adam eut désobéi dans l'espérance que le démon lui avait donnée d'être fait semblable à Dieu, il paraît par l'Écriture que Dieu, en punition, le rendit sujet à la mort, et qu'après l'avoir réduit à cette misérable condition qui était due à son péché, il se moqua de lui en cet état par ces paroles de risée : « Voilà l'homme qui est devenu comme un de nous. » *Ecce Adam quasi unus ex nobis :* ce qui est une ironie *sanglante et sensible* dont Dieu le piquait vivement, selon saint Chrysostome et les interprètes. « Adam, dit Rupert, méritait d'être raillé par cette ironie et on lui faisait sentir sa folie bien plus vivement par cette expression ironique que par une expression sérieuse. » Et Hugues de Saint-Victor, ayant dit la même chose, ajoute que « cette ironie était due à sa sotte incrédulité et que cette espèce de raillerie est une action de justice, lorsque celui envers qui on en use l'a méritée (1) ».

Et pour mieux défendre encore son droit à l'ironie, Pascal cite l'exemple des prophètes de l'Ancien Testament et s'appuie sur l'autorité des grands docteurs de l'Église qui ont pratiqué l'ironie, « comme saint Jérôme dans ses lettres et dans ses écrits contre Jovinien, Vigilance et les pélagiens ; Tertullien, dans son apologétique contre les folies des idolâtres; saint Augustin contre les religieux d'Afrique qu'il appelle *Chevelus* ; saint Irénée contre les gnostiques ; saint Bernard et les

---

(1) Pascal, *Provinciales*, ix.

autres Pères de l'Église... » Je vous prie de vous rappeler ces vénérables autorités lorsque tout à l'heure je devrai plaider pour l'ironie contre ses détracteurs.

L'ironie a toujours été et est encore aujourd'hui une des formes ordinaires de la dialectique populaire. Les loustics d'atelier ou de chambrée ironisent à jet continu. Les paysans eux-mêmes ironisent en se disputant au marché. L'ironie convient à l'insolence de Gavroche comme à la finauderie des campagnards. Elle est le sel de toutes les causeries, de toutes les querelles, de toutes les réconciliations.

*
* *

Je n'ai pas besoin de rappeler les chefs-d'œuvre de la littérature qui sont des chefs-d'œuvre d'ironie au sens biblique et populaire du mot. Cette ironie classique est celle des orateurs grecs et latins ; on la trouve dans les fabliaux du moyen âge, dans la Satire Ménippée, dans les *Provinciales* de Pascal, dans les *Mémoires* de Beaumarchais. Cette ironie selon la définition des traités de rhétorique est encore celle de Swift et même de Thackeray. Elle est, chez les Anglais, plus grave, plus dure, plus prolongée que chez les Français. Mais le procédé demeure le même : c'est toujours une inversion de l'idée.

*
* *

Aujourd'hui le sens du mot a beaucoup changé. Il s'est élargi. Pour nous, l'ironie n'est plus seulement la traditionnelle figure de rhétorique, une façon mordante de dire tout juste l'opposé de l'idée qu'on veut exprimer. Elle est plus variée et plus subtile. Nous appelons de ce mot-là les artifices très divers auxquels recourent les écrivains de notre siècle pour traduire les nuances de leur pensée, tempérer l'absolu des mots et en diminuer la crudité.

La moderne ironie est difficile à définir, tant elle prend de rythmes, de timbres et d'accents. Tantôt elle est une prudente atténuation : elle dit moins pour faire entendre plus, elle use de périphrases, de détours, d'allusions, de réticences ; elle vole autour de la pensée, la frôle et semble la railler d'un battement d'aile. Tantôt elle n'est qu'un tour de paradoxe, un faux semblant d'ingénuité. Parfois elle est comme l'atmosphère d'un livre, elle en imprègne toutes les pages, elle en est le charme mystérieux et que l'on ne saurait saisir ; elle est la lumière qui baigne un paysage, enveloppe ses contours, noie ses lignes et fond ses couleurs. Et cette impalpable ironie ne s'est point seulement répandue dans les livres des conteurs, des historiens ou des philosophes ; elle s'est glissée dans la poésie et elle nous a révélé des nuances encore inconnues de la sensibilité humaine.

Tout cela est bien vague : il nous faut recourir à des exemples pour tâcher de mieux démêler ce qu'il y a de vraiment original dans l'ironie de nos romanciers, dans l'ironie de nos philosophes et dans l'ironie de nos poètes.

*
* *

Le type le plus parfait de l'ironie dans le roman moderne, c'est *Bouvard et Pécuchet*, chef-d'œuvre qui n'a point encore rempli toute sa destinée. Lorsqu'il parut, on décréta qu'il était ennuyeux ; plus tard, on décréta qu'il était dangereux. Comme nous avons besoin de toujours découvrir quelque repoussoir pour nos admirations, comme il nous est difficile de célébrer un écrivain sans en rabaisser un autre, ce fut Flaubert qui paya les frais du juste enthousiasme que souleva en France la révélation des grands romanciers russes. Pour démontrer que *Anna Karénine* était un chef-d'œuvre — comme s'il n'eût pas suffi de lire *Anna Karénine* pour en être éperdument convaincu ! — on nous fit savoir que *Bouvard et Pécuchet* était un livre détestable. Dans son éloquente préface du *Roman russe*, M. de Vogüé appelait *Bouvard et Pécuchet* « l'Iliade grotesque du nihilisme ». Et il s'écriait : « *Ecce homo !* Bouvard, voilà l'homme tel que l'ont fait le progrès, la science, les immortels principes, sans une grâce supérieure qui le dirige : un idiot instruit, qui tourne dans le monde des idées comme un écureuil dans sa cage. »

Et M. de Vogüé reprochait à Flaubert d'avoir oublié toute pitié pour s'acharner sur cet idiot. Après avoir passé cinq années sur les bancs de la Chambre à écouter Bouvard discourir et à regarder Pécuchet voter, M. de Vogüé ne reprocherait peut-être plus aujourd'hui à Flaubert l'excès de sa férocité !

D'ailleurs *Bouvard et Pécuchet* n'a point souffert de tant d'attaques. Depuis qu'il a paru, ce livre a eu des dévots, des fanatiques sans cesse plus nombreux et, en ces cinquante dernières années, aucune œuvre n'a peut-être exercé pareille influence sur la littérature de la France.

« La science, dit Bouvard, est faite suivant les données fournies par un coin de l'étendue. Peut-être ne convient-elle pas à tout le reste qu'on ignore, qui est beaucoup plus grand et qu'on ne peut découvrir. » Voilà le fond du roman de Flaubert.

Pour nous montrer combien sont étroites les limites du savoir humain, Flaubert fait défiler sous les regards de deux êtres curieux et médiocres toutes les croyances, toutes les opinions, toutes les sciences : et ces deux bonshommes déçus et ahuris assistent à l'échec de toutes les méthodes, à l'écroulement de tous les systèmes. Agronomie, chimie, médecine, astronomie, histoire, littérature, politique, magnétisme, philosophie, religion, pédagogie, tout craque, tout s'effondre, tout disparaît sous le flot de l'universelle bêtise. Le roman n'est que le procès-verbal ironique de cette série de désastres.

Mais quelle est cette ironie ? Elle n'a rien de commun avec l'ironie classique. Flaubert ne travestit ni ne défigure sa pensée. Il ne raille point ses personnages. Il conte simplement leurs gestes et leurs propos et les conte sans sourciller. Mais un comique fort et profond sort du contraste que fait à chaque ligne l'inaltérable sérénité de l'écrivain opposée à l'énormité des sottises qu'il enregistre, à la pauvreté des idées qu'il rapporte, à la vulgarité des sentiments qu'il décrit. C'est l'ironie par impassibilité.

Flaubert n'est point l'inventeur du procédé. Cette ironie-là, au fond, c'est celle des romans de Voltaire.

Il y a sans doute des différences, de grandes différences entre l'ironie de *Candide* et celle de *Bouvard et Pécuchet*.

Au travers du récit, on entrevoit toujours le malicieux sourire de Voltaire. Flaubert demeure invisible : son ironie en est plus tendue et plus amère. Puis, s'il se détache de ses personnages, ce n'est point par fantaisie de railleur, c'est pour obéir à un principe d'esthétique, c'est afin qu'on n'entende jamais le timbre de sa voix. Sa phrase est aussi moins souple, moins ductile que celle de Voltaire. Mais elle a le nombre et la force ; et, de temps en temps, le vieux romantique, le vieux dévot de Chateaubriand ne peut se contenir : alors éclate une de ces périodes longues, sonores et splendides qui, par contraste, rendent encore plus aiguë la moquerie de la prose nue, concise et froide qui fait la trame du récit... Mais, tout cela dit, l'ironie de Flaubert et de ceux qui ironisent à sa façon, c'est bien tout de même l'ironie de Voltaire accommodée au goût des hommes de lettres du xixe siècle.

*
* *

Avec Renan, il n'est plus question de procédé littéraire. Ici l'ironie tient au fond même de l'écrivain. Il ne s'agit plus d'esthétique, mais de psychologie. Renan ne choisit pas l'ironie pour mieux rendre ses mépris, ses doutes ou ses antipathies. C'est l'ironie qui s'impose à lui comme une condition nécessaire de l'idée. Il a le cerveau ironique. C'est qu'il y a en lui deux hommes dissemblables qui, pour s'accorder, sont forcés d'en user très doucement l'un avec l'autre, de se faire des concessions, de ménager leurs préjugés. Un pareil dédoublement de personnalité aboutit logiquement à l'ironie.

Sommes-nous plus complexes que les hommes d'autrefois ? Nous aimons quelquefois à nous en plaindre ; et quelquefois nous aimons à nous en vanter. Le certain, c'est que nous sommes infiniment plus conscients de nos complexités. Comme Sosie, nous nous rendons compte que nous avons deux « moi ». Or, quand on a cette notion bien claire, bien évidente, il est impossible que, à tour de rôle, chacun des deux « moi » ne sourie pas de son voisin, sourire qui, selon les tempéraments, sera douloureux et crispé, ou bien tranquille et résigné. Je crois que parmi nos contemporains, j'entends ceux qui pensent, bien peu pourraient affirmer n'avoir jamais connu la tentation de cette ironie intellectuelle.

Renan a eu, comme personne, le sentiment de sa dualité. Ai-je besoin de rappeler cette page célèbre des *Souvenirs d'enfance*, aujourd'hui déjà classique, où il dégage, comme il dit, sa « formule ethnique » ?

> Ma mère, qui par un côté était Gasconne, racontait ces vieilles histoires avec esprit et finesse, glissant avec art entre le réel et le fictif, d'une façon qui impliquait qu'au fond tout cela n'était qu'en idée. Elle aimait ces fables comme Bretonne, elle en riait comme Gasconne, et ce fut là tout le secret de l'éveil et de la gaîté de sa vie, etc.

Renan a fait comme sa mère. Breton, il aima les fables et il en a ri comme Gascon. Il y avait deux Renan : le Renan qui aimait les histoires du passé, gardait dans le siècle les vertus et les attitudes sacerdotales, et le Renan qui croyait d'une foi éperdue en l'avenir de la science, mettait au-dessus de tout la raison et les bonnes méthodes et poursuivait infatigablement sa grande œuvre de critique. Le premier conseillait au second la réserve et le respect des sciences. Le second, joyeux comme un bon travailleur, raillait le premier, souriait de son romantisme et de son sérieux. De là des atténuations, des réticences, et, au besoin, le stratagème du paradoxe. Voilà toute l'ironie de Renan.

Cette ironie-là, c'est le mouvement naturel un peu incertain, un peu tâtonnant, d'un esprit à la fois enthousiaste et critique, infiniment habile à saisir les nuances des idées, le relatif des opinions, et la nécessaire évolution des croyances.

***

Chez Heine, il y a deux sortes d'ironie. D'abord l'ironie classique. Il l'emploie dans ses poèmes de circonstance (*Zeitgedichte*) et dans ses grandes satires : *Atta Troll* et *Allemagne*, pour plaisanter ses ennemis et défendre ses idées politiques. C'est elle qui lui fit en France la dangereuse réputation d'un homme d'esprit et c'est assurément un des caractères les moins germaniques de sa poésie. Il n'y a là rien qui rappelle le *Witz* allemand, cette moquerie narquoise et lente dont la lourde et souriante bonhomie est encore *gemüthlich*.

Heine a appris cette ironie des conteurs français du xviiie siècle. Il y a mélangé un peu de byronisme : le temps l'exigeait. Il y a ajouté une dureté, une véhémence exaspérée et souvent une grossièreté où se décèlent et la gaucherie de l'ouvrier malhabile à manier un outil nouveau, et cet individualisme forcené qui est un des caractères de la race juive, et cette pauvreté de goût qui est la faiblesse de l'esprit allemand.

Mais il est une autre ironie qui appartient en propre à

Henri Heine et qui fait l'immortalité de ses *lieder*, c'est l'ironie sentimentale.

Comme l'ironie intellectuelle de Renan, l'ironie sentimentale de Heine est fille de l'analyse.

Tous les biographes et tous les commentateurs de Heine ont souligné les contrastes qui sont le fond de sa vie et le fond de son génie. Heine est israélite et il est élevé par des prêtres catholiques. Il est né poète et toute sa famille s'adonne au négoce. Heine est Allemand, mais la ville où il grandit est occupée par les troupes françaises; la légende napoléonienne enivre son adolescence : et, plus tard, l'auteur des *Grenadiers* exilé à Paris par sa propre volonté écrira ces vers nostalgiques : « S'il m'arrive la nuit de penser à l'Allemagne, c'en est fait du sommeil, mes yeux ne se ferment plus et des larmes brûlantes coulent sur mes joues. » Cosmopolite d'esprit et de goûts, il tient pourtant de toute son âme à la terre natale.

Et ces antithèses ne sont rien encore. Le contraste suprême, celui d'où a jailli la grande, l'inimitable poésie de Henri Heine, c'est le contraste du scepticisme désolé et de la foi ardente qui se partagent son cœur. Il y a en lui deux êtres : l'amant humilié et rebuté qui de dépit et de tristesse ne voit dans l'amour que la plus cruelle et la plus ridicule des maladies, — et le croyant ingénu, épris de la vie, adorant la nature, confiant en l'avenir, enthousiaste de justice et de liberté. Ce sont ces deux personnages qui tour à tour se contredisent, se démentent, se raillent, et leur dispute est une source intarissable d'ironie. L'un plaisante et voici que, soudain, l'autre coupe la moquerie d'un grand cri de désespoir. Ou bien c'est le rêveur, ami des fleurs, des oiseaux et des nuits tièdes, qui doucement berce et endort avec un bref sourire la douleur du désespéré. Mais, pour vous faire entendre la beauté de cette ironie, toutes les analyses ne vaudront pas la lecture de trois pièces de l'*Intermezzo* :

Ils étaient assis à la table où le thé était servi, ils buvaient et parlaient beaucoup de l'amour. Les messieurs faisaient de l'esthétique et les dames faisaient du sentiment.

« L'amour doit être platonique », dit un conseiller desséché. La conseillère sourit ironiquement et cependant soupira : « Hélas ! »

L'abbé ouvrit une large bouche : « Que l'amour ne soit pas trop sensuel, sinon il nuit à la santé. » La demoiselle murmura : « Comment cela ? »

La comtesse dit mélancoliquement : « L'amour est une passion. » Et elle offrit avec bienveillance une tasse à M. le baron.

A la table, il restait une petite place, ma chérie, tu y manquais. Tu aurais dit de si jolies choses, mon trésor, sur ton amour.

Mes chants sont empoisonnés. Comment ne le seraient-ils pas ? — Tu m'as versé du poison sur ma vie en fleur.

Mes chants sont empoisonnés. Comment ne le seraient-ils pas ? — Je porte dans mon cœur une multitude de serpents et toi, ma bien-aimée.

J'ai de nouveau rêvé le rêve d'autrefois. C'était une nuit de mai. Nous étions assis sous les tilleuls et nous nous jurions une fidélité éternelle.

Un serment, puis encore un autre serment, et des rires et des caresses et des baisers. Pour que je me souvienne du serment, tu m'as mordu à la main.

O bien-aimée aux yeux limpides, bien-aimée charmante et prompte à mordre ; le serment était dans les règles. La morsure était de trop (1).

(1) *Intermezzo*, 50, 51, 52.

Ironie terrible et qui fait double blessure. Elle va frapper l'infidèle, mais en même temps elle élargit la plaie de l'ironiste. A la souffrance même elle ajoute encore l'amère conscience de la vanité et de la lâcheté qui sont au fond des douleurs d'amour. Et le poète a beau se répéter railleusement qu'il se joue à lui-même une morne comédie, cette dérision ne peut le consoler puisqu'il demeure éternellement le prisonnier de son rôle. Lisez ces vers de Heine. C'est un des plus beaux cris de détresse qui soient jamais sortis des lèvres d'un poète. Mais qu'en reste-t-il dans la traduction?

> Voici l'heure de la raison, l'heure de rejeter toute folie ; assez longtemps j'ai, comme un comédien, joué avec toi la comédie.
> Le décor de la scène était magnifique, barbouillé dans le style romantique le plus pur ; mon manteau de chevalier étincelait d'or et mes sentiments étaient les plus raffinés.
> Et maintenant que tout doucement je me débarrasse des oripeaux extravagants, encore et toujours je me sens misérable, comme si encore et toujours je jouais la comédie.
> Ah Dieu ! dans la douleur, sans le savoir, j'ai dit ce que je sentais : j'ai joué le gladiateur mourant, mais j'avais bien la mort dans l'âme (1).

* * *

Voilà une ironie qui ressemble peu à celle de Renan, laquelle diffère profondément de celle de Flaubert. Et pourtant c'est encore de l'ironie. Le même mot signifie donc des choses bien variées. Cependant, regardons-y de près : l'usage a-t-il tout à fait tort? Est-ce que toutes ces façons d'écrire, si diverses en apparence, n'ont point un caractère commun? Après l'analyse

---

(1) *Die Heimkehr*, 44.

que nous avons essayée, il me semble qu'on leur peut découvrir un trait de ressemblance et dire que l'ironie est une façon d'exprimer soit une pensée, soit un sentiment, par un certain tour de raillerie qui en accuse la sottise, l'incertitude ou l'amertume. Définition encore un peu lâche, un peu vague, je le sais, mais qui du moins ne laisse de côté aucune des formes de l'ironie moderne.

Car tous les écrivains qui, dans notre siècle, ont ironisé, ont été des précurseurs ou des disciples de Flaubert, de Heine, de Renan. Certains ont pu surpasser l'un de ces trois maîtres en virtuosité. Mais tous se peuvent rattacher, soit au romancier de *Bouvard*, soit au poète de l'*Intermezzo*, soit au penseur des *Dialogues philosophiques*.

M. Anatole France ironise tantôt à la façon de Renan, tantôt à la façon de Flaubert. Et jamais cette double filiation n'est plus clairement apparue que dans ses deux derniers chefs-d'œuvre : *l'Orme du Mail* et *le Mannequin d'osier*. Toute l'admirable peinture de la vie provinciale sous la troisième république, c'est du pur Flaubert. Et comme il y a du Renan dans les discours judicieux, mesurés et anarchistes de cet excellent Bergeret !

La moquerie lointaine, impersonnelle de Flaubert, je la retrouve dans l'ironie d'acier qui fait la beauté des romans et des nouvelles de M. Paul Hervieu.

M. Jules Lemaître est plus voisin de l'ironie *renanesque* ; mais comme, en même temps, il est plein de la tradition des classiques français et que les sujets qu'il traite sont souvent peu périlleux, son ironie est plus simple et plus directe que celle de son maître.

Au contraire, M. Maurice Barrès a compliqué la

manière de Renan par d'ingénieuses recherches d'élégance et de subtilité.

Quant à l'ironie sentimentale de Heine, vous la voyez comme éparse dans tout le roman, dans tout le théâtre et aussi dans toute la vie modernes. Si aucun poète ne s'est rencontré ni en France ni en Allemagne pour nous en rendre l'amertume infinie, elle a pénétré partout, atténuée, dégénérée, ayant perdu l'accent tragique, ravalée parfois jusqu'à la bouffonnerie : elle est, hélas ! tombée de Schumann en Offenbach. Et c'est encore elle ou, du moins, c'est son souvenir qui fait parfois le charme de certaines chansons montmartraises.

*
* *

L'ironie a ses ennemis. Il y a d'abord les gens qui, ne la comprenant point, sont enclins à considérer les ironistes comme de simples mystificateurs.

L'ironie parlée est facilement intelligible. Le ton de la voix souligne l'intention et prévient l'auditeur qu'il faut prendre le contre-pied des mots prononcés. Si l'on assiste à une représentation d'*Andromaque* et que l'on entende Oreste, ayant appris la mort d'Hermione, s'écrier :

    Grâce aux dieux, mon malheur passe mon espérance !
    Je te loue, ô ciel, de ta persévérance...

il suffit de considérer à cet instant les yeux et les dents de M. Mounet-Sully pour s'apercevoir que « c'est de l'ironie » ! Et de même, dans la rue, si, un coup de vent vous ayant décoiffé, vous contemplez votre chapeau qui roule et s'enfuit et si, arrêté au bord du trottoir, un petit télégraphiste s'interrompt alors de lire le *Petit Parisien* pour vous faire poliment cette remarque : « M'sieu, il ne passe pas d'enterrement ! » vous n'avez qu'à regarder la mine du gamin, vous ne pouvez pas vous y tromper : c'est de l'ironie et de la plus subtile.

L'ironie écrite est parfois plus malaisée à saisir. Il y a bien l'accent du style qui avertit. Mais certains esprits sont, de naissance, réfractaires à l'ironie. Les uns parce qu'ils sont trop passionnés : c'est le cas de beaucoup de femmes. Les autres simplement parce qu'ils sont obtus : c'est le cas de beaucoup d'hommes. Ne pas être compris des passionnés est la tristesse des ironistes, qui s'en consolent à la pensée d'être méprisés des sots.

Mais l'ironie a d'autres détracteurs. Ce sont des personnes graves et austères qui la flétrissent non plus pour se venger d'une mésaventure, mais par principe. Le refrain est connu : « L'ironie dessèche, l'ironie paralyse : l'ironiste est un sceptique ; l'ironiste est un égoïste ; il est incapable d'agir, incapable d'aimer ; il énerve les énergies, il refrène les enthousiasmes ; il corrompt tout, il empoisonne tout ; son sourire n'est pas seulement hideux, il est niais, car il trahit l'insensibilité du cœur et le vide de l'esprit. »

Observons d'abord que la méchanceté, l'égoïsme et la sécheresse du cœur ne sont point le privilège des ironistes : Robespierre ne s'adonnait pas à l'ironie. Les hommes les plus graves ne sont pas toujours les plus tendres. Calvin n'avait point la facétieuse bonhomie de Luther ; cela n'a pas empêché Servet d'être brûlé vif.

D'autre part, si la niaiserie et la futilité de l'esprit peuvent parfois apparaître au travers du sourire ironique de quelques écrivains, ne les voit-on pas souvent tout aussi mal dissimulées par la gravité d'un sermonnaire ou l'éloquence d'un sérieux sociologue ? Il y a dans nos assemblées politiques un grand nombre de personnes qui sont dénuées d'ironie à un point que l'on ne saurait exprimer ; elles n'en sont pas moins d'une incontestable sottise.

*
* *

Pour répondre aux ennemis des ironistes, ne suffit-il pas de rappeler quels furent le caractère et la vie des trois écrivains dont tout à l'heure j'ai cité les noms : Flaubert, Renan et Heine ?

La correspondance de Flaubert a été publiée. Nous connaissons l'homme. « L'ironie dessèche, dit-on ; l'ironiste est incapable d'aimer » : mais lisez donc les lettres de Flaubert à Louise Colet ! « L'ironie paralyse, l'ironie énerve les énergies » : mais Flaubert était d'humeur joyeuse ; son labeur était formidable, ses lettres respirent la bonté ; ses amis ont tous vanté les généreux élans de son cœur. « L'ironiste est un sceptique » : mais il faut entendre quels cris de douleur arrache à Flaubert le spectacle de l'invasion allemande. Et vraiment c'est une plaisanterie de soutenir que l'ironie détourne l'homme d'agir et de créer quand on voit toute la vie de Flaubert prise et dévorée par une passion unique et furieuse, la passion des lettres.

Et Renan ! Il est sur son compte une légende détestable inventée par des ignorants et propagée par des imbéciles. Arrivé au soir d'une existence qui avait été vouée au travail le plus acharné et qui était un modèle de dignité, de noblesse et de vertu, Renan crut pouvoir se donner le délassement de quelques paradoxes. D'ailleurs il nous avait charitablement prévenus de ne point attacher trop d'importance à ces propos fugitifs. Puis, pour défendre ses fantaisies contre l'interprétation des exégètes trop folâtres, il comptait sans doute sur le souvenir de sa grande œuvre d'historien et de critique. Mais, quoiqu'il connût bien son temps, il n'avait mesuré ni toute la niaiserie des badauds ni toute la malignité des pharisiens. Les uns n'avaient jamais su et les autres feignaient d'oublier que cet homme de bien avait été l'un des plus grands savants, avant d'être l'un des plus grands artistes de ce siècle, que l'ironie, chez lui, fut toujours la suprême probité de l'intelligence et que ce prétendu épicurien, durant les dernières années de sa vie, déploya le plus grand des courages, celui qui impose silence au cri de la douleur physique. Après sa mort un pauvre homme de jacobin, célèbre par son mauvais caractère et par une conversation avec Schopenhauer, crut devoir dans une séance d'académie lui donner le coup de pied du politicien. Relisons la dernière page de la préface des *Dialogues philosophiques* :

J'ai toujours été à la disposition de mon pays. En 1869, invité par un groupe considérable d'électeurs à me présenter à la députation, je fis afin de répondre à ce vœu des sacrifices pour moi très considérables. La seule chose à laquelle je ne me pliai pas, fut de dire un mot de plus ou de moins que ce que j'estimais bon à dire. Depuis, j'ai toujours répété que j'étais aux ordres de mes concitoyens pour les mandats qu'ils voudraient me confier. Toute sollicitation en pareil cas me paraît déplacée. Les mandats politiques dans les temps difficiles où nous sommes ne doivent être ni recherchés ni refusés. Aveugles et imprudents sont ceux qui les recherchent ; égoïstes sont ceux qui les refusent et qui par amour d'une existence tranquille se mettent à l'abri des dangers inséparables de la vie publique. Je proteste que si le pays m'avait imposé des devoirs je les aurais remplis avec courage et que j'y eusse dépensé tout ce que j'ai d'application et de capacité de travail.

Quant à Henri Heine, sérieusement, est-il besoin de montrer que l'ironie chez lui n'avait diminué ni la faculté d'aimer ni la faculté de souffrir ? N'est-ce pas lui qui a réintégré le sentiment dans la poésie allemande d'où l'avait peu à peu banni la hautaine esthétique de Gœthe ? Jusqu'à sa mort ne conserva-t-il pas intacts sa foi et ses enthousiasmes ? Et ne fut-il pas héroïque pendant les huit années que dura son effroyable agonie ?

*
* *

L'ironie est tantôt un masque, tantôt une arme : rien de plus.

Elle est un masque, et un masque aujourd'hui trois fois utile. Maintenant que presque tous les écrivains se racontent eux-mêmes, vraiment, la décence exigerait qu'ils y missent un peu d'ironie. De la sorte, ils proclameraient avec moins d'impudeur leurs vices et leurs vertus : ils ne paraîtraient plus aussi scandaleusement convaincus, soit de l'abjection, soit de la splendeur de leur âme. C'est une chose bien vilaine qu'un homme de lettres ingénu et qui met ses confessions chez le libraire. Je n'ai jamais pu assister à un pareil spectacle sans que revînt à ma mémoire cet exemple cité par les jurisconsultes romains d'une convention contraire aux bonnes mœurs : « Je te donnerai cent sesterces, si tu danses tout nu sur le forum. » Mon Dieu ! l'ironiste danse aussi sur le forum. Seulement il ne danse pas tout nu et cette circonstance rend un peu moins avilissant le gain des cent sesterces.

Enfin l'ironie est une arme et elle n'est qu'une arme. Ceux qui la méprisent affectent de la confondre, soit avec le dilettantisme parce que des dilettantes l'ont pratiquée, soit avec l'esprit de dénigrement parce que des grincheux l'ont employée. Mais l'épée est irresponsable des mauvaises actions qu'elle sert à commettre. Tant vaut l'ironiste, tant vaut l'ironie.

Il y a un rire impie, comme l'a très bien dit Maurice Barrès, c'est le rire de Kundry sur le passage du Sauveur. Mais il y a aussi un rire juste et nécessaire. L'ironie, après tout, n'est qu'une figure de rhétorique, — tout comme l'invective. On la peut mettre au service de la justice comme à celui de l'iniquité. Elle peut défendre le passé aussi bien que préparer l'avenir. Jésus, qui n'était point un conservateur, ironisait pour humilier les docteurs.

Reconnaissons cependant que cette arme souple, légère, effilée, fut le plus souvent celle de la tolérance et de la liberté. Les fanatiques n'en savent pas l'usage. En l'employant, les pharisiens craignent de se blesser. Aujourd'hui il est rare de la voir maniée par des personnes qui croient lourdement. Pour l'avoir bien en main, il faut ne pas être un sectaire.

Peut-être dira-t-on que les temps de l'ironie sont passés, que les lois et les mœurs permettent de tout dire, que les artifices de langage sont maintenant vains et surannés, que dans une libre démocratie rien n'empêche chacun d'exprimer avec une mâle franchise la vérité toute crue. — Sans doute on peut aujourd'hui tout dire, et c'est fort bien ainsi. Seulement tant de gens font de cette liberté un usage si répugnant qu'il faut aimer, entre tous, les écrivains capables de conserver le sens de la nuance, le goût de la réticence, la fantaisie de l'allusion. On a tellement abusé du mot propre qu'il ne signifie plus rien. C'est pourquoi, au milieu de l'ignoble tumulte que font, soir et matin, les gens qui hurlent la certitude et glapissent la vérité, il est délicieux d'entendre soudain le son d'une voix ironique capable de moduler, avec un accent moins inhumain, ses doutes, ses mépris et ses colères.

23 avril 1898.

A TRAVERS LES MŒURS

LES
TEMPS DU PANAMA

TROIS RADICAUX

Après avoir comparu comme témoins devant la Cour d'assises, qu'adviendra-t-il de MM. Floquet, Clémenceau et de Freycinet? Nul ne le sait. Mais j'imagine qu'un jour ou l'autre, comme les rois, avec qui soupèrent Candide et Martin, ils iront ensemble « passer le carnaval à Venise ». Là, dans l'hôtellerie, tout en mangeant des perdrix de Lombardie et en buvant du vin de Montepulciano, ils « se résigneront à la Providence » et conteront leurs malheurs aux passants. Ce qui va suivre s'adresse donc à Candide. S'il retourne jamais à Venise, il faut qu'il sache d'où vint, à ces trois majestés déchues, leur mauvaise fortune : car leur confession pourrait bien alors n'être qu'à demi sincère. Puis, cela lui permettra de révérer une fois de plus la sagesse de Pangloss, affirmant, après quelques autres philosophes, que « les grandeurs sont fort dangereuses ».

Elle est lamentable, l'aventure de M. Floquet. On a beau trouver que sa politique fut détestable, on ne peut se défendre d'un peu de commisération pour cette grande victime. C'était un brave homme de radical, solennel et sonore, mais sans ruse et sans fiel. Il se savait éloquent. Cela suffisait à lui inspirer quelque bonté. Il était le géant Bringuenarilles dont parle Rabelais et qui, dans les îles de Tohu et Bohu, *se paissait* de moulins à vent.

Puis sa probité était au-dessus des soupçons. Il était probe parce que le désintéressement faisait partie de son génie et de sa défroque oratoire. Il était probe surtout pour ne jamais mériter les reproches courroucés de la grande ombre de Robespierre, son inspiratrice, sa consolatrice, sa conscience.

L'irrésistible comique de son emphase le rendait inoffensif. On ne le prenait au sérieux que dans quelques loges maçonniques.

Néanmoins, comme les effervescences d'une jeunesse par trop polonaise s'étaient apaisées à temps, il demeurait, malgré tout, le pompeux ornement de son parti. On l'avait fait président de la Chambre des députés. Il vivait heureux, toujours un peu ridicule, mais respecté tout de même.

Un jour, une idée fâcheuse traversa cette noble cervelle. M. Floquet s'avisa de vouloir sauver la République et fut, du reste, à deux doigts de la perdre, car l'intégrité de l'homme privé n'avait d'égale que la nullité de l'homme d'État. Ce fut en ces temps mémorables qu'il commit l'imprudence, la fatale imprudence aujourd'hui si cruellement expiée. Négligea-t-il alors de consulter la grande ombre? C'est impossible. Le plus probable est que Robespierre interrogé fut sans indignation contre Arton. Le vertueux Maximilien avait, on le sait, des idées arrêtées sur les mesures de salut public. C'est ainsi que nous devons peut-être à une intervention posthume de Robespierre l'avantage d'être aujourd'hui débarrassé de l'encombrante personne de M. Floquet.

Je crois que M. Clémenceau n'a jamais eu d'entretiens familiers avec l'ombre de Robespierre. Quand il protestait de son respect pour le « bloc », il ne pensait ni à Danton, ni à Robespierre, ni même à Marat. Peut-être songeait-il à Barras.

A vrai dire, il ne fut jamais hanté par des souvenirs historiques. Il fut moderne, terriblement moderne. L'excès même de sa modernité fut peut-être la cause de sa ruine.

Il tombe de très haut. Longtemps il fut tout-puissant. De cette toute-puissance, plus tard, on aura peut-être beaucoup de peine à démêler les causes. Car M. Clémenceau, qui fut un homme au fond assez médiocre, dut sa prodigieuse fortune à un don singulier, à un véritable pouvoir de suggestion, par où il donnait à ses contemporains l'illusion de l'esprit, de la force et de l'autorité.

L'esprit de M. Clémenceau, c'était la légende indiscutée des couloirs de la Chambre et de ceux de l'Opéra. Partout, un cercle se formait autour du « brillant causeur ». Les reporters ne se lassaient pas d'écouter les bons mots qu'il ne disait jamais, mais qu'il avait toujours l'air de dire, tant son attitude était plaisante et son débit mordant. En cela, il ressemblait beaucoup à son ami Andrieux, qui, lui aussi, a le talent de faire croire que, tout à l'heure, il sera Rivarol.

Mais M. Clémenceau avait un art plus précieux que celui de divertir les gens, l'art de s'en faire craindre. Il semait l'épouvante. Aussitôt qu'il faisait mine de monter à la tribune, le gouvernement grelottait de terreur. On ne sut jamais pourquoi. Sans doute il avait une éloquence âpre et cinglante. Il excellait dans l'apostrophe. Pourvu qu'il ne parlât pas plus d'un quart d'heure, c'était un orateur véhément, original. Il avait dans ses discours et dans sa personne cette jolie effronterie qu'il met encore aujourd'hui dans sa défense désespérée. Mais, après tout, il ne représenta jamais que lui-même et trente députés mal disciplinés. On le redoutait pourtant et, de longues années durant, il a tenu à sa merci le gouvernement de la République.

On voudra mettre au compte de la niaiserie des badauds et de la poltronnerie des ministres l'extraordinaire succès de M. Clémenceau; et l'on n'aura qu'à demi raison. Badauds et ministres furent les dupes d'un remarquable magnétiseur.

Aujourd'hui le fluide n'opère plus. Le charme est rompu. On prétend que les ministres eux-mêmes commencent à s'en apercevoir. Quant au public, il est maintenant fixé. La réalité est apparue. Ce radical terrible n'était qu'un joueur et un snob. Le joueur a perdu la partie, et ils sont passés, les temps du snobisme! Elles ne reviendront plus, les années heureuses où les plus parisiens des journaux annonçaient le départ de « l'élégant leader » pour le derby d'Epsom!

Personne n'aura un mot de pitié pour cet homme qui fut tant redouté et tant adulé. C'est là le dramatique du désastre où a sombré M. Clémenceau. Personne ne le plaindra, ni les radicaux bourgeois qui auront la lâcheté de le trouver compromettant, ni les socialistes qui ont depuis longtemps flairé l'homme d'affaires impitoyable sous le démocrate intransigeant. Et les mineurs de Carmaux, au profit de qui M. Clémenceau se divertissait naguère à terroriser des ministres, auront le mauvais goût de se souvenir de cette étrange journée où le farouche défenseur des grévistes promena Jacques de Reinach chez M. Constans et chez le docteur Cornélius Herz.

Quand M. de Freycinet fut sorti de l'École polytechnique, un soir, sur la lande, il rencontra les sorcières qui lui dirent : « Tu seras Carnot. » Le jeune ingénieur n'y prit pas garde. Mais quand, en 1870, la France fut envahie, il se rappela les mots fatidiques et ce souvenir le décida à offrir ses services au gouvernement de la Défense nationale. Les sorcières avaient menti. Dix-huit ans plus tard, lorsque M. Carnot fut élu Président de la République, M. de Freycinet crut avoir jadis mal interprété l'oracle. Il tourna ses regards vers l'Élysée. Aujourd'hui, il n'y a plus de doute : les sorcières avaient bel et bien menti.

La disgrâce de M. Floquet est un peu comique. C'est une outre qui se dégonfle. La disgrâce de M. Clémenceau a je ne sais quoi de tragique. Celle de M. de Freycinet est un bon soulagement pour la conscience publique.

Avec son intelligence souple et déliée, la finesse de son coup d'œil, la rapidité de ses conceptions, la distinction de sa parole et de ses manières, M. de Freycinet eût pu rendre à la République d'inestimables services. Il a été son pire ennemi, auteur de toutes les fautes, complice de toutes les faiblesses qui sont la honte de notre temps.

Il se souciait fort peu des « grands ancêtres » et n'enviait pas le plaisir très raffiné d'être à la fois le prince des grèves et des élégances. Il avait le mépris des principes, — parce qu'il était sans scrupules, — et de l'argent, — parce que ses mœurs étaient pures. Il n'eut qu'une passion : l'intrigue.

Il intriguait, il intriguait toujours. Gascon et calviniste, il avait, pour duper ses amis, d'inépuisables ressources en donnant un tour décent et grave à ses fourberies. C'était Panurge de Genève. Pour assouvir son ambition inquiète, il a flatté et trahi tout le monde. Au gré des événements, il a fait de la politique modérée avec les radicaux et de la politique radicale avec les modérés. A vrai dire, il inclinait toujours davantage vers les radicaux. Mais, quand de l'autre côté grondait l'orage et éclataient les reproches : « Rassurez-vous, semblait dire la petite voix câline, c'est pour mieux les mystifier... » Personnage ondoyant, fuyant, insaisissable, qui défie le portrait et l'analyse. A vouloir dessiner sa figure, on risquerait de faire comme Hamlet montrant à Polonius les métamorphoses d'un nuage.

Il est facile, en revanche, de définir son œuvre d'un mot : c'est, sur ses exemples, la lâcheté et la duplicité politiques devenues une règle de gouvernement; c'est, sur ses encouragements, le pillage de la chose publique par les clientèles électorales. Enfin, cet homme, qui fut l'intégrité même, a plus fait qu'aucun autre pour la fortune des grandes agences de vénalité. Ce mélange bizarre de moralité privée et d'immoralité publique n'appartient pas seulement à lui. Beaucoup de nos hommes d'État ont donné le scandale de ce contraste. Mais, chez aucun, le contraste ne fut si paradoxal que chez M. de

Freycinet. Nul ne fut plus désintéressé que lui. Nul ne fut plus indulgent aux flibusteries de ses créatures.

8 mars 1893.

LES NAUFRAGÉS

Depuis longtemps déjà la houle grandissait et le vent soufflait en tempête. Mais, avec le procès de la Cour d'assises, s'est déchaînée une formidable bourrasque. La galère démâtée a donné contre l'écueil. Nous assistons à un épouvantable naufrage. Quelques têtes émergent encore au-dessus des vagues. On aperçoit, au loin, M. de Freycinet qui, tout doucement, à petites brasses, comme à l'école de natation, se dirige vers la terre, avec l'air impassible d'un homme qui en a vu bien d'autres. La fatigue lui cassera-t-elle les bras avant qu'il atteigne le rivage ? Plus loin encore, c'est la face convulsée de M. Clémenceau ; il se débat avec une belle énergie, désespérément, et sa main crispée semble chercher un compagnon à qui s'accrocher, quitte à l'entraîner avec lui. M. Floquet a coulé à pic après avoir un instant battu l'eau.

Ceux qui ont assisté à l'audience de la Cour d'assises, vendredi dernier, garderont toute leur vie la mémoire de ce spectacle tragique. Lorsque M. Floquet a brusquement sombré, nous n'avions plus nulle envie de rire ou de plaisanter en face de cette grande détresse. M. Floquet payait vraiment trop cher sa superbe inoffensive ; car cet honnête homme, après tout, ne fut coupable que d'un excès de ridicule. Il s'abîmait lamentablement. J'ai devant les yeux sa face pâle et mouillée de sueur, son regard navré, le tremblement de sa main qui allait et venait sur la barre des témoins, s'ouvrant et se fermant fébrilement pour saisir un objet invisible, geste du moribond qui veut ramener son drap. Le moment terrible, ce fut quand, sur un mot imprudent de M. Floquet, une véritable huée s'éleva de l'auditoire. Le président ordonna alors qu'on fît évacuer la salle. Comme les gardes obéissaient lentement, le président renouvela son ordre et les gardes mirent avec quelque brutalité les badauds à la porte. Il y eut un instant de grand tumulte.

La honte d'être protégé par la force contre la réprobation publique accabla le vieux tribun radical. Il dut se raidir de toute son énergie pour ne pas défaillir. Peut-être songea-t-il alors au temps de sa jeunesse tapageuse et revit-il dans le lointain de ses souvenirs quelque autre audience de la Cour d'assises, où le stagiaire Floquet, rivalisant d'éloquence avec les vieux maîtres du barreau libéral, maudissait la tyrannie, soulevait les applaudissements de la foule, protestait avec des mots pompeux et des allusions amères contre la partialité des magistrats qui ordonnaient l'expulsion des enthousiastes et étouffaient le « cri de la conscience publique » ! Le châtiment pour M. Floquet a été trop sévère. On lui doit désormais l'oubli, le silence et une grande pitié.

A la suite de l'audience d'hier, il n'y avait qu'un mot sur toutes les lèvres : « Encore quelques ministres à la mer ! » Et le soir même, c'était la démission de M. Bourgeois...

M. Bourgeois n'assistait pas à l'audience. Mais c'est de

l'audience que la catastrophe est venue. Comme la Cour d'assises donne à toutes choses un relief terrible et une portée imprévue ! L'affreuse tentative de chantage avait été contée dans les journaux. Le gouvernement avait déjà fait un demi-aveu en déplaçant son fonctionnaire. Le public s'était pourtant à peine ému. Mais voici que, hier, dans la solennité d'une cour de justice, les acteurs paraissent. Et alors, en face de ce drame vivant, il y a chez tous un grand sursaut d'indignation. C'est qu'il n'est discours ni écrit qui soit aussi éloquent que cette voix de femme perçante et implacable, exposant sa juste plainte sans haine et sans crainte. Et tout le monde sentait bien que cette déposition (1), c'était la mort politique de M. Bourgeois.

Celui-là était un politicien de carrière ; il avait eu l'avancement normal que pouvait espérer, en ces dernières années, un homme public laborieux, intelligent, sans connaissances ni aptitudes spéciales, propre à toutes les combinaisons et bon pour tous les ministères, suffisamment radical pour plaire à l'Extrême-Gauche, suffisamment souple pour ne pas épouvanter les modérés...

Sa chute est irrémédiable, sa vie publique est finie. Il disparaîtra, comme beaucoup d'autres, pour n'avoir pas compris la leçon des événements, moins coupable, pourtant — car du moins il luttait pour le salut de ses amis et de ses idées, — que certains hommes d'État qui ont sacrifié, afin de sauver leurs pires ennemis, l'honneur et le profit d'être, en ces heures de trouble,

---

(1) La déposition de madame Cottu.

les vrais défenseurs de la liberté et de la moralité politique (1).

12 mars 1893.

LA COTERIE

J'étais venu passer quelques jours dans une vieille ville de province, sur les côtes de l'Océan. Je comptais m'y reposer loin des verbiages politiques dont depuis plusieurs mois nous sommes assourdis et calmer la persistante migraine que m'avaient laissée douze journées passées dans l'atmosphère lourde et fiévreuse de la Cour d'assises. L'air provincial et maritime m'a guéri de la panamite. Mais la politique, la hideuse politique m'a poursuivi jusqu'ici. A Paris, elle continue d'ennuyer les gens ; en province, elle n'a pas cessé de les torturer.

Je venais retrouver un de mes amis, fonctionnaire en cette ville. Je ne l'avais point vu depuis plusieurs mois. A notre dernière rencontre, je l'avais trouvé découragé. Cette fois, je l'ai trouvé désespéré.

Le jour de mon arrivée, nous nous promenions à petits pas sur la jetée ; nous humions la brise de mer qui tempérait l'ardeur insolente de ce radieux printemps ; nous regardions le lent retour des lourdes et larges barques des pêcheurs ; tout entiers à la paresse de cette délicieuse flânerie, nous n'échangions que

---

(1) Je transcris ici ces articles de journaux, tels qu'ils ont été publiés ; et je note, une fois pour toutes, l'ironique démenti que les événements ont donné à des impressions sincères et à des conjectures vraisemblables.

des paroles brèves et banales. Mais brusquement mon ami, pris de l'irrésistible besoin de faire entendre sa plainte à quelqu'un, se mit à me conter, baissant la voix chaque fois que nous croisions un passant, les misères de sa vie de fonctionnaire : espionnages, délations, tracasseries. Je l'arrêtai ; plus d'une fois, déjà, il m'avait fait ce triste tableau de mœurs administratives. Je lui représentai qu'il choisissait mal son moment pour récriminer, que les derniers événements avaient rabattu la superbe et compromis l'autorité de la coterie régnante, que, du reste, la République n'étant plus aujourd'hui sérieusement menacée par personne, l'intolérance des jacobins et des francs-maçons n'avait même plus l'ombre d'un prétexte. Mais il me regarda en haussant les épaules :

« Parisien ! triple Parisien ! dit-il. Tu ne connais rien à la province. Va! la coterie règne toujours et le fonctionnaire est toujours son esclave, sa chose. Tu t'imagines naïvement que les scandales de Panama ont ébranlé la puissance des trois ou quatre grands électeurs par qui, dans chaque arrondissement de France, tout est mené, tout est gouverné, tout est exploité. Mais, ici, de tous vos procès, de toutes vos enquêtes, de tous vos articles de journaux, le peuple, ouvriers, bourgeois et marins, a tiré cette conclusion stupide mais simple que les hommes publics sont *tous* à vendre et que par suite il est bien inutile de changer les gouvernants. Quant à penser que le mouvement des catholiques vers la République va rendre nos maîtres plus raisonnables et plus tolérants, quelle chimère ! Ces gens-là se moquent bien de la République ; ce qu'ils défendent si âprement, ce n'est ni un principe, ni une idée, mais tout simplement le pouvoir de disposer des fonctions publiques, des faveurs administratives, et de trafiquer des unes et des autres. La domination qu'ils exercent depuis dix ans leur a permis de se fortifier dans la place, si bien que, pour les en déloger, il faudrait un formidable mouvement d'opinion publique... Nous en sommes loin. Partout il n'y a que lassitude et indifférence. Les optimistes de Paris nous annoncent la venue des hommes nouveaux... Qu'ils viennent. Ou ils échoueront lamentablement, ou ils seront eux-mêmes les prisonniers de la coterie.

« En cette ville-ci, députés et fonctionnaires sont à la merci d'un honnête homme de négociant qui fait travailler des nègres en quelque lointaine factorerie et qui émarge au budget de l'État comme gouverneur d'une colonie où il n'a jamais débarqué. Nous sommes ses hommes-liges. D'un mot il nous casse ou nous déplace.

« Contre le bon plaisir de nos tyrans nous sommes sans recours. Parfois, à Paris, dans les bureaux du ministère quelqu'un s'efforce de plaider la cause d'un fonctionnaire méchamment dénoncé. Le ministre, qui n'ignore pas les honteuses intrigues dont est faite la vie politique, est disposé à ne pas céder aux injonctions du député qui lui-même n'agit que sur l'ordre de son comité. Mais un entrefilet paraît dans la *Lanterne*, et le ministre capitule. S'il est héroïque et s'entête, on le menace d'une interpellation radicale. Là-dessus, le moins poltron des ministres renonce à ses velléités de résistance.

« Je connaissais un pauvre homme de cantonnier. Pour éviter tout reproche, il avait fait émigrer sa petite fille de l'école des sœurs à l'école laïque. Un jour, à l'époque des dernières élections, comme il était en train de balayer la rue de son village, il s'arrêta un instant, appuyé sur son balai en face d'une maison où des boulangistes tenaient une réunion. On le réprimanda sévèrement. Quelque temps après, il embaucha, pour élever un talus, deux hommes qui, dit-on, avaient autrefois distribué les bulletins de vote d'un candidat hostile au gouvernement. Ce jour-là, la coterie avait besoin d'une place de cantonnier. Le pauvre bonhomme fut déchu du droit de casser sur les routes les cailloux de la vraie république.

« Et tous, tous, nous sommes traités comme on traita ce cantonnier. Je dois surveiller mes relations, surveiller mes lectures, surveiller mes causeries, surveiller mes silences. L'église m'est interdite. L'école religieuse est défendue à mes enfants. J'ai voulu faire avec deux autres amateurs de la musique de chambre. Mais un jour on me fit savoir que le violoncelle était soupçonné d'être clérical, qu'on l'avait vu à la messe et que nous devions, mon violon et moi, nous retirer du trio. J'ai eu l'idée de pêcher à la ligne. Mes chefs m'ont invité à renoncer à cette innocente distraction, prétendant qu'un fonctionnaire doit bien se garder de fournir un prétexte aux sottes plaisanteries des réactionnaires sur le manque de tenue propre à l'administration républicaine. Mes télégrammes sont lus. Mes lettres sont décachetées. Demain on saura avec qui j'ai causé sur cette jetée. Si tu n'es pas jugé trop compromettant, on me pardonnera. Mais, du moins, si tu vas visiter les églises de la ville, garde bien les allures d'un touriste, d'un simple touriste ; prends un « Joanne » sous ton bras… autrement on m'accuserait d'envoyer un ami prier pour moi à l'église.

« Aussi nous les haïssons bien nos maîtres. Nous les haïssons cordialement pour toutes les lâchetés, pour toutes les humiliations dont ils nous font payer notre sécurité, payer notre avancement. Ah ! si ton optimisme pouvait avoir raison, si quelque jour on arrachait la République à la coterie qui la pille, quel cri de joie dans toutes les administrations françaises !… En attendant, il faut vivre et faire vivre sa famille. Qui sera demain ministre ? Qui nous protégera auprès du ministre de demain ? Voilà la grande question. »

Nous avons alors examiné le lot d'hommes d'État dont il était question pour remplacer le ministère tombé. Passant leurs noms en revue, nous nous efforcions de découvrir de quel ami, sénateur ou député, nous pourrions obtenir une recommandation utile auprès de chacun de ces ministres éventuels.

Les jours suivants, tant que dura la crise, cette idée obsédait mon ami. Il se jetait sur les journaux pour connaître les listes probables et ces pronostics l'induisaient en d'infinies combinaisons. Lorsque le Cabinet fut enfin formé, il me soumit tout un plan de campagne : lettres, démarches, visites, sollicitations, et me pria de venir à son secours, dès mon retour à Paris. Puis, comme pour s'excuser de me donner ces fâcheuses commissions, il me tendit un journal contenant la Déclaration du nouveau ministère, et il me montra que celui-ci s'engageait à administrer « avec exactitude, avec bienveillance, avec équité, pour le bien commun des citoyens ». Et il ajouta : « Tu vois qu'en travaillant à éclairer les ministres sur mon mérite et sur les intrigues dont je suis chaque jour menacé de devenir la victime, tu préviens les plus nobles désirs de ces hommes vertueux. »

Malgré tout, je me serais bien gardé de vous communiquer les confidences de mon ami, si, aujourd'hui même, un événement imprévu ne lui avait permis d'envoyer sa démission au ministre et de s'évader enfin de l'administration française.

9 avril 1893.

IMPRESSIONS D'AUDIENCE (1)

Elle eût été morne et ennuyeuse, cette interminable audience de dix-sept heures, sans la présence de M. Clémenceau. Aussi faut-il remercier M. Rochefort qui, habilement, força la main à son ancien ami et l'amena, bon gré mal gré, à intervenir devant la Cour d'assises. M. Clémenceau, d'ailleurs, n'a pas lieu de lui en tenir rancune. Car — sauf quelques moments pénibles — cette journée ne fut pas mauvaise pour lui.

Je n'avais point entrevu M. Clémenceau depuis les débats de l'affaire de Panama. Sa figure et sa démarche ont changé. L'effroyable lutte, dans laquelle il est depuis quelques mois engagé, a vieilli sa face et alourdi sa tournure. La nervosité de son geste et de sa voix s'est exaspérée. Il n'a point encore perdu cette belle possession de soi-même par où il tyrannisait les Assemblées. Mais parfois un frisson involontaire, une brusque contraction de

---

(1) Il s'agit ici de l'affaire Norton.

la lèvre trahissent l'effort et même la lassitude. A quelques grincements on devine l'usure des ressorts.

Il est assis au pied du bureau de la Cour, à la place de la partie civile, et il dialogue avec ses avocats, tandis que s'éternisent les controverses de droit. Il ne paraît point non plus curieux d'écouter tout l'embrouillamini d'explications où se perd Norton, l'inextricable mélange de mensonges et de vérités combiné par ce singulier personnage, dont la grosse face chocolat s'encadre dans une barbe de coupe diplomatique, retors comme un vieil escroc de profession, avec des vanités, des gesticulations et des élégances de nègre.

Lorsque M. Ducret commence à se défendre, M. Clémenceau prête l'oreille. Très calme, avec un sourire gouailleur, il écoute le récit des visites faites aux ministres par M. Ducret et ses amis, la veille du jour où M. Millevoye porta les faux à la tribune. Sans broncher, il apprend que, dans la liste, un seul nom a surpris M. Develle, celui d'Henri Rochefort. Quand M. Ducret prête à M. Dupuy cette phrase grandiose : « Il y a des instants où l'on regrette de ne plus être à Venise et de ne pouvoir faire venir un homme pour lui dire : « Demain il faut que vous soyez disparu », l'avocat général se récrie avec indignation qu'un ministre n'a jamais pu tenir pareil langage ; mais M. Clémenceau ne paraît point partager son incrédulité.....

M. Millevoye paraît. Cet homme immense, maigre et long comme une gaffe, triste comme la guigne, a préparé une défense habile : avec simplicité il proteste de sa bonne foi et avoue sa bêtise ; alors on sent courir dans l'auditoire un peu de sympathie. M. Clémenceau voit que la chance tourne. Son inquiétude se devine au son rauque de sa voix quand il prie le président d'adresser au témoin certaines questions. Mais la malchance de M. Millevoye est éternelle et sa maladresse est sans borne. Voilà son grand corps qui s'agite et se démène. Il menace, invective, insulte. Le vent saute encore une fois. Et M. Clémenceau est tout rasséréné quand M. de Morès se présente à la barre des témoins, souriant et menaçant. Mais, sous l'outrage, il perd ou feint de perdre son sang-froid. Il riposte brutalement. Le président le défend mal. L'avocat général s'agite et se lève. L'auditoire crie. Et le rideau tombe sur cette scène de tumulte qui laisse M. Clémenceau assez désemparé.

Là-dessus, magistrats, jurés et public s'en vont dîner. Et à huit heures du soir l'audience recommence.

La souffrance de mal digérer, dans cette salle surchauffée par le gaz, rend les gens pacifiques. On attend avec quelque impatience les dépositions de M. Marinoni et de M. Judet, contre lesquels M. Clémenceau paraît surtout irrité. Mais les autres témoins, sur ce chapitre-là, ont rendu l'indignation difficile à la partie civile. Le rôle du *Petit Journal* dans l'affaire est réduit à rien. Quelques ironies de M. Judet, quelques questions aigres de M. Clémenceau, et c'est tout. Il y a bien, pour réveiller un instant l'assemblée de sa torpeur, la déposition fantaisiste de M. de Dion, qui s'abrite derrière « le secret professionnel du témoin dans une affaire d'honneur », mais qui, pourtant, comme les autres, ne veut point quitter la salle sans avoir injurié M. Clémenceau. Celui-ci hausse les épaules et continue de griffonner des notes... Il reste dans cette attitude, tandis que déposent tous les témoins de M. Ducret. Et de loin, à le voir, sous l'abat-jour en papier vert de la lampe, courbé sur la petite table, on dirait un vieil expéditionnaire très appliqué.

Lorsque enfin le président lui donne la parole, M. Clémenceau s'est bien ressaisi. Il est lui-même, c'est-à-dire habile et violent, prudent et impérieux.

Par un gros artifice de tactique oratoire, redoutant l'acquittement de M. Ducret, — qui n'est point alors improbable — il commence par se montrer clément et miséricordieux. Puis, brusquement, il se retourne vers ses ennemis, ses vrais ennemis, Millevoye, Déroulède, Morès. Les ripostes se succèdent sans ordre, nettes et terribles. On dirait un sanglier acculé qui fait tête aux chiens, et d'un coup de défense les découd et les secoue. Mais, malgré tout, très maître de lui, il sent le péril d'être trop féroce et de pousser trop loin l'avantage, il craint d'épouvanter le jury, il devine que ce n'est pas encore ici le lieu de placer le discours qui, depuis longtemps, l'étouffe et qu'il n'a pu prononcer à la Chambre le jour où Millevoye le sauva, tant fut facile et rapide la victoire. Il s'en tient à quelques allusions où se trahit, avec la joie de la revanche, l'amer souvenir des angoisses passées. « Il y a eu un jour, s'écrie-t-il, où ils ont bien cru qu'ils me tenaient à la Chambre! » Et, d'un mot, il nous montre *ses amis eux-mêmes troublés et inquiets*. Ces choses-là sont banales et sans vie lorsqu'elles sont écrites. Mais il faut avoir vu l'homme les proférer, le poing crispé, le regard aigu, la face blême de ressentiment...

La fin de la harangue fut moins heureuse. M. Clémenceau crut devoir adresser au jury une adjuration patriotique. Il est sans talent dans les lieux communs.

Sa chaleur est factice. Ses emportements sont déplaisants. C'est alors du Floquet sans ingénuité. Puis sa voix et son geste prêchent mal la concorde. Son éloquence est une éloquence de haine et d'invective : elle mord, elle commande, elle n'émeut pas.

Le ministère public requit. Les avocats plaidèrent. Mᵉ Robert mit au service de l'affreux nègre les jolies ressources de sa parole agile et souple. Mᵉ Demange prodigua en faveur de M. Ducret les accents de son éloquence sonore et généreuse. Les jurés, harassés, courbatus et défaits, rendirent leur verdict. Et M. Clémenceau, enchanté de l'issue du procès, quitta enfin la pose de magnétiseur fatigué qu'il gardait depuis le np de son discours. La canne, la fameuse canne, tournait plus joyeusement que jamais. Je ne puis croire que M. Clémenceau déteste M. Millevoye.

8 août 1893.

LE SECRET DE LA COMÉDIE

Depuis quelques mois, nous assistons à la plus folle des comédies, au plus extravagant des imbroglios... On dirait une de ces pantomimes anglaises où la vertigineuse rapidité des culbutes, des cabrioles, des gifles et des coups de pied empêche de reconnaître le visage des acteurs et de démêler le sens de leurs gesticulations frénétiques.

La troupe qui nous donne ce divertissement est composée de quelques hommes dits politiques. Il y a parmi eux des aventuriers, des niais, des exaltés, des policiers, des spadassins, Jocrisse et le Matamore. Ils se démènent et vocifèrent à tort et à travers. Impossible de savoir d'où ils viennent et où ils vont. Tout à l'heure ils s'invectivaient et s'assommaient ; maintenant, à la façon des clowns, ils s'étreignent cordialement les mains. Ils s'injurient, déjeunent ensemble (que de déjeuners historiques !) et reprennent leurs injures, la digestion terminée. Ils se trahissent, se réconcilient, s'embrochent, s'embrassent, se qualifient et se disqualifient. Celui qui dénonçait est à son tour dénoncé. Le « bon patriote » d'hier est aujourd'hui un « assassin ». On les croit amis ; et ils s'accusent entre eux de vendre la France. On les croit ennemis, et ils s'entr'aident et échangent des visites.

Lorsque l'embrouillamini devient par trop compliqué et que la confusion est au paroxysme, les acteurs ont cette explication charmante et facile : « Que voulez-vous? Ça, c'est la vie de Paris ! »

Quand, pour la première fois, le rideau se leva sur cette bouffonnerie incohérente, il y eut dans le public un mouvement de stupeur. Vous vous rappelez la dernière journée de l'infortuné baron Jacques de Reinach : certaines visites faites ce jour-là en certaine compagnie formaient un joli prologue à la farce qui devait suivre. Mais alors notre surprise fut trop forte : nous ne pûmes bien goûter ce prologue. (Par la suite nous en avons mieux perçu la saveur.) Puis, au commencement, beaucoup s'imaginaient que les choses pourraient tourner au tragique... On s'indignait. On croyait sincèrement assister à un drame instructif et moral... Il fallut en rabattre... On comprit assez vite que le spectacle était de pure comédie. Le public en a pris son parti. Il s'est fait à ce genre funambulesque. Il y goûte maintenant un vif plaisir ; il ne faut plus songer à l'en priver.

Le dernier épisode, celui où l'on a vu les excellentes relations de l'antisémitisme avec Cornélius Herz, est tout à fait délicieux. C'est un des meilleurs fragments de la grande comédie. Il ravit le vulgaire qui se plaît aux beaux coups de théâtre. Mais il offre aussi un intéressant sujet de réflexion à ceux qui veulent à toutes forces dégager une philosophie de ce ballet d'aliénés.

Rappelez-vous cette immense série de révélations, de calomnies, de duels et de trahisons, et dites maintenant si, par delà la scène où évoluent les fantoches, vous n'apercevez point la main sûre qui les mène et les dirige. Tout, depuis le début, trahit l'invisible présence de Cornélius Herz. On ne peut se défendre d'admirer et de redouter la prodigieuse puissance de cet homme qui, au milieu du désarroi général, poursuit froidement son œuvre de démoralisation et de vengeance. C'est là qu'est le secret de la comédie.

10 août 1893.

LE TOUT-MAZAS

Le Tout-Mazas est une élite. Pour en faire partie, il n'est point nécessaire d'être déjà en cellule. De même qu'on peut être du Tout-Paris, bien que né à Sisteron ou à Tokio, ainsi peut-on se dire du Tout-Mazas sans casier judiciaire. Il serait injuste de ne vouloir admettre dans cette confrérie que les personnages à qui la justice fit ou fera l'honneur d'une distinction spéciale. On rencontre, sur le boulevard et ailleurs, des « ajournés » qui ont tous les titres possibles pour appartenir à cette société de choix.

Prévenons tout de suite une confusion à laquelle pourrait être exposé un observateur superficiel. Le Tout-Mazas n'est point le Tout-Paris. Sans doute, pour être du Tout-Mazas, il faut être aussi du Tout-Paris, c'est indispensable. Mais reconnaissons, pour être justes, qu'il y a dans le Tout-Paris des gens à peu près assurés de ne jamais causer avec un juge d'instruction, sinon en qualité de témoins.

L'homme du Tout-Mazas est un personnage nouveau dans la société moderne. Depuis quelques années, il est souvent en scène, plus souvent même qu'il ne le voudrait. Sa physionomie est maintenant bien connue. Quelle que soit sa profession apparente, qu'il soit financier, journaliste, ou politicien, c'est le même type. Il est généreux et bon vivant. Il sait tempérer par une familiarité décente le juste orgueil que lui inspire le succès de ses rapines. Il est très fort sur les questions dites d'honneur ; il se bat correctement ou rédige avec tact des procès-verbaux. C'est un patriote, et il n'agit que dans « l'intérêt du pays » ; à la tribune, à la Bourse ou dans sa feuille, il est toujours et avant tout « bon Français ». Il a un souci louable des grandes misères publiques et sait inventer toutes sortes d'ingénieux moyens pour surexciter la charité. Il rend des services toujours *exceptionnels*, et il en reçoit le prix. Pour être du Tout-Mazas, il faut avoir été décoré, et avoir présidé six jurys d'honneur ; c'est le minimum. On est alors un *galant homme* à qui personne n'a le droit de demander comment, à Paris, avec vingt mille francs de ressources avouables et avouées, il est possible de jeter chaque année deux cent mille francs par les fenêtres. Cependant, de temps en temps, un juge d'instruction se pose la question et la résout.

Un Huron pourrait se demander avec étonnement comment la société tolère l'industrie de ces parasites. La disproportion évidente de leur fortune et de leurs dépenses est un signe irrécusable. Pourquoi donc leur accorde-t-on ce semblant de considération qui est tout le secret de leur force et de leur longue impunité?

C'est ici qu'apparaît un autre personnage, très moderne, lui aussi, et qu'on peut entrevoir, au lointain, dans les instructions judiciaires : il y figure comme témoin ou même demeure à la cantonade, mais on devine alors sa présence aux gestes désespérés que lui adresse l'accusé. C'est l'*honnête homme, ami des coquins.* Celui-là est plus complexe que le distingué bandit du Tout-Mazas. Il peut être une dupe, un niais vaniteux qui a été flatté d'avoir d'aussi *belles relations* ; un jour on l'a averti de l'ignominie de ses familiers ; mais il ne s'est pas arrêté à de pareils soupçons : « On ne parle pas ainsi des gens que je reçois dans ma maison. » D'autres fois c'est un simple ambitieux : il n'a point d'illusions, mais il ménage, comme il convient, des personnages puissants, qui se targueront de son honorable amitié, feront commerce de son appui et lui rendront mille services en échange : « Que voulez-vous ? il vaut mieux avoir X... pour soi que contre soi ; c'est du reste une aimable canaille et il ne *fait* pas l'argenterie. » Le plus souvent, c'est simplement un sceptique résigné qui prend le monde comme il est, sans défense contre les camaraderies faciles, très attentif et très scrupuleux dans la conduite de sa propre vie, mais aimant à se donner de près le spectacle des « beaux gredins » et y trouvant un plaisir rare et compliqué ; car sa curiosité s'en amuse et sa conscience en tire de vaniteuses satisfactions...

Et c'est ainsi que, dans un temps où il n'y a plus ni castes, ni classes, où le mot de « parvenu » n'a plus de sens, où le luxe extérieur est devenu le signe unique des distinctions sociales, l'universelle veulerie encourage tous les aventuriers. Combien de Parisiens pourraient se rendre ce témoignage qu'ils n'ont jamais été, même par une simple poignée de main, les complices involontaires et bien lointains, mais les complices enfin, du Tout-Mazas ?

6 janvier 1895.

UN EXAMEN DE CONSCIENCE

« Jeanne, dit-il, j'aime beaucoup les mélodies de Grieg, tu le sais. Mais, ce soir, je suis un peu fatigué. Continue seule... » Puis il se lève, embrasse sa fille au front et passe dans son cabinet de travail.

Il est maintenant à demi renversé dans un large fauteuil auprès du foyer. Une lampe basse, placée sur le grand bureau Louis XV, y décrit un rond de lumière blanche et laisse dans l'ombre le reste de la pièce, meublée avec un luxe sévère. Sur la cheminée sourit dans les ténèbres un vieux Bouddha. Aux murailles, dans les rares intervalles que laissent les bibliothèques, quelques gravures au burin, et une seule peinture, le portrait d'un homme décoré, œuvre d'un artiste de second ordre.

Il est mélancolique et nerveux; il roule un « petit bleu » entre ses doigts. Et voici son monologue :

« Je ne sais qui m'a envoyé cet avertissement ; mais la nouvelle est vraisemblable, très vraisemblable... Le gouvernement est trop bête ; il laisse partout répéter qu'il veut une *lessive générale*! Les magistrats partent là-dessus et se mêlent, avec leur belle incompétence, d'examiner des affaires auxquelles ils ne comprennent goutte... Sans compter que ces imbéciles de la Compagnie des Grandes Fondrières ont une comptabilité saugrenue qui va surexciter Flory !... »

Il rêve un instant, transporte la lampe sur la cheminée, prend un journal, et laisse ses regards errer parmi les annonces et les nouvelles du cyclisme. Puis il jette son journal et, comme il a des lettres, il va chercher dans sa bibliothèque *les Essais* de Montaigne. Mais Montaigne convient peu à sa disposition d'esprit. Et il reprend, les bras croisés, l'œil vaguement tourné dans la direction du Bouddha :

« Après tout, de quoi ai-je peur? Est-ce que je ne suis pas un honnête homme? Voici deux ans que je ne fais plus d'affaires. Je n'ai plus de journal. Je ne suis plus député. Et je n'ai jamais été de ces gens qui, par leur luxe insolent, démoralisent leur pays et inquiètent la conscience publique. Cet hôtel où j'habite, je l'ai eu pour un morceau de pain. Je l'ai orné et meublé bourgeoisement, comme un bourgeois que je suis... Avec ma bicoque du Vésinet, voilà mes seuls immeubles. J'ai rempli mes devoirs de père de famille. J'ai fait donner une excellente éducation à mes deux filles. J'ai doté Margot, et, là encore, on ne pourra rien me reprocher, j'imagine, puisque je n'ai assuré à mon enfant qu'une rente de 20 000 francs... Jeanne en aura autant. Je ne suis pas insensible aux souffrances des pauvres. Mes charités sont discrètes, mais convenables. Je ne suis ni un avare ni un prodigue. Et ma vie privée ! On peut la fouiller. Jusqu'à la mort de ma femme, rien. Depuis... mais toujours avec sérieux, avec tenue. Et là encore on ne découvrira point de dépenses exagérées, excédant les ressources patrimoniales... Bref, je ne refuse jamais l'aumône aux mendiants et on ne me voit pas m'afficher avec ma maîtresse... »

Et, s'animant, il s'adresse non plus à l'ironique Bouddha, mais à un fantôme de juge d'instruction : « Ce que vous faites pour le dernier des vagabonds, ramassé sur la grande route, vous pouvez le faire pour un serviteur dévoué de la démocratie, qui a bien servi son pays et son parti et qui peut-être méritait qu'on respectât sa retraite et qu'on ne suspectât pas sa vie d'ordre, de labeur et de probité. Pour le vagabond vous tâchez d'établir le chiffre des dépenses qu'il fit dans les auberges et les cabarets et vous lui demandez ensuite d'où il tenait ces ressources. Moi, je vous dis : Voici mes dépenses, voici l'état de ma fortune. Examinez, contrôlez... » Mais il s'arrête, hésite, et avec un geste de découragement : « Ah ! si ces bandits des Grandes Fondrières avaient seulement une comptabilité mieux tenue ! »

Et alors il s'approche de son bureau, ouvre un tiroir, et y prend un petit calendrier où quelques dates sont marquées au crayon rouge et d'autres au crayon bleu. Il l'examine avec tristesse et dit : « Et le 23 mars tout eût été fini ! » C'est le calendrier des prescriptions. Les marques rouges sont pour les délits et les marques bleues sont pour les crimes.

13 janvier 1895.

CORNÉLIUS HERZ

Cornélius Herz est mort sans avoir dit son secret. Ses héritiers nous le livreront-ils jamais? C'est peu vraisemblable. Sans doute l'arme est émoussée ; mais, si on sait la brandir à propos, elle peut encore inspirer de salutaires frayeurs. Il est donc probable qu'on la conservera dans la panoplie de famille, à tout événement.

Pour nous, du reste, les aventures de Cornélius Herz n'offrent que peu d'intérêt. Depuis longtemps déjà notre badauderie ne s'amuse plus aux détails de l'affaire de Panama. Que nous importent les démêlés de Cornélius Herz et de Jacques de Reinach? Nous n'avons pas besoin de savoir toutes les péripéties de ce mélodrame pour connaître la figure de Cornélius Herz et bien juger son rôle dans les affaires de France.

Il ne fut point l'aventurier vulgaire que ses amis d'avant-hier ont souvent voulu nous dépeindre, comme pour diminuer le crime de leur complicité. Ce petit juif bavarois, qui avait pris la nationalité, les appétits et les allures d'un Yankee, n'était pas le simple faiseur, le banal intrigant qui hante la Bourse et côtoie la police correctionnelle. Son rêve de devenir en Europe « le roi de l'électricité » n'était point d'un esprit médiocre. Cornélius Herz n'était pas petitement ambitieux. Il était né pour les grandes escroqueries; seule, la nécessité l'a réduit au chantage. Puis il avait une vie régulière et modeste. On pouvait donc, sans scandale, l'aider à faire sa fortune : il la plaçait en immeubles. Il ignorait les vanités mondaines, qui sont la glu où se prennent tant de parvenus; ce n'est pas lui qui aurait jamais composé le scénario d'un ballet. Il n'était point dupe du décor parisien. Il tâchait de mettre de l'ordre dans ses flibusteries, et non de l'élégance dans ses vices. Il se souciait peu d'occuper le premier plan de la scène pourvu qu'il fût à la fois l'auteur et le régisseur de la comédie.

Les circonstances lui furent longtemps favorables. Il trouva ici de grandes facilités pour exercer son industrie et développer son ambition. De tout temps, les aventuriers de son espèce se sont servis des gouvernements en les servant. Jadis on les tenait à distance. On les employait à des tâches inavouables, et on rémunérait leur concours; mais, dans l'État, ils restaient des subalternes. De nos jours, nous avons vu le pouvoir d'un Cornélius Herz publiquement reconnu, officiellement consacré. Grand officier de la Légion d'honneur, il a commandité des journaux, contribué à faire et à défaire des ministères. Les hommes d'État imploraient sa protection et se réclamaient de son crédit. Et les politiciens accouraient quand il daignait les siffler.

Lorsque le vent sauta, Cornélius Herz crut prudent de gagner l'Angleterre ; mais il continua de jouer son rôle dans la politique française. Il tenait quelques pauvres diables sous le coup de la menace et il gouvernait les nigauds, c'est-à-dire la majorité, en leur inspirant la peur de paraître avoir peur. Ce fut ainsi qu'il décida un jour la commission d'enquête de la Chambre à se rendre à Bournemouth pour recevoir ses révélations. Les nigauds prirent le train de Calais. Mais les autres les avaient devancés. Le tour était joué. Et on se rappelle l'admirable lettre où le docteur fit savoir à la commission qu'elle était bien audacieuse de croire qu'on interrogeait les gens avec un pareil sans-gêne : « Si la commission, écrivait-il, a charge de l'honneur de la France, moi, j'ai charge de l'honneur de Cornélius Herz. » Le bon M. Vallé se le tint pour dit et ne jugea pas à propos d'en faire davantage pour l'honneur de la France.

Il faudra qu'un jour un historien écrive la vie de Cornélius Herz. Ce sera un précieux document pour servir à l'histoire de nos mœurs politiques.

8 juillet 1898.

L'ÉLECTION
DU
PRÉSIDENT DE LA RÉPUBLIQUE

Je n'avais jamais vu l'élection d'un Président de la République. Désireux d'assister au fonctionnement des « rouages de la Constitution », j'ai pris le train de Versailles.

La journée est douce et lumineuse, si douce et si lumineuse que nos esprits mobiles en ont presque oublié les funèbres tristesses d'hier. Le ciel indulgent est complice de notre badauderie. A travers les vitres du wagon nous voyons filer dans une brume bleue les villas aux volets clos, les jardinets déserts, les parcs aux ramures dépouillées; mais déjà ce n'est plus la campagne d'hiver; quelque chose de printanier flotte sur les coteaux et les bois, pénètre l'âme des politiciens qui vont à Versailles. D'ailleurs, peu de querelles et peu de disputes : les initiés savent que le résultat du Congrès est dès maintenant fixé, et les initiés communiquent aux autres leur placidité. Une seule question passionne nos souverains et leur suite, celle de savoir où et comment l'on déjeunera. On dirait que la « représentation nationale » part pour un grand pique-nique.

Tout le long de la voie, de place en place, des soldats, l'arme au pied, gardent la ligne du chemin de fer. Leur présence sur le passage de ce « train de plaisir » est si imprévue, si paradoxale que les nationalistes eux-mêmes omettent de se jeter aux portières pour crier : « Vive l'armée ! »

Une fois que les congressistes ont débarqué à Versailles, la paix de la vieille cité royale achève l'œuvre du gai soleil de février. Le palais apparaît baigné d'une lumière fine et rose, et, dans les salles des restaurants, on entend des gens qui ne causent point politique.

*
* *

Le Congrès est bien gardé. Des huissiers inflexibles refusent d'ouvrir les grilles à quiconque ne peut montrer un carton ou une médaille. Je n'ai ni médaille ni carton. Je me présente, cependant, à l'une des portes. Entre l'huissier et moi s'échangent ces simples mots : « Vous êtes… — Parfaitement. — Oh ! alors !… » Et cet homme laconique et courtois s'incline. Je suis dans la cour ; et de là, grâce à des amis, je pénètre dans les couloirs et dans la salle de l'Assemblée.

La galerie, dite des Tombeaux, est un long couloir encombré de statues et de banquettes où, dans un épais brouillard que font les fumées des cigares, députés, sénateurs, journalistes et curieux, échangent des idées, des « mots » et des nouvelles. L'aspect en est bizarre ; les bustes des grands hommes sont coiffés de chapeaux hauts-de-forme et les tombeaux sont jonchés de pardessus. Les conversations qu'on entend dans ce lieu sont, toutes, empreintes d'un cordial scepticisme. Les nécessités de la vie en commun obligent sans doute les professionnels de la politique, parlementaires ou journalistes, à atténuer l'impétuosité de leurs convictions. Mais, quand on n'a point coutume de fréquenter dans ces milieux-là, on est un peu ahuri d'entendre dialoguer gentiment, sans aigreur, des gens qui, si l'on s'en tenait à leurs propos publics, devraient nourrir, les uns contre les autres, des haines inextinguibles. Lorsque, par aventure, un intrus, dérogeant à la convention, trouble ces pacifiques causeries par des paroles passionnées, agressives, on ne se fâche pas contre lui, on le laisse dire; il n'excite qu'une curiosité ironique, un peu gouailleuse.

Deux « vieux républicains » écoutent avec un bon sourire un journaliste qui leur explique tous les avantages de Versailles au point de vue d'un coup d'État : « Regardez bien, leur dit-il, comme la disposition des lieux est favorable! La Chambre, le Sénat, les ministres sont réunis ici. Il n'y a que deux issues : l'une, sur la cour et le château, et l'autre, sur la rue Gambetta. Vingt hommes à chacune de ces deux portes, un roulement de tambour dans l'intérieur du palais : la chose est faite. Et, là-bas, le bon roi Louis XIV sur son cheval de bronze trouvera la plaisanterie du meilleur goût... — Fort bien, riposte un des « vieux républicains »; mais, le coup de filet donné, que ferez-vous de tous les représentants du peuple?... — L'Orangerie est tout près; elle a déjà servi. » — Et ces propos sont tenus devant le buste de Cambronne, l'ennemi du parlementarisme.

**

Dans la salle du Congrès, les tribunes regorgent de spectateurs. Et, pourtant, le spectacle n'est guère divertissant. Deux heures durant, on voit passer des gens qui votent. Sans doute ils ne votent pas tous de la même façon et chacun, pour jeter sa bille et donner son papier, a des attitudes et des gestes particuliers, où se révèle le souci de ne pas être le premier votant venu : les uns affectent de la gravité, exprimant ainsi qu'ils savent la solennité de l'acte qu'ils accomplissent; les autres font entendre par leur maintien dégagé qu'ils ne sont pas des nouveaux venus dans les Assemblées parlementaires... Malgré tout, ce défilé est un peu monotone, et, afin de tromper son ennui, le public applaudit les uns et conspue les autres. L' « éternel besoin de manifester », qui s'empare de toutes les foules, est pour quelque chose dans ces gamineries; mais il y a aussi, chez ceux qui crient, le plaisir de voir quelle figure fera celui que l'on hue ou celui que l'on acclame.

Un superbe député monte à la tribune pour déposer son bulletin; il rejette en arrière sa noble tête encadrée de beaux favoris de neige. Sa naturelle satisfaction d'être M. Ricard s'augmente encore aujourd'hui de la satisfaction d'être M. Ricard votant devant un public de choix. Un « Ah ! » d'admiration sort de toutes les poitrines; le nom d'une danseuse tunisienne vole sur toutes les lèvres. M. Ricard s'arrête une seconde; il se retourne, glorieux de cette ovation; puis il descend comme à regret de la tribune pour aller confondre parmi les têtes glabres ou hirsutes de ses obscurs collègues sa noble tête encadrée de favoris de neige.

* * *

C'est fini. La bataille fut sans intérêt; le résultat ne faisait doute pour personne. Un formidable tumulte de cris et d'acclamations se répand dans la salle, puis dans les couloirs du palais. Un flot de députés et de sénateurs s'échappe dans la galerie.

Décidément, ces hommes, vus en masse, ne sont point beaux. Observez de face une foule quelconque, à la sortie d'une église ou d'un théâtre : elle n'offrira pas ce spectacle de laideur excessive et continue. Bien souvent, en passant sur le pont de la Concorde, vers six heures du soir, vous avez croisé ces longues files de personnages médiocres, engoncés, solennels ou falots, qui sortent du Palais-Bourbon. C'est cette même impression que je retrouve ici, mais vingt fois plus répugnante. Car c'est le confluent de la rue de Tournon et du pont de la Concorde. Puis le torrent canalisé s'écoule lentement dans ce couloir étroit; on voit en plein les visages. Enfin, nous sommes à Versailles, et, quoi que nous fassions pour nous soustraire aux souvenirs du passé, ce mot seul de Versailles nous grise l'imagination et nous incline à manquer d'indulgence pour les « élus du suffrage universel ». Un vieux routier du parlementarisme, qui se trouve près de moi, m'assure que, il y a vingt ans, les représentants du peuple « marquaient mieux ». Peut-être. Il n'est point douteux, en tout cas, que, aujourd'hui, ils « marquent mal »...

Les tambours battent aux champs. Les soldats du génie font la haie jusqu'à la cour. Précédé des huissiers de la

Chambre et du Sénat, le nouveau Président de la République s'avance mélancoliquement. Sa démarche est modeste et son visage résigné.

.*.

Dans le wagon du train de la rive gauche, où j'ai pris place, pénètrent quatre sénateurs et un député. Parmi ces honorables, il y en a au moins trois dont les circonscriptions ne sont pas situées au nord de la Loire : cela s'entend.

L'un d'eux s'écrie en s'asseyant : « Enfin ! le *Sénatt* est à l'Élysée ! » Et les trois autres (le député se taisait) reprennent joyeusement : « Eh ! oui. Le *Sénatt* est à l'Élysée ! » Là-dessus s'engage entre eux une conversation, une délicieuse conversation, une de ces conversations sans prix où les causeurs se livrent, en toute candeur, dédaigneux de l'auditeur que le hasard leur a donné.

Ils parlent de tout : de Légitimus, de leurs fredaines et des larmes de Peytral. Ils aiment bien le *Sénatt*, ces sénateurs ; mais ils sont cruels pour M. Méline à qui ils reprochent tout simplement d'être un hypocrite, et ils trouvent, pour caractériser M. Paul Déroulède, cette admirable formule : « C'est un lâche ! » Ils se demandent qui succédera à Loubet dans la présidence du Sénat. Ils écartent le nom d'un candidat possible en faisant cette remarque : « Il y a trop de travail ! On ne le sait pas, mais la préparation des séances est si lourde ! » Tel autre candidat aurait bien des chances. « Seulement, dit l'un, il ne distingue pas bien. » Un second ajoute : « Il entend mal. » Et un troisième : « Il saisit lentement. » Ces spéculations politiques ne les absorbent pas. Il y a parmi eux un vieux débris de l'Assemblée nationale qui conte ses souvenirs : « Dans ce temps-là, on allait et venait, chaque jour, entre Paris et Versailles. Dans le train on faisait des rencontres. Il y avait des dames parlementaires..... — Ah ! des dames parlementaires ! reprend un méridional élégant, mais défraîchi, des dames parlementaires, moi, j'en ai connu... » La causerie va de la sorte, en zig-zag, des « dames parlementaires » à Peytral. On est étonné de ne pas entendre l'accompagnement des dominos remués sur le marbre des tables du *café du Commerce*. Et toujours revient le refrain : « Le *Sénatt* est à l'Élysée ! »

Un moment, quelqu'un fait allusion à une anecdote fort connue, paraît-il, dans les « milieux sénatoriaux ». « Contez-nous-la, fait un des voyageurs, vous qui contez si bien ! » — Mais une autre voix : « Pas ici; au *Sénatt* ! Soyons prudents. » Nous étions à Ouest-Ceinture.

25 février 1899.

L'INTERVIEW

Quand les journalistes introduisirent dans la presse française une coutume que, un peu ingénument, ils croyaient venir d'Amérique, ils auraient pu trouver dans notre langue plus d'un mot pour signifier la même chose. Au lieu d'*interview* ils auraient pu dire *entretien* ou tout simplement *entrevue*. Mais ils ne l'ont pas fait. Le public les a suivis. Maintenant il est trop tard pour aller contre l'usage général : on risquerait de n'être pas compris. Si j'avais dit : *De l'entrevue*, on aurait cru sans nul doute que je voulais parler de la façon dont on a l'habitude de régler le prologue des fiançailles.

Le mot est venu du Nouveau-Monde. Mais la chose est fort ancienne et on la pratiqua dans la vieille Europe, bien longtemps avant la découverte de l'Amérique.

Une *interview*, c'est la conversation d'une personne qui ne sait pas, avec une personne qui sait ou qui est censée savoir. Ce qu'on appelle la tradition orale n'est qu'une longue chaîne d'*interviews*. Et jusqu'au jour où ont été créées la science des monuments, la science des inscriptions et la science des textes, c'est-à-dire l'archéologie, l'épigraphie et la paléographie, l'historien n'était qu'un *interviewer*, quand il écrivait l'histoire de son temps, ou bien un collectionneur de vieilles *interviews*, quand il écrivait l'histoire ancienne.

En réalité, l'*interview* date du jour où l'homme a été mordu du désir de savoir ; et ce fut dans le Paradis terrestre que cela lui advint.

* *

Je ne dirai rien — et pour cause — de l'interview dans les civilisations primitives. Mais aucun peuple n'a *interviewé* avec autant de passion que le peuple grec.

Les Hellènes adoraient la causerie : ils étaient toujours prêts soit à raconter, soit à écouter des histoires. Leur curiosité et leur faconde étaient inlassables.

L'ancêtre de tous les reporters, c'est Hérodote. Il a parcouru l'Égypte, la Libye, la Palestine, l'Assyrie, la Colchide et la Thrace, en interrogeant les guides, les prêtres et les passants. Il a rapporté tous les contes qu'on lui a faits sur la route, et il a contrôlé les dires de l'un par les dires de l'autre. Il s'est rendu jusque dans la Haute-Égypte pour s'assurer auprès des prêtres d'Héliopolis que les prêtres de Memphis ne l'avaient point trompé. A la suite de ses récits, souvent, il a soin de placer le « sous toutes réserves » dont usent aujourd'hui ses successeurs, — trop rarement peut-être. S'il relate quelque prodige par trop invraisemblable : « Il faut, ajoute-t-il, que je rapporte ce qui m'a été dit ; mais je n'ai pas besoin de tout croire. » Les reporters d'aujourd'hui n'ont pas toujours de ces scrupules en racontant leurs conversations avec les somnambules.

A Athènes n'étaient-ce point d'insidieuses interviews que ces causeries de Socrate dans les rues et sur les marchés avec les militaires, les sophistes, les libertins et les courtisanes? Et, à tout prendre, les sujets de ces entretiens étaient aussi baroques que les thèmes de dissertation proposés à leurs contemporains par les journalistes d'aujourd'hui.

Laissons les Grecs. Mais avant d'en venir à nos journaux modernes, je veux dire quelques mots du plus grand de tous les reporters français, de celui qui vraiment a créé chez nous la science de l'interview et qui du premier coup l'a portée à sa plus haute perfection : messire Jehan Froissart, chanoine de Chimay.

Comme Hérodote et comme M. Charles Chincholle, Froissart rapporte ce qu'on lui a dit. A nous de démêler la vérité. Au service des souverains et des princes il a parcouru toute l'Europe, et il a consigné sur ses cahiers tous les propos qu'il a entendus, leur laissant la couleur et le mouvement de la libre causerie.

Voici un exemple de la façon dont Froissart comprenait et pratiquait l'interview :

C'est en 1388. Depuis trois années il est demeuré tantôt à Blois, tantôt en Touraine, auprès de Guy, comte de Blois, en qualité de clerc de sa chapelle. Mais il n'a pas l'humeur casanière ; son oisiveté lui pèse. Retourner en Flandre ou en Picardie? A quoi bon? On ne s'y bat plus. Mais il se passe, dit-on, de beaux faits d'armes en Toulousain, en Castille et en Portugal. On peut se renseigner là-dessus à la cour de Gaston Phœbus, comte de Foix. C'est donc là qu'ira Froissart.

« J'avais, dit-il, Dieu merci! sens, mémoire, bonne souvenance de toutes choses passées, engin clair et aigu pour concevoir tous les faits dont je pourrais être informé, âge, corps et membres pour souffrir peine… », bref, toutes les qualités d'un bon reporter : une mémoire fidèle, une intelligence rapide et une bonne santé. Son maître le comte de Blois lui remet des « lettres de familiarité » et lui confie quatre beaux chiens de chasse, cadeau destiné à Gaston Phœbus, comte de Foix et de Béarn.

Froissart, en cet équipage, chevauche à travers la France. A Pamiers il fait la rencontre d'un chevalier du comte de Foix, messire Espaing, « vaillant homme et sage et beau chevalier ». Il se met en sa compagnie et, dix jours, ils voyagent ensemble. Depuis le matin, une fois les oraisons faites, jusqu'à l'arrivée au gîte du soir, ils causent. Froissart interroge. Espaing répond. Et Espaing, qui est Gascon, en a long à dire. Il sait tout : il est intarissable. La nuit, à l'auberge, Froissart se remémore et écrit les propos de messire Espaing.

A mesure qu'on approche d'Orthez, il presse de questions son aimable Gascon au sujet du comte de Foix. Il apprend ainsi que ce seigneur est « moult imaginatif », qu'il n'hésite pas à tuer ses ennemis de sa propre main, qu'il est peu frileux et n'aime point avoir de grands feux dans ses cheminées, « quoiqu'il pût avoir toutes les bûches qu'il voulait », — et cent autres menues anecdotes : voilà, je crois, du bon reportage.

Enfin un jour Froissart, qui a ouï parler de certains faits mystérieux naguère survenus dans la famille de Gaston Phœbus, se décide avec toutes sortes de précautions à dire à Espaing : « Il est encore une chose que je vous demanderais volontiers : par quelle incidence le fils du comte de Foix, qui est à présent, mourut. » Le chevalier réfléchit un instant et répond : « La matière est trop piteuse ; je ne vous en veux point parler ; quand vous serez à Orthez, vous trouverez bien, si vous le demandez, quelqu'un pour vous le dire. »

Le lendemain au coucher du soleil les deux voyageurs arrivent à Orthez. Le chevalier descend à son hôtel. Froissart se rend à l'hôtel de la Lune. Puis, quelques jours après, il apprend d'un vieil écuyer la terrible histoire qu'Espaing a refusé de lui conter.

Le récit du vieil écuyer est une des narrations les plus dramatiques des *Chroniques* de Froissart.

Abusant de la naïveté du fils du comte de Foix, le roi de Navarre lui a remis une poudre empoisonnée et lui a suggéré de la jeter sur les aliments destinés à son père. Gaston Phœbus a découvert la bourse où l'enfant avait caché le poison; il a répandu la poudre sur un morceau de pain et tendu le morceau à un lévrier qui est tombé mort. Là-dessus il a enfermé son fils dans la grande tour d'Orthez et, pour passer sa colère, il a fait supplicier quinze écuyers de Béarn, les amis de son fils.

Un jour on vient dire au comte de Foix que le petit prisonnier refuse de manger et se laisse mourir de faim. Le comte entre en colère... Mais ici je cite textuellement les dernières lignes du récit du vieil écuyer :

« Sans mot dire, le comte quitta sa chambre et s'en vint vers la prison où était son fils; par malheur, il tenait un petit couteau long avec lequel il appareillait et nettoyait ses ongles. Il fit ouvrir la porte de la prison et vint à son fils; il tenait la lame de son couteau près de la pointe et si près de la pointe qu'il n'en avait pas hors les doigts plus long que l'épaisseur d'un gros tournois.

Par maladresse, en boutant cette pointe en la gorge de son fils, il l'asséna, ne sais en quelle veine, et lui dit: « Ha traître! pourquoi ne manges-tu point? » Et le comte s'en alla sans plus rien ni dire ni faire et rentra dans sa chambre. L'enfant eut le sang mué et effrayé de la venue de son père; puis il était faible de jeûner; il vit ou sentit la pointe du couteau qui le toucha à la gorge; ce fut peu, mais ce fut sur une veine. Il se tourna d'autre part et là mourut. » Avec quel art Froissart traduit les paroles tragiques et l'accent prudent du conteur! C'est le chef-d'œuvre de l'*interview*.

Cette histoire n'émut pas beaucoup Froissart, qui en avait entendu bien d'autres, et ne l'empêcha point de goûter tout le charme de l'agréable compagnie qu'on rencontrait à la cour de Foix. Le comte lui-même, le terrible comte, était un personnage fort séduisant. « J'ai vu, dit Froissart, en mon temps moult chevaliers, rois, princes et autres; mais je n'en vis jamais qui fût de si beaux membres, de si belle forme, de si belle taille, de si beau visage, sanguin et riant, les yeux clairs et amoureux là où il lui plaisait d'asseoir son regard... » C'était d'ailleurs un sage chevalier, plein de bon conseil; il disait chaque jour les psaumes, faisait de grandes aumônes, aimait les chiens, chassait l'hiver comme l'été, « d'armes et d'amour volontiers se déduisait » et il était « connaissable et accointable à toutes gens ».

Quant à la cour de cet excellent souverain, Froissart n'en avait jamais vu d'aussi plaisante. Pour un chroniqueur avide de nouvelles, tous ces Gascons étaient précieux : ils étaient riches en contes merveilleux et

Froissart lui-même était ébahi de l'abondance de sa récolte quotidienne. Aujourd'hui encore nos reporters savent bien quels bons auxiliaires sont les Gascons de Gascogne et même ceux de Paris.

D'ailleurs, Froissart payait son écot. Ayant déjà couru le monde, il savait, lui aussi, de belles histoires. Puis il était poète, et, quand le comte et les chevaliers avaient satisfait sa curiosité, il offrait de leur réciter quelques morceaux de ses poèmes : *l'Épinette amoureuse*, ou bien *le Joli Buisson de jeunesse*, ou bien encore sa dernière œuvre, *Meliador*, qu'il avait composée à la requête de Monseigneur Vinceslas de Bohême, poème immense de *trente mille six cents vers* où sont chantées les magnifiques aventures de la princesse Hermondine, du chevalier Camel de Camois, de Meliador, le chevalier bleu, et d'une foule d'autres chevaliers valeureux et errants. Ses auditeurs prenaient alors un tel plaisir à l'entendre qu'ils étaient incapables de lui refuser le récit de leurs propres chevauchées.

Remarquez ici la supériorité de Froissart sur les reporters de maintenant. Parmi ces derniers quel est celui qui, pour convaincre un *interviewé* récalcitrant, pourrait le charmer par la lecture d'une épopée ? Et, au fait, s'il en est un, il fera peut-être bien de ne point risquer l'aventure. Hélas ! nous ne sommes plus à la cour de Gaston Phœbus, et si quelque journaliste se présentait chez nous en disant : « Je ne suis point seulement un reporter ; je suis aussi un poète et je vais vous dire mes vers », nous serions bien capables de lui répondre, barbares que nous sommes : « Mais, mon cher monsieur, c'est une circonstance aggravante. »

※

Si l'on voulait être complet, il faudrait étudier encore l'interview dans Saint-Évremond, dans Grimm, dans Chateaubriand, rappeler les admirables pages des *Mémoires d'outre-tombe* où Chateaubriand a rapporté son entrevue avec Charles X exilé dans le Hradschin de Prague, montrer dans le *Mémorial de Sainte-Hélène* un simple recueil d'interviews et signaler enfin quelques-uns de ces *interviewers* professionnels que les grands hommes attachent à leur personne pour bien fixer eux-mêmes l'opinion de la postérité sur leur compte : Eckerman auprès de Gœthe, Busch auprès de Bismarck... Mais j'en ai dit assez pour qu'on ne me reproche pas d'avoir négligé les titres d'honneur de l'interview dans l'histoire.

※

Il y a une quinzaine d'années environ que la mode de l'*interview* s'est introduite dans les journaux français.

Autrefois, le nouvelliste s'efforçait de se renseigner soit en consultant les documents spéciaux, soit en interrogeant les personnes compétentes, et il livrait au public le résumé de ses recherches ; mais, en général, il n'indiquait ni ses auteurs, ni ses sources, et les lecteurs attachaient plus ou moins de prix à l'article suivant la signature de l'auteur, ou, si l'article était anonyme, suivant la renommée du journal.

Voici maintenant la méthode nouvelle : les événements amènent le public à se poser une question, ou bien, si le public ne se demande rien de lui-même, — ce qui est fréquent, — le reporter feint qu'une question passionne ses contemporains. Là-dessus, le journaliste va trouver quelques personnes choisies en raison de leur notoriété et non de leur compétence; et il leur demande leur avis sur le problème ou sur le fait, qui sont, comme l'on dit, « d'actualité ». Les personnes ainsi consultées répondent ou ne répondent pas. On imprime ce qu'elles ont répondu ou ce qu'elles auraient pu répondre. Voilà l'*interview*.

On *interviewe* tout le monde : les ministres, les assassins, les comédiens et les moines; et le beau, c'est d'interroger chacun sur ce qu'il ignore, pour ainsi dire, par profession : le moine sur le théâtre, le comédien sur l'Église, l'assassin sur la philanthropie et le ministre sur les affaires de l'État. Car on *interviewe* sur tout : les crimes, les opéras, les guerres, les négociations, les vaudevilles, l'histoire, la peinture, les procès, le mariage, l'académie, la théologie, l'artillerie, les maladies, la crémation, l'immortalité de l'âme et la forme des chapeaux de femmes.

Les premiers *interviewers* furent timides. Ils se contentaient de noter dès l'aurore le fait du jour : l'invention d'un nouvel obus ou le début d'une nouvelle comédienne. Puis, après avoir retenu au hasard quelques noms sur la liste des *interviewables*, ils prenaient un fiacre à l'heure, battaient les rues de Paris, gravissaient des escaliers et priaient leurs contemporains mal réveillés de donner leur sentiment sur l'événement en question.

Mais on perfectionna l'institution. On se mit à faire

des enquêtes. Le genre évoluait. Il s'agissait maintenant de résumer sur un vaste sujet les opinions d'hommes de la même profession ou du même milieu. Le modèle et le chef-d'œuvre fut l'enquête sur l'évolution littéraire publiée en 1891 par M. Jules Huret. Ce journaliste alla interroger tous les écrivains qui, à cette époque, étaient célèbres en France soit par l'éclat de leur talent, soit par le ridicule de leur personne : il y en avait soixante-quatre. Il les questionna sur l'état de la littérature française, sur le naturalisme, sur la psychologie, sur le symbolisme. Tous ou presque tous furent cruels à leurs confrères. Les chapelles s'excommunièrent. Les vanités se déchaînèrent. Les coteries se déchirèrent. Les jeunes méprisèrent les vieux et les vieux dédaignèrent les jeunes. Ce fut un carnage. Naturellement, le livre où furent recueillis ces éreintements mutuels nous apporta peu de lumière sur l'évolution des lettres françaises ; mais il nous renseigna abondamment sur les mœurs des écrivains français en 1891 : c'étaient des mœurs de cannibales. Elles ne se sont pas améliorées depuis ce temps-là.

Le succès de cette première enquête fut si grand, le spectacle de la mêlée littéraire fut si comique, que l'on se mit à instituer des enquêtes sur toutes sortes de choses : l'évolution de la peinture, l'âme de la jeunesse contemporaine, l'avenir de la religion, etc., et, comme Mascarille avait mis l'histoire romaine en madrigaux, on mit la question sociale en *interviews*. De cette dernière série, M. Jules Huret fut encore l'auteur : il nous donna quelques belles scènes de comédie.

Ce fut l'apogée du genre. Depuis il a décliné. Les

reporters se lassèrent de gravir les escaliers ; au lieu d'aller trouver les gens à domicile, ils leur adressèrent de longs questionnaires en les priant de répondre par écrit. Si les journalistes étaient fatigués d'interroger, il faut croire que leurs partenaires n'étaient pas fatigués de répondre. Car tous s'empressèrent d'envoyer aux journaux la copie que ceux-ci réclamaient.

Puis, un jour, on s'aperçut que le public lui-même commençait à donner quelques signes de lassitude. Les sujets d'*interview* se renouvelaient sans doute, mais les *interviewés* étaient toujours les mêmes. On en avait assez des opinions de Renan, de Coquelin, du P. Didon et de Mme Sarah Bernhardt. Alors quelqu'un eut cette idée qu'en somme tout Français avait bien le droit d'être interviewé et on ouvrit dans les journaux ce qu'on appela des plébiscites. Une question fut posée ; tous les passants furent invités à répondre. Ils répondirent. On pria les poètes d'élire un prince des poètes : les poètes votèrent. Mais cela n'était pas encore parfaitement démocratique. On invita donc les prosateurs à élire un prince des prosateurs et M. Jourdain put voter. Ce fut l'*interview* universelle.

Pour être complet, je dois signaler une dernière forme de l'*interview*, aujourd'hui souvent pratiquée : c'est la conférence. Le conférencier pose la question et il y répond. C'est l'*interview* de soi-même.

*
* *

D'où est venu le prodigieux succès de l'*interview* sous ces formes diverses ?

D'abord, reconnaissons-le, l'*interview*, quand elle est faite et rédigée par un bon *interviewer*, est très intéressante.

Un bon *interviewer* doit être doué, soit d'une naïveté confinant à la niaiserie, soit d'une grande finesse d'esprit jointe à une apparente ingénuité. Un serin ou un ironiste. Il importe en effet que la personne interrogée se livre tout entière, sans méfiance. Un imbécile la rassure et si, par hasard, cet imbécile est dénué de toute prétention littéraire, le compte rendu fidèle de la conversation pourra être un chef-d'œuvre ; mais il est rare qu'un imbécile soit modeste. Aussi, pour bien rendre la physionomie et l'accent du personnage mis sur la sellette, nul ne vaut un observateur froid et réfléchi, un bon pince-sans-rire. Malheureusement on ne trouve pas beaucoup d'hommes d'esprit pour se consacrer à ces tâches ingrates.

C'est pourquoi on lit peu de bonnes *interviews*. Et c'est grand dommage. Car, malgré toutes les réticences et toutes les ruses de langage que suggère à un homme public l'approche d'un journaliste, il vient toujours un instant où la petite fièvre de la publicité lui fait perdre son sang-froid et l'amène à se trahir. Ses confidences involontaires sont alors plus captivantes et plus comiques que toutes les fictions des romanciers. De tels croquis pris sur le vif sont des documents d'un prix inestimable. C'est, disait Montaigne à propos des *Chroniques* de Froissart, « la matière de l'histoire nue et informe ; chacun peut en faire son profit ainsi qu'il a d'entendement ».

Si les *interviews* réussies sont rares, en revanche,

celles qui sont simplement niaises remplissent les colonnes des journaux et, avouons-le, ce sont celles-là surtout qui ont fait la vogue du genre. Pourquoi cette vogue ?

Trois personnages concourent au succès d'une interview : le journaliste qui interroge, l'*interviewé* qui répond, le lecteur qui achète le journal. Quel est l'état d'esprit de chacun de ces trois personnages ?

Pour le journaliste, l'*interview* est une façon très pratique de remplir les colonnes du journal. Il y a aujourd'hui dans la presse des écrivains fort remarquables : tout ce qui compte dans les lettres est peu ou prou journaliste. Il se fait dans les gazettes, grandes ou petites, une incroyable dépense de talent, d'esprit et de savoir. Mais les journaux sont innombrables et chaque jour leur format s'agrandit. Or, du titre aux annonces, on ne peut pas confier toute la rédaction à des académiciens. On trouve donc des médiocres et des ignorants dans la presse comme ailleurs, et même plus qu'ailleurs. Car écrire dans les grands journaux est devenu le rêve d'une multitude de bacheliers ; et certaines familles bourgeoises destinent maintenant au journalisme leurs rejetons les moins bien doués, ceux que jadis elles auraient dédaigneusement réservés au commerce. Ces médiocres et ces ignorants se sont jetés avec empressement sur l'*interview*. Avec un peu d'adresse et de mémoire on se tire tant bien que mal de ces sortes de besognes. L'ignorance même peut devenir une force. Elle permet au reporter de s'ébahir le plus naturellement du monde devant les connaissances profondes de celui qu'il consulte, ébahissement flatteur qui invite l'autre à s'épancher en toute liberté.

Voilà pourquoi le journaliste ayant pris son chapeau et ses gants se rend si allègrement chez M. X... afin de le faire parler le plus longtemps possible sur le sujet du jour.

Demandons-nous maintenant pourquoi M. X..., au lieu d'éconduire gentiment cet intrus qui lui vient poser des questions saugrenues et indiscrètes, le priera de poser son chapeau et ses gants, lui fera les honneurs de ses bronzes d'art, le laissera noter la nuance de ses rideaux et la forme de ses fauteuils, et enfin écoutera ses interrogations en souriant pour y répondre avec abondance.

Le reporter pourra exciter, dans l'âme de M. X..., soit la pitié, soit la terreur.

M. X... hésitera à congédier ce visiteur courtois qui gagne, en interrogeant, son pain quotidien. Renan, qui recevait tous les reporters et à qui les reporters ont prêté un nombre incalculable de sottises, répondait, lorsqu'on s'étonnait de sa complaisance : « Que voulez-vous ? Ces jeunes gens sont si bien élevés ! »

Si M. X... est rebelle à la compassion, il sera peut-être docile à la peur. Le reporter à qui l'on ne veut rien dire tient sa vengeance. A la place de l'*interview* ratée pourra paraître un entrefilet ainsi conçu : « Nous avons commis l'impardonnable erreur d'aller demander son avis à M. X... Celui-ci a refusé de nous répondre. Chacun comprend et pratique à sa manière ses devoirs envers le public dont nous sommes les représentants. Pendant les quelques instants que nous avons passés chez M. X... nous avons pu du moins constater que cette célébrité jouit d'un mauvais caractère, que ses domestiques sont mal stylés et que le décor de son appartement est d'un goût détestable. » D'autres fois, le reporter n'avouera point sa déconvenue, il fera parler les muets, il fabriquera de toutes pièces la conversation qui lui aura été refusée. Le plus sage et le plus sûr est donc de faire bon accueil au journaliste. Et c'est ce que se disent les gens les moins disposés à communiquer leur sentiment au public.

Mais, à vrai dire, il arrive rarement que le reporter ait besoin d'attendrir ou d'intimider sa victime. Presque toujours celle-ci marche joyeusement au sacrifice. Les mœurs sont favorables à l'*interview*. Le reporter est partout le bienvenu. Que dis-je? On l'attend. On l'appelle.

L'appétit de réclame dont souffrent les hommes d'aujourd'hui trouve là sa pleine satisfaction. Tout le monde rêve de voir son nom imprimé dans les gazettes.

La vie est devenue une immense foire où chaque passant, mécontent d'être seulement un spectateur, rêve de monter sur l'estrade, ne serait-ce qu'un instant, et de se mêler à la parade avec les pitres et les chiens savants.

Si l'on veut connaître dans son beau la vaniteuse nigauderie de nos contemporains, il faut lire dans les journaux parisiens les notes intitulées *Mondanités*. L'existence de chacun n'a plus de secret pour personne. On naît en public. On se marie devant l'Europe. On danse, on valse, on se bat, on est décoré et l'on divorce au bord de la scène, face au public. Sur son lit de mort, on songe, suprême consolation, qu'après avoir traversé toutes les rubriques du journal, on aura sa place dans la Nécrologie et on s'endort pour l'éternité avec le réconfortant espoir que, en annonçant votre décès, plein de gratitude pour une personne qui lui aura fourni tant de copie, le chroniqueur écrira : « On sait que le distingué M. Z... faisait partie du Tout-Paris. » Il est doux d'emporter dans la tombe la certitude qu'on a fait partie du Tout-Paris...

Celui qu'on vient *interviewer* est donc joyeux en accueillant le reporter qui apporte la promesse d'une belle publicité. L'écrivain estime qu'à proférer ainsi, à propos de tout, des paroles publiques, il accroît sa célébrité et fait monter le chiffre du tirage de ses livres ; il se dit encore qu'il n'est pas mauvais de faire savoir à ses lectrices le subtil décor de son hôtel et la coupe savante de ses jaquettes : cela met un peu de précision dans leurs rêveries, quand, laissant tomber sur leurs genoux le volume qu'elles viennent d'achever, elles songent aux trésors de tendresse et de sensibilité que doit contenir le cœur de leur cher romancier. Le savant qui dans son laboratoire gémit sur l'injuste indifférence de la foule trouve que l'occasion est bonne de faire connaître son nom. Le député qui n'ose point affronter la tribune, parce qu'il manque de poumons ou d'éloquence, est heureux de pouvoir dire à ses électeurs : « Je ne me mêle point aux bavards qui font d'inutiles discours ; mais vous avez tout de même un député qui compte : les journaux relatent son opinion. » L'acteur, bien qu'il soit chaque jour en communication avec le public et que ses aventures, ses déplacements et ses cravates soient le thème d'innombrables articles de journaux, n'est pas fâché de montrer qu'il a, tout comme un autre, des lumières sur les destinées des peuples et l'avenir de la démocratie américaine. L'avocat juge qu'être qualifié de « successeur de Lachaud » et être représenté dans un cabinet encombré de dossiers, assiégé de clients, cela vaut bien que l'on fasse un accroc au secret professionnel. Ah! le secret professionnel, en ce temps d'*interview*, quelle chimère! Il est vrai que si avocats et médecins le violent à l'envi, nous avons, par contre, inviolable même pour la justice, le secret professionnel du journaliste. Cela rétablit l'équilibre. Bref, chacun trouve son compte à produire de la sorte sa personne et ses idées. Ceux mêmes qui sentent le ridicule qu'ils encourent (ils sont rares) ont vite fait de chasser ce scrupule importun, tant la pratique de l'*interview* offre d'avantages à l'homme soucieux de bien administrer sa renommée.

Cette forme nouvelle du journalisme rend donc service à l'interrogateur et à l'interrogé. Mais l'intérêt du journaliste consultant et l'intérêt du personnage consulté ne décideraient pas les directeurs de journaux à publier tant de consultations, si le public n'y prenait pas un très vif plaisir. Nous tenons cette fois la raison décisive.

Chez le lecteur l'*interview* flatte d'abord le goût des réputations consacrées et des opinions distinguées. Le snobisme n'est pas, comme on le croit souvent, le privilège d'une petite société d'oisifs élégants. On appelle snob la maîtresse de maison qui use de tous les stratagèmes et de toutes les flagorneries pour peupler son salon de célébrités artistiques, politiques, littéraires, et on appelle aussi snobs les gens qui, pour pénétrer dans ce salon, usent à leur tour de tous les stratagèmes et de toutes les flagorneries. Mais il y a des snobs dans la bourgeoisie et il y en a dans le peuple. Les auteurs de mélodrames et de romans-feuilletons savent à merveille le parti qu'on peut tirer de ce snobisme-là. A leurs lecteurs et à leurs spectateurs ils présentent de préférence quelque héros noble, opulent,

Et marquis et vicomte et fils des anciens preux.

Et c'est encore un sentiment du même genre qui arrête tant de passants à la devanture des marchands où l'on voit exposées les photographies des hommes célèbres au milieu de leurs livres, dans leurs attitudes familières.

L'*interview* flatte la même manie. Tout le monde n'a point chez soi un album où les grands hommes viennent écrire leurs vers et leurs pensées. Tout le monde n'a point un phonographe où recueillir sur des rouleaux la voix des orateurs et des comédiens illustres. Mais tout le monde a un sou pour acheter le journal : tout le monde est heureux de pénétrer dans l'intimité de quelque personnage renommé et fier de constater que ce personnage a daigné lui faire savoir son avis, à lui, simple passant. Le journal devient ainsi l'album des snobs pauvres.

Mais ce travers-là n'est point répandu chez nous autant que chez les Anglais. Nous avons un certain tour d'esprit irrespectueux et gouailleur qui nous expose parfois à de cruelles injustices, mais qui du moins nous empêche de donner dans les grandes niaiseries de snobisme anglo-saxon. En revanche, c'est un des traits les plus certains de notre caractère que le goût de la badauderie. Et l'*interview*, c'est le régal du badaud.

Le badaud est ce bon flâneur qui va par la ville, diverti, sans trop savoir pourquoi, par les mille spectacles de la rue : l'aspect d'une affiche, la devanture d'un marchand, un voleur qu'on arrête, un chien qu'on écrase, un cycliste qui tombe, un camelot qui hurle. Rien ne sied mieux à cette disposition nomade et puérile que la lecture des *interviews*. Le journal offre à chacun la faculté de badauder chez soi, les pieds sur les chenets, et de muser à travers les hommes et les choses, sans fatigue. Le lecteur n'a qu'à déployer son papier : sur toutes les questions toutes les opinions lui sont offertes, pêle-mêle, par les princes et les jocrisses de l'intelligence. L'Académie et la Scala ont pensé pour lui.

*
* *

L'*interview* est donc un genre de divertissement qui s'accorde bien avec nos goûts et nos mœurs. Cette harmonie est la grande cause de son succès. Car la presse n'est pas, comme on le répète tous les jours, la souveraine du public ; elle en est la servante. Elle ne gouverne pas ; elle obéit.

Soyons sincères.

Quand un lecteur déploie son journal, qu'y cherche-t-il ? — La vérité ! la vérité ! répond cet honnête homme. — Je me demande alors pourquoi si peu de journaux donnent à leurs lecteurs cette vérité tant souhaitée. Vraiment c'est supposer chez ceux qui rédigent les journaux une bien grande perversité que de les croire capables de mentir pour la seule volupté du mensonge, alors qu'ils pourraient en disant la vérité accroître le tirage de leurs feuilles et conquérir d'innombrables abonnés.

Non ! au fond, ce que nous exigeons du journal, c'est qu'il nous divertisse et surtout qu'il nous affermisse dans toutes nos opinions, voire même dans tous nos préjugés. Or, l'exactitude de l'information se concilie mal avec le respect du préjugé. Si l'on sacrifie si souvent la première au second, c'est que ce sacrifice-là est dans le vœu du public.

Nous nous indignons, chaque soir, des injures et des calomnies atroces que nous lisons, chaque matin, dans les gazettes. Mais ne sommes-nous pas, nous-mêmes, les complices des insulteurs et des diffamateurs ? Sans doute il nous est arrivé parfois de rejeter avec dégoût une feuille de calomnie ! C'était que ce jour-là on y outrageait un de nos amis. En général, nous n'avons pas l'indignation si prompte lorsqu'il s'agit de nos adversaires. Et quand la victime nous est indifférente, alors nous nous asseyons confortablement pour suivre les péripéties de la tuerie, comme font les Madrilènes à la corrida.

A l'égard de la presse, l'opinion du public est d'une délicieuse incohérence. Les mêmes, qui accusent la presse de tous les désordres de notre société, achètent, c'est-à-dire encouragent les journaux qui, disent-ils, empoisonnent la nation. Les mêmes qui, avec une admirable désinvolture, proclament : « tous les journalistes sont des malfaiteurs », les mêmes ne souffrent pas que quelqu'un mette en doute la vérité de ce qu'ils ont lu, le matin, dans leur journal ; et la sottise de leur mépris n'a d'égale que la niaiserie de leur crédulité.

Je souhaiterais un peu plus de logique ; et surtout, — revenant à l'inoffensive *interview*, — je souhaiterais un peu plus d'indulgence.

Soyons indulgents pour les *interviewers* : ils n'ont pas, tous, le talent de Froissart, c'est vrai ; mais ils travaillent de leur mieux à nous amuser et, si nous voulons être francs, c'est tout ce que nous leur demandons. Soyons indulgents aussi pour les *interviewés* : peut-être ne seraient-ils pas si pressés de monter sur les planches, s'ils n'étaient assurés de se trouver en face d'un auditoire de cent mille badauds. Et ne soyons sévères que pour nous-mêmes qui avons l'ingénuité, — tranchons le mot, — la nigauderie de lire sans sourciller les considérations d'un assyriologue sur l'introduction de la lance dans la cavalerie française.

SPECTACLES ET DIVERTISSEMENTS

LA FÊTE DES FLEURS

Au bois de Boulogne, j'ai vu les Victimes du Devoir. Elles formaient une longue procession mélancolique et solennelle. Elles allaient au sacrifice accepté, parmi les roses, les bluets et les marguerites, entre deux haies de spectateurs consternés. Et la printanière verdure du Bois, et le soleil radieux qui faisait étinceler les harnais des chevaux, et l'éclat des fleurs amoncelées rendaient encore plus poignante la tristesse du spectacle. Tout le monde se taisait et le silence n'était coupé que par le cliquetis des gourmettes et le son des musiques militaires dont les cuivres discrètement assourdis exécutaient, sous les taillis, de place en place, des choses funèbres. Parfois quelque victime se décidait à saisir une poignée de fleurs, — *manibus date lilia plenis*, — et, avec un geste découragé, la lançait à une autre victime qui gravement souriait de l'offrande. La belle ordonnance de la cérémonie n'en était point troublée. La résignation des victimes en voiture émerveillait et attendrissait les victimes du trottoir, et celles-ci rendaient à celles-là par leur respectueuse compassion un touchant hommage. Un baryton crut pouvoir circuler parmi le cortège sur une bicyclette fleurie. Cette farce fut réprouvée : elle sembla de mauvais goût et peu d'accord avec le sérieux de la fête.

A la vérité, depuis quelques jours, une jolie affiche placardée dans les rues de Paris promettait aux Parisiens une distraction moins austère... Mais j'imagine pourtant que personne ne fut déçu en contemplant hier cette manifestation lugubre. Le badaud est de bonne composition. On lui propose d'aller badauder au profit d'une Œuvre de charité. Il y va sans se faire prier. Il prend un fiacre ou le tramway. On lui a annoncé une bataille de fleurs. On lui montre deux files interminables de voitures de louage, dont quelques-unes sont gracieusement enguirlandées de roses : c'est en somme, à peu de chose près, l'aspect du Bois aux jours ordinaires. Il n'en revient pas moins enchanté de sa promenade, traite de farceurs les gens qui l'ont un peu mystifié et recommencera demain... C'est, qu'en somme, il a vu ce qu'il voulait voir : d'autres badauds. Le suprême divertissement, c'est de se regarder les uns les autres.

On rencontrait bien dans l'allée des Acacias quelques personnes grincheuses pour se plaindre que « ça n'était pas ici comme à Nice ». Mais on aura beau faire, ça ne sera jamais comme à Nice. Là-bas, c'est un rendez-vous de joie : entre tous ceux qui, des cinq parties du monde, viennent s'y distraire, il s'établit tout de suite une sorte de franc-maçonnerie ; tous les mondes, toutes les classes, toutes les races y sont confondus et mêlés, vivant familièrement la même vie d'élégance et de plaisir. Puis, pour rendre encore plus libres les allures et plus faciles les relations, il y a l'influence d'un climat indulgent, la présence d'un peuple à la mimique exubérante, aux inter-

8

jections sonores, mais tenu, malgré tout, à une sorte de
bienséance par le souci d'une exploitation prudemment
réglée. A Paris, autres mœurs. Le Parisien, — sauf dans
le peuple, — est un animal assez insociable; il ne voisine jamais; il est peu expansif; il a une extraordinaire
défiance des gens qu'il ne connaît pas. Quant aux étrangers (à cette fête des Fleurs ils étaient la majorité), ils
ne se sentent pas ici « chez eux », comme à Nice : ils
semblent un peu effarés, comme s'ils redoutaient de commettre quelque gaucherie en accomplissant les rites de la
vie « parisienne ». Dans des voitures copieusement fleuries, on apercevait hier des faces mexicaines glacées par
la crainte de la gaffe. — Et voilà pourquoi la fête fut si
morne et la bataille si languissante, pourquoi les fleurs
timidement jetées tombaient sur le sol... Toutes pourtant n'étaient pas perdues, car le gardien de la paix, préposé à l'ordre, — mission qui fut douce et reposante, —
les ramassait prestement et, entre les deux files de voitures, le nez perdu dans les roses, il rêvait aux choses
sentimentales qu'il dirait, le soir, en offrant son bouquet.

4 juin 1893.

TABLEAUX VIVANTS

En tournant autour des colonnes Morris, il est facile de
découvrir que les tableaux vivants ont pour le moment,
à Paris, une vogue singulière. J'ai donc été voir des
tableaux vivants.

Quand je pénétrai dans la salle, une artiste en costume
allégorique disait sur la scène des choses en vers que

l'on entendait mal : il y était question de M. Sarcey et de M. Bérenger (Encore!). Le programme annonce que ce poème, sorte de prologue destiné à inaugurer les nouvelles tentures et les nouvelles peintures du théâtre, est de M. Armand Silvestre. C'est bien possible.

Quand la Muse a fini, on éteint les lumières. Ce sont alors les ténèbres de Bayreuth. Il se fait un grand silence. Une foule qu'on met dans l'obscurité se calme soudain et elle désapprouve les farceurs qui frottent des allumettes ou risquent des facéties. Seule, une personne blonde, affable et expansive, qui se trouve dans le promenoir, continue de parler à haute voix et de rire : on dirait qu'elle est là pour s'amuser, ce qui n'est pas probable.

Le rideau de scène s'écarte à la façon wagnérienne et dans un cadre doré, étincelant de lumière, tandis que l'orchestre joue des musiques appropriées à chaque composition, les tableaux défilent. Le public témoigne discrètement qu'il trouve ce spectacle très beau. Il y a des murmures d'admiration. D'ailleurs, semblable au chœur antique, la dame du promenoir exprime par ses remarques concises le sentiment du peuple assemblé. Sa formule la plus ordinaire est : « C'est rudement bien imité ! » Mais elle ne s'en tient pas à cette courte observation. L'âme contemporaine est plus complexe.

Il y a seize compositions. Plusieurs représentent des nudités allégoriques ou mythologiques, et la voix dit : « C'est de la farce ! Y a des maillots ! » Mais la série des tableaux est composée par un psychologue éminent qui connaît à fond les tourments variés et les enthousiasmes divergents des générations montantes. Cet esprit pénétrant sait que nous ne sommes pas de purs païens, que l'idéal refleurit dans nos cœurs, qu'un souffle nouveau a passé sur le monde, et que nous prions le ciel de nous impartir tantôt l'Énergie, tantôt la Foi, tantôt la Charité, — suivant les phases de la lune. Aussi nous a-t-il présenté Napoléon dialoguant avec le Pape. Je dois à la vérité de reconnaître que la dame du promenoir n'a pas paru saisir le symbolisme de cette image, puisqu'elle n'a fait que cette réflexion : « Le curé a l'air embêté. » Mais son âme de petit enfant s'est épanouie, lorsqu'on lui a fait voir une touchante allégorie de la Foi et elle a murmuré : « C'est comme dans une église. » Le dernier tableau est intitulé simplement *Pax morientibus* ; c'est une sœur de charité près d'un soldat blessé. « Ça c'est épatant ! » prononça la dame très émue et, comme elle crut entendre ricaner une de ses voisines, elle se tourna vers elle et ajouta : « Pour sûr que ce costume-là ne t'irait pas ! » et la voisine fut clouée.

Les esthètes prétendent que ces tableaux vivants ressemblent tout à fait aux petites photographies peintes qu'on voit dans les boutiques de la rue de Rivoli et qu'on vend cinq francs, les deux pendants, avec deux petits chevalets en bois noir. Mais cela n'est pas une raison pour condamner un spectacle aussi instructif, aussi suggestif. Blaise Pascal a écrit : « Quelle vanité que la peinture qui attire l'attention par la ressemblance des choses dont on n'admire pas les originaux ! » Blaise Pascal eût sans doute jugé plus vains encore les tableaux vivants qui attirent l'attention par la ressemblance des peintures dont on n'admire pas les originaux. Je n'ai pas osé consulter là-dessus la dame du promenoir. Mais je crois sincèrement qu'elle ne se détermine pas, dans ses goûts et dans ses préférences, par des raisons tirées des *Pensées* de Pascal.

Après les tableaux vivants, on représente un petit ballet dont l'auteur est encore M. Armand Silvestre. C'est un ouvrage d'un bouddhisme très modéré. L'auteur d'*Izeyl*, on le sait, a des ressources diverses. Dans le scénario de ce ballet, il ne montre que le côté pile de son génie : c'est du reste le plus intéressant...

C'est ainsi qu'en une seule soirée, pour une somme minime, on peut contempler, après des chefs-d'œuvre de plastique, les danses par où sont exprimées les pensées délicates d'un poète. Paris est toujours Athènes.

28 octobre 1894.

QUELQUES SYMBOLES

Les comédiens de l'Œuvre ont représenté au Nouveau-Théâtre *l'Ennemi du peuple*, d'Ibsen.

Malgré quelques faiblesses d'interprétation, le succès en a été brillant. Plus que tout autre ouvrage d'Ibsen, *l'Ennemi du peuple* peut plaire à un public français : la pièce est bâtie selon la logique ordinaire de notre théâtre : l'action est simple et rapide ; il n'y a ni complexités ni obscurités... Mais je veux me contenter de conter les jolies choses qu'on voyait et entendait dans la salle et les couloirs.

Une centaine de fanatiques occupe la galerie supérieure du théâtre. Ces jeunes gens sont venus pour faire la figuration et représenter au quatrième acte la foule d'une réunion publique. Mais, durant les trois premiers actes, ils font office de claque bénévole. Ils applaudissent avec fureur, à tort et à travers, tous les mots que prononce le docteur Stockmann. Leur enthousiasme révolutionnaire est incessant. Ils n'hésitent pas, pour mieux affirmer leur admiration, à laisser voir çà et là, par leurs bravos inopportuns, qu'ils ne comprennent pas un traître mot de la pièce... Lorsque vient le quatrième acte, ils descendent sur le théâtre et, costumés en prolétaires de la Villette, ils se mettent à huer consciencieusement l'infortuné Tomas Stockmann : c'est leur rôle. Et il a son prix, je vous assure, le spectacle de ces hommes convaincus qui, *pour l'amour de l'art*, expriment tout à coup par leurs gestes et leurs vociférations des idées et des passions qu'ils flétrissaient un quart d'heure auparavant...

Pendant un entr'acte, un groupe d'hommes politiques s'est formé dans un des couloirs. On y voit un ancien chef du parti radical dont rien n'a pu décourager l'élégance, toujours fringant et alerte en son joli frac bien coupé, puis ses successeurs : le virtuose méridional aux épaules carrées, les deux poings enfoncés dans les poches de son veston flottant, et, plus grave, en redingote, le froid tacticien du parti. Un jeune conseiller municipal réactionnaire cause gentiment avec ces « célébrités ». Ces voix habituées à la tribune se modèrent en vain dans le couloir du théâtre. Des bribes de conversation parviennent aux oreilles des passants. Ces hommes publics ont une discussion amicale sur l'œuvre d'Ibsen et ni les uns ni les autres ne semblent scandalisés d'entendre ce Scandinave invectiver si fort contre le suffrage universel..... Peut-être, à la vérité, ces invectives consolent-elles un peu quelqu'un qu'on a naguère traité d'ennemi du peuple! Mais les autres, ceux qui pour le moment sentent, chacun derrière soi, *la majorité compacte*?... Et de bien des façons ce groupe est symbolique...

Tout ici, du reste, est symbole. La salle est remplie d'esthètes des deux sexes, poètes chevelus et abondamment cravatés avec leurs compagnes aux bandeaux bruns. Durant l'entr'acte, les petites esthètes vont voletant dans les couloirs comme des chauves-souris, tandis que les petits esthètes disent des choses sérieuses; car on les entend comparer Nietsche et Ibsen, concilier l'individualisme et le socialisme, ou causer de leurs propres ouvrages. On surprend des dialogues comme celui-ci : « Il ne procède que de lui-même. — Hum! il n'y a pas là-dedans un peu de kantisme? » Puis, brusquement, par une porte ouverte, on tombe au milieu d'un hall inondé de lumière électrique : c'est le Casino de Paris, dont le Nouveau-Théâtre est une annexe. Ici, il n'est plus question de l'impératif catégorique. Des personnes vont et viennent sans penser à Nietsche, tandis qu'un orchestre joue des musiques élémentaires. Au fond de la salle, on représente une pantomime intitulée *la Puce*, dont le sens ésotérique paraît échapper aux spectateurs et même aux spectatrices. Sur la scène, on voit une dame qui se gratte. « Mince! dit près de moi une enfant pâle et plus dénuée d'ibsénisme qu'on ne saurait le dire, mince! elle a une négresse qui lui sculpte le fumeron! » Et un jeune Vénézuélien explique à un Parisien consterné qu'en argot « négresse » veut dire « puce » et que « fumeron » est synonyme de « jambe »... A ce moment passent des gens, costumés en requins, qui soufflent dans des cuivres et portent une pancarte où on lit : « Suivez-nous dans la baleine ! » Et on se demande, perplexe, lequel vaut mieux : voir *la Puce* ou s'en aller dans la baleine ?... Une cloche sonne. C'est Ibsen qui recommence... On rentre dans le théâtre. Mais quand le cinquième acte est achevé et que le docteur Stockmann a proclamé sa suprême découverte : « L'homme le plus puissant du monde, c'est celui qui est le plus seul », il est encore temps de suivre les requins dans la baleine. Deux esthètes y sont venus pour distraire leurs amies aux noirs bandeaux : tandis que celles-ci rient ingénument aux refrains idiots qui accompagnent de sinistres exhibitions, ils continuent une controverse philosophique. Et, pendant qu'une voix chante : *J'suis des Batignolles !* l'un dit à l'autre : « Le monde extérieur n'est qu'une incessante allégorie. » C'est vrai.

30 décembre 1894.

ESTHÉTIQUE DOMINICALE

Dans la matinée du dimanche, le musée du Louvre offre un spectacle qui n'est point à dédaigner. C'est le moment où les personnes distinguées et très « artistes » se livrent à d'esthétiques flâneries. Les salles sont débarrassées des copistes qui, durant la semaine, interdisent la vue des tableaux. Les hordes populaires et militaires qui envahissent les galeries dans l'après-midi du dimanche ne se montrent pas encore. L'heure est propice pour affirmer l'aristocratie de ses goûts, entre gens du monde.

C'est vers dix heures et demie, devant *les Noces de Cana*, qu'on se donne rendez-vous pour se répandre ensuite à travers les salles du musée sous la conduite de quelque guide éclairé, bien disant et ganté de blanc. Cet emploi est tenu, soit par un collectionneur, soit par un poète, soit par un « peintre du Champ de Mars ». Chacun a ses mérites propres : le collectionneur dit avec autorité la valeur vénale qu'aurait chaque objet d'art à l'hôtel des Ventes ; le poète prononce des choses élégantes et pleines de sentiment sur la peinture ; il abonde en rapprochements ingénieux, parfois imprévus ; le « peintre du Champ de Mars » sait la « technique », explique le « métier » des maîtres, indique les toiles où il y a des « repeints » et conspue les restaurateurs de tableaux.

En général les esthètes du dimanche matin fuient les chefs-d'œuvre consacrés et passent vite dans les salles où déambule le vulgaire. On fréquente beaucoup dans la peinture antique et on ne néglige pas l'étroit couloir où sont exposés les dessins d'architecture, réduit silencieux où s'abrita plus d'un rendez-vous et où l'on ne vit jamais le bicorne d'un gardien, tant est grande la discrétion des fonctionnaires. D'autres, pourtant, dont les instincts sont un peu moins raffinés, se contentent de parcourir les galeries où « tout le monde va ». Et le promeneur solitaire peut alors surprendre des dialogues qui lui font pressentir les évolutions du goût public. C'est très instructif.

J'ai de la sorte appris qu'on peut sans inconvenance

ne plus tant admirer les primitifs. Cimabue « embête »; Mantegna « rase ». « C'est palestrinien ! » hasarda une visiteuse devant le Fra Angelico, et cette subtile remarque n'eut aucun succès. Un « peintre du Champ de Mars » osa « blaguer » la dame qui, dans *la Cour d'Isabelle d'Este* de Lorenzo Costa, gratte la tête de son mouton, et les compagnes du peintre sourirent à cette gouaillerie sacrilège. Devant la Vierge de Boticelli, une voix déclara que d'Annunzio avait bien raison en affirmant que les « snobs » ont rendu Boticelli intolérable. Vainement le peintre répliqua : « Mais d'Annunzio ! il « coupe » dans Braga ! » — « Montrez-nous les tableaux de Braga », fit alors une autre voix. Et cela jeta un froid.

Cependant, non loin de là, un jeune poète blond traînait son groupe devant les Bolonais et conférenciait sur le « divin Guerchin ». On l'écoutait avec sympathie et, quelqu'un ayant fait observer que « c'était l'avis de Maurice Barrès », on décida d'aller voir les Guide et les Carrache. Quelques minutes plus tard, le groupe piétinait dans la galerie Lacaze, attendant que les salles des dessins fussent ouvertes : tout en souriant aux Fragonard, on maudissait M. Kæmpfen.

Je croisai de nouveau la troupe du poète blond dans la salle des ivoires. Ils avaient vu les dessins, les « miraculeux dessins », ils ne voulaient plus rien voir. Ils « bolonisaient » avec frénésie. Avant deux années, les infortunés conservateurs du Louvre seront obligés de dérouler les Guide et les Dominiquin qu'ils ont mis naguère au grenier. Les modes vont vite.

Vers midi, tous ces visiteurs très distingués quittent le musée avec l'air satisfait et désennuyé de gens qui viennent de s'acquitter d'un devoir mondain. A la sortie des concerts symphoniques, on voit beaucoup de figures semblables.

Une heure plus tard, les lignards et les potaches font leur entrée, vaguant parmi les peintures et les bibelots jusqu'à ce qu'ils aient trouvé l'escalier du musée de marine. Mais, en attendant leur venue, les salles sont délicieusement solitaires. Les gardiens ronflent sur les banquettes. Le chat du marchand de photographies s'aventure dans les galeries désertes. Les vieux portraits, heureux de cet instant de paix et de tranquillité, échangent leurs impressions. On s'interpelle d'un mur à l'autre. Bossuet dit : « Nous allons en entendre de bonnes, tout à l'heure ! » Et Érasme lui répond : « Si vous n'êtes pas satisfait de votre matinée !... »

21 décembre 1895.

AU JARDIN D'ACCLIMATATION

Les Païs-pi-bri.

Le Jardin d'acclimatation est un lieu charmant. C'est aussi un beau monument de notre bienveillance à l'égard des animaux, puisque, afin de divertir toutes ces bêtes exotiques, on a le souci de leur faire voir, chaque jour, à travers des réseaux de fil de fer, les types les plus saugrenus de la civilisation européenne. On leur montre tous ces spécimens d'humanité, presque en liberté, allant, venant, buvant, mangeant et se mariant. Puis, après avoir ainsi amusé la faune des quatres parties du monde, après nous être exposés aux facéties des singes et à l'ironie indulgente des otaries, nous avons voulu que nos frères du continent noir aient leur part de ces distractions instructives et nous avons engagé de petites troupes de nègres à venir étudier les divers échantillons de la population parisienne, rangés derrière les grilles du Jardin d'acclimatation. Les derniers arrivés s'appellent, dit-on, des Paï-pi-bri.

Ils habitent sur la grande pelouse qui s'étend entre le bassin des phoques, la maison des girafes et la remise des tramways. Ils semblent satisfaits de leur voyage et contents du spectacle qu'on leur donne. Ils témoignent même leur joie en faisant des danses extravagantes qui, avouons-le, contrastent péniblement avec les allures mornes et ennuyées des cortèges nuptiaux qu'on fait défiler sous leurs yeux... Ils voudraient bien, car ce sont de fins observateurs, provoquer quelque surprise, quelque émotion à la faveur de laquelle s'enrichirait le trésor de leurs remarques ethnographiques. Pour cela, les femmes glapissent et se trémoussent ; les hommes frappent des instruments de bois ; ils se mettent même des ballots sur la tête pour simuler une caravane, et transportent un blanc dans un grand hamac recouvert d'un tendelet de toile, afin de montrer qu'ils sont sans férocité et serviables. Rien n'y fait. Les visages, collés au treillage, restent graves et impassibles. De temps en temps, seulement, un enfant frappe la grille avec sa petite pelle de bois, pousse un cri, reçoit une claque de sa mère, pleure et se résigne au silence...

Un Paï-pi-bri m'a fait l'honneur de m'interviewer. « Ta tribu, m'a-t-il dit, n'est pas expansive ! — Je te crois, lui ai-je répondu... Mais que veux-tu ? Nous sommes las d'être toujours exhibés à des personnes de ta couleur. Autrefois on venait nous voir des quatre coins du monde ; nous avions ainsi des spectateurs variés à qui nous nous efforcions de plaire par toutes sortes de gentillesses. Maintenant nous ne sommes plus regardés que par des nègres : c'est monotone. Et encore, par quels nègres ! Tu es un vrai Paï-pi-bri, toi, je le veux bien. Mais si tu savais comme on nous a roulés et combien de fois, sous prétexte de nous faire travailler devant des fils de roi, on nous a donnés en spectacle à des cireurs de bottes ramassés sur les quais d'Alger ! Puis tu es sans doute victime de ce préjugé courant que les Parisiens sont d'une race expansive, bruyante et dansante. Il faut faire des distinctions, trop superficiel Paï-pi-bri. Les Parisiens sont très gais dans diverses circonstances de leur vie, mais ils sont toujours graves dans les expositions. Or, ici, ils sont à l'exposition. Ils ont, à la porte du jardin, payé un franc, et ils ont passé par un tourniquet. Or, quand un Français a donné un franc et franchi un tourniquet, il ne rit plus ; il prend son visage d'exposition... Il faut ajouter que beaucoup de ces gens-là ont l'illusion d'être ici les spectateurs et *qu'ils font de l'ethnographie...* » A ces mots, le Paï-pi-bri éclata de rire. Je lui offris alors une cigarette. Il l'accepta. Mais je n'osai l'interroger à mon tour sur les mœurs de sa tribu.

Les derviches.

C'est une noce en landaus et la voiture des mariés est ornée de quatre grosses lanternes argentées. Quand les carrosses sont venus se ranger devant la porte du jardin d'Acclimatation, la noce a lancé des regards de mépris sur les tapissières qui emportent dans le bois de Boulogne de pauvres noces du commun, bruyantes et tumultueuses, des noces qui ne peuvent pas se payer le luxe de contempler, après la messe, des singes, des chameaux et des derviches. Les rangs se forment selon les rites. Gravement le cortège se met en marche. Le marié et la mariée tiennent la tête de la compagnie et décident quel itinéraire l'on suivra : chacun, ce jour-là, doit abdiquer ses préférences zoologiques. Chaque « cavalier » est en habit noir et fume une cigarette, affirmant ainsi deux fois que sa noce est une noce distinguée. Chaque dame est tout de soie vêtue. Ils marchent lentement, deux par deux, comme un pensionnat fourbu. A la longue, la file se brisera, le cortège se disloquera. Mais le départ a encore de l'ordre et de la majesté. Ils vont des ours aux chiens, de l'aquarium aux dromadaires, des otaries aux perroquets. Ils s'arrêtent longtemps devant les singes à cause des ressemblances. Ils croisent d'autres noces et les dévisagent, ralentissant le pas s'ils se trouvent les mieux vêtus, le précipitant au contraire, s'ils s'aperçoivent de leur infériorité. Ils ont gardé les derviches pour la fin.

Ces derviches qu'on voit au jardin d'Acclimatation sont à la fois hurleurs et tourneurs, et ils entremêlent leurs danses et leurs cris de ces jongleries qui sont familières aux Aïssaouas. Ils font au son de la musique, leurs contorsions traditionnelles. L'un avale des flammes, l'autre pose les pieds sur un brasier, un troisième mange du verre, et il y en a qui font le simulacre de se battre à coups de sabre. Lorsqu'ils ont achevé leurs exercices, ils s'assoient sur le bord de leur estrade et contemplent les noces qui, elles-mêmes, contemplent les derviches.

La noce pense, ou, du moins, elle exprime ainsi ses pensées : « Ça doit être éreintant... C'est des gens faciles à nourrir... Ils sont gracieux, dans leur genre... C'est des naturels de Fachoda... Pourquoi y a-t-il des nègres et des blancs ?... Tout ça, c'est des trucs ; le tout serait de savoir les trucs... »

Que pensent les derviches ? Leur mine hautaine et mélancolique est impénétrable. A certaines de leurs attitudes, on croirait qu'ils sentent l'humiliation de pérégriner à travers l'Europe pour divertir des chiens de chrétiens en valsant et en avalant du verre pilé. Mais cette impression ne dure pas. On les soupçonne alors de se venger en injuriant les chiens de chrétiens dans une langue que ceux-ci ne comprennent pas. Les prières que psalmodient dévotement ces pieux acrobates doivent être des bordées de railleries et d'insultes à notre adresse. Espérons-le, du moins, pour l'honneur de l'Islam. S'il en est autrement, c'est une lugubre bouffonnerie que ces tours de saltimbanques exécutés avec une royale fierté. Si les derviches ne couvrent pas les noces d'injures, les derviches sont au-dessous des noces.

. .

Décidément le cadre convient mal à ces sortes de dévotions frénétiques. Cette estrade étroite où évoluent les derviches est ornée de pauvres tapis d'Orient ; c'est le décor du concours hippique, du Salon de peinture et de toutes les expositions parisiennes.

Je me rappelle le tekké de Péra où, au son des flûtes et des darboukas, les tourneurs tournaient éperdument jusqu'à tomber ; je me rappelle le tekké de Scutari où les hurleurs poussaient leurs *La Ilah il allah* sauvagement rythmés jusqu'à ce que leurs voix brisées ne fissent plus entendre que des râles ; et je me souviens que l'impression tragique de ces frénésies me poursuivit jusque dans le silence des grands cimetières de Scutari, forêts de cyprès peuplées de colombes....

Un autre souvenir encore s'évoque dans ma mémoire. C'était à Tanger. Je traversais le marché encombré de chameaux, de bergers, d'ânes, de marchands et de saltimbanques, lorsque le tumulte des chameliers qui interpellaient leurs bêtes, des négrillons qui piaillaient et des vendeurs d'eau qui carillonnaient s'apaisa tout à coup. Une sorte de procession, précédée de drapeaux et de musique, s'avançait entre deux haies de nopals épineux. C'était une troupe de nègres, délirant, bondissant et hurlant. Plusieurs portaient des haches et se faisaient de grandes entailles : le sang ruisselait. Le spectacle était hideux et terrifiant. La troupe passa et se rendit dans un enclos blanc, non loin de la *church* évangélique.

Une heure plus tard, dans une rue de Tanger, je rencontrai deux grands nègres vêtus de blanc qui se tenaient par la main et riaient de toutes leurs dents. Ces deux gaillards, frais et dispos, étaient, — je les reconnus tout de suite, — les plus terribles danseurs de la procession sanglante. Et un Marocain, à qui je fis part de ma surprise, me répondit simplement : « Ils ont l'habitude ! »

Les personnes qui ne sont point au courant des mœurs judiciaires ont de ces étonnements lorsqu'elles rencontrent, bras dessus bras dessous, sur le boulevard du Palais, deux avocats qui viennent d'échanger, à l'audience, des injures atroces.

LA « PASSION » AU NOUVEAU-THÉATRE

Depuis quelques années, les directeurs de théâtre ont pris l'habitude, quand vient le carême, de sanctifier leur scène par des représentations « sacrées ». Naguère encore, de bons poètes les aidaient dans cette pieuse entreprise. M. Armand Silvestre, lui-même, s'en est mêlé. Aujourd'hui, les poètes sont un peu las des excès de mysticisme auxquels la mode les a condamnés durant quelques saisons. Mais les directeurs de théâtre n'ont pas renoncé à édifier leurs spectateurs. Et le Nouveau-Théâtre a commencé, il y a deux jours, de donner des « représentations bibliques ».

L'affiche annonce : « *La Passion*, mystère sacré en prose, en quatre actes et neuf tableaux avec chants, paroles et musique de M. Henri Giulietti. » Pour rassurer les consciences que pourrait inquiéter cette mise en scène de l'Écriture, on publie un « certificat de la Curie archiépiscopale de Turin ». Cette note explique que M. Giulietti a soumis son manuscrit à la Curie archiépiscopale de Turin, que celle-ci l'a approuvé au point de vue de la « moralité » et de la « correction », que des représentations du « mystère » ont été données au « *Théâtre turinois*, transformé en *Temple sacré* » et que don Tommasso Allesio, théologien, premier chancelier, atteste aux fidèles catholiques et à l'autorité ecclésiastique la « docilité », la « bonne volonté » et la « respectueuse obéissance » de M. Henri Giulietti « vis-à-vis de notre Très Sainte Religion ». Et, comme si cela n'était pas assez, on joint encore au certificat de don Tommasso Allesio une lettre de « Monseigneur Secrétaire particulier de Sa Sainteté Léon XIII ».

Voici donc le Nouveau-Théâtre transformé, à son tour, en « Temple sacré ». Le Casino de Paris, que l'on est forcé de traverser, est, pour ce sanctuaire, passez-moi l'expression, un sacré portique.

J'ai déjà vu beaucoup de drames sacrés à la campagne, à Paris et en province, au théâtre du Vaudeville, à la foire aux Pains d'épice, en Bavière, en Bretagne, en Bohême, et même à Toulouse. Mais aucun ne m'a donné, comme celui de M. Giulietti, dans toutes ses parties et dans tous ses éléments, une forte impression d'unité. Ailleurs, il y avait toujours des discordances : des scènes vraiment populaires voisinaient avec des morceaux de littérature ; on mêlait à des tableaux d'une vulgarité toute moderne des essais de restitution archéologique ; les costumes étaient composés d'après des traditions diverses, etc... Dans l'œuvre que patronne Mgr Agostino Richelmy, archevêque de Turin, il n'y a point de ces contrastes. Tout est du même accent, tout est de la même inspiration : littérature, musique, décors, costumes. C'est, en tout, le même genre de laideur, la même sorte de vulgarité. Promenez-vous aux devantures des imagiers de la rue Saint-Sulpice et imaginez que les statues qu'on y voit s'animent et se mettent soudain à parler, à chanter : voilà le spectacle. Il a son intérêt, car il y a une merveilleuse convenance entre les gestes, les vêtements, les paroles et les airs. Et il peut être salutaire, car certaines personnes, insensibles à l'art plastique mais douées du goût de la musique, comprendront, grâce aux mélodies de M. Giulietti, l'horreur de certaines statues, qui, peut-être, leur ont, jusqu'à ce jour, paru tolérables...

La musique? — Tous les poncifs qui depuis un siècle servent aux fabricants d'opéras pour exprimer des choses religieuses! Les harpes traduisent l'extase, les violoncelles la prière et les trompettes l'enthousiasme. Une « berceuse » accompagne le baiser de Judas, et les trompettes d'*Aïda* retentissent durant la marche au Calvaire. Pendant la Cène, il y a des chœurs invisibles, comme dans *Parsifal*, tout simplement.

La littérature? — Adieux du Christ à sa mère. La Vierge : « Où vas-tu ? » — Le Christ : « A la mort ! » — La Vierge : « Tu vas mourir et tu veux que je vive ! » Et c'est ainsi chaque fois que le dramaturge abandonne le texte évangélique, et il l'abandonne souvent ! Le rôle de Judas est d'une piteuse banalité. C'est là cependant que pourrait s'exercer l'imagination des auteurs qui mettent en scène le récit de la Passion. Dans le texte du « jeu de la Passion » qu'on représente à Oberammergau, le rôle de Judas contient de belles trouvailles psychologiques ; par exemple, ce monologue du traître, une fois la trahison décidée : « ... S'il plaît au Sanhédrin de mettre le maître au cachot, si c'en est fait de lui, j'aurai mis mon petit bien en sûreté et, par-dessus le marché, je deviendrai un homme célèbre et je passerai pour avoir contribué à sauver la loi de Moïse. Si, au contraire, le maître triomphe... eh bien, je me jetterai à ses pieds, je lui demanderai pardon. *Il est si bon!* Jamais je ne l'ai vu repousser le repentir. » Cet : « Il est si bon ! » me paraît un mot de génie. Il n'y a point de mots de génie dans le mystère de M. Giulietti. En revanche, Judas y tient des propos extraordinaires ! Au moment où vient à son esprit l'idée du suicide, il considère la corde dont il va s'étrangler et il s'écrie : « Cette corde, c'est la liberté, c'est l'expiation. » Je ne suis pas théologien, et je ne voudrais pas avoir l'air d'en remontrer à don Tommasso Allesio ; mais, dans un drame chrétien, l'idée du « suicide expiatoire » me paraît un peu saugrenue.

Les décors? — Ils sont de M. le chevalier Fontana de Turin, et de M. le commandeur Ferri de Milan. Sans vouloir offenser ces nobles décorateurs, il faut bien constater que leurs peintures sont dans le goût du dialogue et des chants. Et nous sommes toujours invinciblement ramenés à la rue Saint-Sulpice et à ces beaux cartonnages qu'on voit exposés derrière les vitres, vers Noël et vers Pâques.

Les costumes ? — On les dirait pris dans des tableaux de l'École romaine du xvii° siècle. Sassoferrato ! Tout Sassoferrato ! Quels bleus, quels sales bleus !...

Heureusement, il y a des entr'actes, beaucoup d'entr'actes ; et l'on peut alors circuler dans la salle du Casino de Paris. Là, sur la scène, on répète un ballet. Après Sassoferrato, Degas. J'aime mieux Degas. Un jour gris tombe du vitrage à demi-voilé. Les petites jupes blanches des danseuses s'agitent autour des mimes qui ont conservé leurs longues robes de ville. Quelques-unes sont descendues de la scène et se réchauffent en buvant des grogs. Un monsieur joue gravement du piano ; un autre donne solennellement les indications du scénario...

Le tableau est exquis, surtout quand on sort d'un magasin d'objets de sainteté.

*
* *

Pour être franc, je dois avouer que ma mauvaise humeur ne tient pas ici aux seules raisons d'esthétique. Mgr Agostino Richelmy, archevêque de Turin, aura beau dire ; il m'est déplaisant de voir Jésus figuré par un comédien. Ces mascarades évangéliques paraissent indécentes à des gens même de peu de foi.

Nous n'avons pas coutume de venir au théâtre pour la purification de nos âmes. Ce lieu n'est point propice au recueillement. Ces « mystères » sont déplacés devant des auditeurs, auxquels nous sommes disposés à prêter des pensées plutôt frivoles. Sans doute le public n'est pas irrespectueux en de pareilles circonstances : l'autre jour, au Nouveau-Théâtre, la salle était garnie de braves gens incapables de blasphème ; mais les mines étaient ennuyées et inattentives, et la grandeur des événements qui se passaient sur le théâtre faisait un désagréable contraste avec l'indifférence morose des spectateurs. Et je me rappelais ces représentations d'Oberammergau, auxquelles j'ai eu, en 1890, la joie d'assister : la magnificence de ce grand décor de montagnes, de prairies et de forêts ; la religieuse attitude de ces milliers de paysans, au milieu desquels est perdue la troupe des touristes curieux ; l'émotion profonde de la foule aux diverses péripéties du drame ; le jeu à la fois naturel et grave des acteurs improvisés ; la scène immense où s'agitent les multitudes populaires, et au-dessus de laquelle tournoient des vols de corbeaux ; enfin, la lumière douce et limpide d'une admirable journée de septembre ; et là j'ai senti comme nulle part ailleurs la tyrannie qu'exercent sur nos propres sentiments ceux de la foule qui nous environne... Rien de pareil dans la salle du Nouveau-Théâtre.

Sans aller jusque dans les Alpes Bavaroises, j'ai naguère compris que l'attitude du public était pour beaucoup dans la répugnance que me causent les drames évangéliques. Il y a un mois, je me trouvais à Toulouse. C'était la veille de Noël, et, à cette occasion, l'affiche du théâtre des Variétés annonçait qu'on jouerait *le Rédempteur*, de M. l'abbé Raynaud-Wolda. J'entre dans la salle et j'assiste à une sorte de tragédie de collège, en vers massifs, qui a le dessein de peindre l'état du monde romain, au moment de la venue de Jésus. On y voit des esclaves se révolter, la **Sibylle de Cumes** prédire à Auguste la venue des temps nouveaux, des bayadères danser devant Hérode des « danses mystiques » (pourquoi mystiques?). Puis, nous assistons au départ des mages et des bergers pour Bethléem ; et le dernier tableau représente la crèche. Alors un des bergers s'avance devant le trou du souffleur et entonne le *Noël* d'Adam. Un frisson secoue les bons Toulousains. Les vastes galeries du théâtre étaient pleines à craquer. Le public, dont une partie était composée de militaires, reprend le refrain en chœur... Je ne crois pas que ces Toulousains fussent animés de sentiments religieux bien profonds. Mais, toute la soirée durant, ils avaient paru prendre tant d'intérêt à l'étonnante littérature de l'abbé dramaturge, ils avaient mis tant de véhémence, allant jusqu'à l'invective, et quelle invective ! pour faire taire deux loustics gouailleurs, que je n'avais pas une seule fois ressenti la désagréable impression d'assister à une parodie.

Mais, plus encore que les spectateurs, les acteurs font tort aux « mystères » modernes. Les plus habiles des comédiens sont pitoyables dans la comédie sacrée. Les louables efforts qu'ils font pour acquérir la solennité convenable, mettre de l'onction dans leur geste et du divin dans leur diction accusent encore le ridicule de leur jeu. Ajoutez à cela que les comédiennes dont nous aimons à admirer sur les planches la jeunesse et l'utile beauté... Il y a quelques années, je me trouvais dans un théâtre de Paris où l'on représentait un « mystère » en vers. L'ange venait annoncer à Marie qu'elle donnerait le jour à Jésus; et, voulant savoir quelle était l'actrice qui si bien faisait l'ange, je pris mon programme et j'y lus le nom de mademoiselle X... Alors, je cessai d'écouter la salutation angélique, car un souvenir imprévu venait de traverser ma mémoire...

Je me revoyais, quelques mois auparavant, à Tunis, dans le Souk-El-Bey : j'étais dans la boutique du marchand de tapis Barbouchi. Tous ceux qui ont été à Tunis ont connu Barbouchi, négociant roublard. Tout en essayant de me vendre très cher un médiocre tapis, Barbouchi, qui était d'humeur expansive, me racontait son séjour à Paris pendant l'Exposition de 1889 et comment il avait connu toutes les joies de la vie parisienne. Pour me bien montrer que Barbouchi ne mentait pas, Barbouchi prit une petite boîte cachée derrière une pile de tapis et en tira, d'abord, un débris de journal où était imprimé le discours de Barbouchi au Président de la République, lorsque celui-ci était venu visiter la « section tunisienne ». Puis, il me montra un paquet de « petits bleus » adressés à Barbouchi par d'autres personnes qui, elles aussi, était venues visiter la « section tunisienne ». Les pattes de mouches étaient parfois signées et, au bas de quelques billets bien gentiment tournés (ce Barbouchi était décidément sans délicatesse), j'avais été invité à lire un nom... le nom de l'ange qui, maintenant, annonçait à Marie que d'elle naîtrait le Sauveur du monde.

Ce sont de telles impressions et de tels souvenirs qui nous font paraître scandaleuses les représentations sacrées. Avouons, d'ailleurs, que impressions et souvenirs confirment en nous certain vieux préjugé janséniste qui nous est très cher. Nous ne croyons plus comme Nicole, il s'en faut; mais, au fond, nous continuons souvent de penser comme lui.

« TRISTAN » AU CIRQUE D'ÉTÉ

Dans le cirque, on exécute le premier acte de *Tristan et Yseult*. Sur l'estrade, deux chanteurs et deux chanteuses émettent des sons inarticulés. On n'entend point toujours leurs voix, submergées sous les vagues de l'orchestre déchaîné; et, pas un seul instant, il n'est possible de saisir un lambeau du poème. Plus de drame, rien qu'une symphonie; celle-ci est, à la vérité, très bien rendue avec un enthousiasme passionné par un chef d'orchestre plein de feu et d'autorité; mais elle devient vite fastidieuse, lorsqu'elle n'est plus l'âme, la vie de la tragédie même.

Au bout d'un quart d'heure l'attention s'épuise et alors vient l'ennui, l'irrésistible ennui. Je voudrais évoquer le souvenir des représentations de *Tristan* auxquelles j'ai assisté; mais je suis importuné par le déplorable spectacle de ces deux messieurs et de ces deux dames, qui, leur cahier à la main, s'époumonnent au milieu du fracas des cuivres. Soit! je ne les regarderai pas et ne subirai que la suggestion de leurs voix; mais, tout de suite, quel mécompte! C'est Yseult, la magicienne Yseult, l'amoureuse en furie, qui chante avec cette froide pureté et dont chaque cri de douleur ou de rage s'achève si mollement, si agréablement! Où est l'allégresse gouailleuse du bon écuyer Kurwenal? Je n'entends que l'organe inexpressif d'un bon chantre placide. Et pour évoquer l'image du héros Tristan,

> *Ein Herr der Welt*
> *Tristan der Held!*

il n'y a ici que la voix d'un pauvre ténorino essoufflé! Je m'ennuie. Cela va durer une heure vingt minutes; je le sais. D'ailleurs, si je l'ignorais, le programme a pris soin de m'en avertir. On me défend de sortir. Je m'ennuie.

Puisque ce n'est plus là *Tristan*, puisque le philtre est aujourd'hui sans vertu, je renonce et, pour passer le temps, je regarde le public. Je ne m'ennuie plus.

Il est admirable, ce public. Quels trésors d'héroïsme! Dans cette salle, une moitié des auditeurs au moins n'a jamais ni lu ni vu *Tristan*. Ils n'entendent pas un mot du poème. Ils ignorent les mouvements de scène et les pantomimes dont la symphonie est l'accompagnement. De ce drame qui n'est que drame, ils ne savent rien. Peu importe ; ils demeurent immobiles, sans broncher, sur des sièges incommodes, dans une chaleur d'étuve ; ils ne froissent pas leurs programmes ; ils ne remuent pas les pieds ; ils ont l'attitude du connaisseur sérieux, la mine recueillie, les bras rudement croisés, la tête un peu inclinée de côté, les paupières à demi baissées, les lèvres pincées comme si elles retenaient par discrétion un indiscutable verdict. Chez les uns, c'est un pli : ils se sont fait un certain visage de concert qu'ils prennent naturellement, sans effort, dès que les violons s'accordent ; et tel est le pouvoir de l'habitude que, s'ils s'assoient sur les gradins d'un cirque pour voir courir des chevaux, leurs traits expriment quand même la gravité tendue qui convient aux jours de symphonie. Les autres cherchent, tâtonnent, donnent même quelques signes d'inquiétude, avant de se figer dans la pose définitive, qui ne laissera de doute à personne sur l'intensité de leurs jouissances et la sévérité de leur goût. Pour tous, le concert symphonique du dimanche, c'est, comme disait La Bruyère de la vie de cour, « un jeu sérieux, mélancolique, qui applique ». Ils sont d'ailleurs pleins de patience. On les a prévenus que le jeu durerait une heure vingt minutes ; ils sont donc rassurés ; ils savent que *cela finira*. En attendant le dernier accord, ils ont le temps d'inventer, travailler et polir la formule heureuse par laquelle, tout à l'heure, au grand air, ils exprimeront aux amis rencontrés la ferveur de leurs admirations ou la subtilité de leurs réserves. L'ambition de juger tempère l'ennui d'entendre pendant longtemps du bruit et des voix.

On obtiendra donc tout du courage de ces honnêtes

gens : ils applaudiront bravement tout ce qu'on voudra leur faire applaudir ; et même plus longue aura été leur patience, plus vigoureux seront leurs applaudissements ; car, après une heure d'immobilité, il est naturel qu'on se livre à des gesticulations véhémentes pour rétablir la circulation du sang et assouplir les articulations ankylosées. Mais maintenant que l'épreuve est faite, maintenant que le public a donné la mesure de son endurance, les chefs d'orchestre devraient ne point insister, jouer des symphonies au concert et laisser les drames au théâtre.

Celui qui déjà connaît *Tristan et Yseult* ne saurait le retrouver au milieu de ce tapage confus où rien n'est à son plan, ni l'orchestre, ni le chœur, ni les personnages. Celui qui ignore l'œuvre s'en fera l'idée la plus fausse sur une telle exécution. En voici la preuve.

En sortant du Cirque, dimanche dernier, un musicien a tranquillement écrit dans un journal : « D'une part d'incomparables richesses d'harmonie et de timbre; de l'autre, d'effroyables longueurs, des redites inutiles, de puériles intentions qui viennent à chaque instant couper les ailes de l'enthousiasme où l'on se sent entraîné. » Vraiment ! Des « redites » et des « longueurs » dans le premier acte de *Tristan*, où pas un mot, pas une note ne sont inutiles, où les scènes brèves et pleines se succèdent avec une terrifiante impétuosité, en un *crescendo* fou de pathétique et de passion ! le premier acte de *Tristan*, qui est le chef-d'œuvre *dramatique* de Wagner, le morceau où son génie a le plus approché de la noble sobriété de l'art grec ! Des « redites » et des « longueurs » on en pourrait relever dans certaines parties du *Ring* et peut-être dans le second acte du même *Tristan*. Mais si l'on en trouve dans cette exposition rapide, violente, presque brutale, où tout est vie et action, c'est que l'exécution dans un cirque dénature le caractère de l'œuvre et en dissimule la vraie beauté. Pourquoi un artiste qui, comme M. Chevillard, aime et comprend Richard Wagner, se fait-il le complice de telles trahisons?

Tout en descendant l'avenue des Champs-Élysées, je tenais ces propos à un vieux camarade, grand amateur de musique. Il me fit observer : « Il y a une quinzaine d'années M. Lamoureux donna ce même fragment au concert du Château-d'Eau. Nous y étions ensemble et je me souviens qu'alors vous manifestiez un grand enthousiasme. J'accorde que l'acoustique de la salle était un peu moins détestable, que madame Montalba était une Yseult suffisamment tragique, que Van Dyck avait un organe généreux et une belle diction, que Blauwaert, malgré sa voix pâteuse, donnait du relief à la partie de Kurwenal... Mais si les chanteurs d'alors étaient mieux doués et plus zélés, l'œuvre n'en était guère moins défigurée; l'orchestre disposé en espalier étouffait les voix; l'indispensable prestige de la scène faisait défaut au Château-d'Eau, comme tout à l'heure au Cirque. Et, pourtant, rappelez-vous : en ce temps-là vous ne songiez pas à suspecter l'admiration des auditeurs transportés, vous ne vous amusiez pas à suspecter la sincérité d'un enthousiasme auquel vous preniez part ; vous ne pensiez qu'à remercier M. Lamoureux de sa « courageuse » entreprise. »

Un peu déconcerté par ces souvenirs, je répondis que les temps étaient changés, que Wagner, il y a quinze ans, était encore passionnément discuté, qu'on ne représentait ses drames sur aucune scène française, qu'on était en pleine bataille, que nos applaudissements préparaient la déroute de certains marchands de patriotisme et que, d'ailleurs, ces sortes d'exécutions avaient été en leur temps une initiation nécessaire pour qui ne peut lire une partition d'orchestre.

« Fort bien, reprit mon impitoyable ami. Mais on n'a pas encore joué *Tristan* à l'Opéra, et il y a au concert des auditeurs qui ont quinze ans de moins que nous ! »

Ce dernier argument, mélancolique, mais irréfutable, termina notre discussion. Hélas ! oui, il y a au concert des auditeurs qui ont quinze ans et même vingt ans de moins que nous. Dès lors, ils ont raison, et c'est nous qui avons tort.

AU JARDIN DES PLANTES

Au premier soleil de mars, toute la ménagerie s'est réveillée. Le jardin est encore sans verdure, et les gazons sont rares ; mais les animaux ont déjà secoué la torpeur où ils ont vécu pendant la saison froide. Ils ont quitté leurs logis d'hiver. Ils hument le grand air. La brise du sud chaude et poussiéreuse caresse le mufle d'un vieux lion dont le poil se hérisse, comme sous l'illusion du sirocco. Les agiles pumas du Chili (don de madame Sarah Bernhardt) étirent longuement leurs corps souples et délicats. Les zèbres s'ébrouent et perdent soudain cet air déconfit et honteux que leur donne le sentiment de leur tatouage ridicule. Les casoars se rengorgent vaniteusement. Les éléphants saluent le soleil par des barrissements joyeux. Les cygnes et les ibis font un tapage de cris rauques, ainsi qu'une armée de bicyclistes cornant au détour d'une route. Lorsque l'otarie élève brusquement au-dessus de l'eau son fin visage d'acrobate japonais, ses petits yeux bons et railleurs brillent d'un éclat inaccoutumé. Et, au fond de leur fosse, d'où ils ne voient qu'un carré de ciel et, se détachant, sur l'azur, les visages penchés des hommes familiers et tutoyeurs, les vieux ours balancent la tête comme si on leur chantait *le Printemps* de Gounod.

Tous ces animaux prisonniers contemplent leurs visiteurs qui circulent de l'autre côté des grilles et des treillages. Ils les regardent avec une indulgence sympathique ; car ils connaissent de **longue** date les visages des pauvres gens qui ont coutume d'errer dans le jardin ; et ils ont fini par soupçonner les tristesses d'une vaine liberté. Ce qui donne à toutes les bêtes du jardin des Plantes un air miséricordieux et pacifique, c'est l'expérience qu'elles ont des infortunes humaines. Les pauvres philosophes loqueteux achevant sur un banc le somme qu'une ronde de police a brusquement interrompu la nuit précédente sous l'arche d'un pont, les petits soldats que mine la nostalgie de leur province, les femmes d'ouvriers épuisées, phtisiques et rossées qui traînent par la main leurs marmots pâles, et les voyous blancs et bouffis, et les « petits modèles » en ballade, toutes ces faces de misère, de vice et de malheur, forment un spectacle propre à exciter la pitié des animaux. Ceux-ci, qui se savent inscrits au budget de l'État français, ont la tranquillité et la sécurité des fonctionnaires. Mais ils n'en ont point la morgue. Regardez-les bien. Regardez surtout l'éléphant, le bon, le doux et cordial éléphant, au moment où sa trompe vient de saisir le morceau de pain que lui a tendu la main d'un passant : de son œil attendri il dévisage la foule et, ayant découvert quelque pauvre mal nourri, il hésite un instant et, s'il se décide à engloutir le pain, c'est, soyez-en sûr, qu'il a craint de faire rire les badauds cruels aux dépens de celui à qui il rêvait d'offrir cette aumône publique. Les seuls habitants de la ménagerie étrangers à ce sentiment de douloureuse fraternité, ce sont les singes, quelques volatiles prétentieux et les chameaux ; encore pour ces derniers, faut-il se demander si ce n'est point leur muselière qui leur donne une expression d'indifférence sotte et administrative.

Il faut l'avouer, l'homme en général paraît peu sensible à la compassion que témoignent les bons regards des bonnes bêtes. Les promeneurs, s'ils ne se contentent point de proférer devant les cages des interjections insolentes ou niaises, sont obsédés d'une seule pensée : découvrir une ressemblance entre l'un de ces animaux et quelque personne de leur connaissance. Il faut écouter les propos qui s'échangent en famille devant les cages. Les imaginations se livrent à de facétieuses métempsycoses. Le père sourit à son bambin qui, contemplant un singe ou un phoque, a proclamé : « On dirait mon oncle. » Ce qui nous amuse dans une ménagerie, c'est, selon le mot de Montaigne, « le cousinage d'entre nous et les bêtes ». Les habitués du jardin des Plantes, qui ne sont point toujours des esprits très subtils et très délicats, insistent avec quelque mauvais goût sur les parentés physiques. Mais, si nous allons au fond des choses, nous sommes forcés de le reconnaître, l'animal ne nous intéresse que par le reflet d'humanité que nous croyons découvrir en son regard.

Si La Fontaine continue, malgré tout, de divertir les enfants, ce n'est point par sa poésie : il faut, pour en sentir le prix, une assez forte éducation littéraire ; ce n'est point non plus par sa sagesse pratique dont, seule, l'expérience de la vie peut faire goûter la saveur un peu amère. Mais les fables donnent à l'enfant un plaisir semblable à celui d'une promenade dans une ménagerie : elles le font assister à la vie des bêtes et, à chaque vers, derrière la bête, voici l'homme fait à son image. Taine a soutenu qu'un des charmes de La Fontaine est de nous arracher au spectacle de l'humanité et de nous mener en un monde moins agité, plus simple, où « nous nous reposons de nous-mêmes ». A mesure que j'écoute ce qu'on dit dans les allées des jardins zoologiques, je m'éloigne davantage de l'opinion de Taine : non, l'homme ne se fuit pas en observant les animaux, il se cherche avec une infatigable malignité.

En faut-il une autre preuve ? Lisez les admirables histoires de *la Jungle* de Kypling qu'on vient de traduire et dites si ce n'est point par leur humanité profonde que vous émeuvent et Bagheera, la panthère noire, et Baloo, le vieil ours brun, et Kaa, le grand python ? Ce sont nos sentiments et nos passions que Kypling prête aux habitants de la jungle. La Fontaine avait transposé des caractères ; il avait créé des « types ». Kypling peint des individus... Et cette différence tient à la diversité des deux littératures française et anglaise : belle matière de dissertation littéraire... Mais, en définitive, c'est toujours le même anthropomorphisme, auquel se livrent aux dépens de leurs proches ou de leurs amis les curieux arrêtés à considérer des girafes, des bisons ou des chimpanzés.

L'autre jour, j'ai entendu le dialogue suivant entre une mère et son enfant : « Mon chéri, maintenant, viens voir l'éléphant. — Non. — Pourquoi? — Il faut garder l'éléphant pour la fin. » Dans cette sage distribution de ses plaisirs, cet enfant marquait que le plus beau de la ménagerie, c'était pour lui l'éléphant. Rare exemple de goût, car c'est devant la cage des singes que la foule paraît le mieux se divertir.

AUX FOLIES-BERGÈRE

Quand je pénètre dans la salle, on achève de représenter un ballet tiré de l'histoire romaine et qui s'appelle *l'Enlèvement des Sabines*. Comme je n'ai point vu le premier tableau, je ne comprends pas très bien le second. On ne nous montre point l'infortunée Tarpéia ensevelie sous des boucliers et je saisis mal pourquoi Tatius, représenté, dit le programme, par mademoiselle Ducastel, ressemble tant à saint Louis. Romains et Sabines font des pas joyeux sur le Forum et le rideau tombe sans que j'aie pu pénétrer tous les mystères du scénario...

Les personnes ennemies des vieilles humanités, qui souhaitent d'élever les jeunes Français dans l'ignorance de l'antiquité, devraient bien fréquenter aux Folies-Bergère. Ce théâtre, à première vue, ne paraît point destiné à fournir des enseignements pédagogiques. Cependant on y sent encore le prix d'avoir étudié les auteurs latins. Pour comprendre la mimique de mademoiselle Ducastel dans le rôle de Tatius, il n'est pas inutile d'avoir lu Tite-Live. Le jour où les spectateurs n'auront pas lu Tite-Live, comment pourra-t-on faire danser sous leurs yeux des Romains et des Sabines? Et ce sera grand dommage si l'on renonce à mettre en ballet les légendes romaines... Il est salutaire qu'en se trémoussant les ballerines éveillent en nous les austères souvenirs de la classe où mélancoliquement nous traduisions le *Narrationes*, d'abord « mot à mot », et ensuite « en bon français ». D'ailleurs, ce sujet de *l'Enlèvement des Sabines* est ici heureusement choisi pour nous encliner à de graves pensées. Quand on songe aux procédés sauvages qu'employaient les compagnons de Romulus et qu'on a sous les yeux ce promenoir des Folies-Bergère si hospitalier, si policé, quel jour sur l'histoire de la civilisation !

Je réfléchissais de la sorte, quand mon voisin de stalle m'emprunta mon programme. Il le lut, me le rendit et, tout de suite, lia conversation. Il m'apprit, d'abord, qu'il n'avait pas payé sa place : « J'ai, dit-il, des billets de faveur par un de mes amis qui est journaliste. » Je le félicitai. Puis il me confia qu'il était « dans les assurances ». Je le félicitai encore... Et il me demanda mon sentiment sur « l'Affaire ». Je tâchai de détourner la conversation en lui faisant observer qu'il y avait sur la scène des singes savants qui boxaient, pédalaient et faisaient toutes sortes de clowneries. Mais mon homme haussa les épaules, me demanda si je n'avais jamais vu le cirque Corvi et me questionna sur la Cour de cassation... Pour me débarrasser du fâcheux, je dus le mystifier et lui répondre que, étant Belge, je ne me reconnaissais pas le droit d'exprimer une opinion sur des événements qui inquiétaient, à juste titre, le patriotisme des Français. Il me regarda non sans surprise, me loua de ma discrétion et, dès lors, me témoigna la cordialité à la fois protectrice et familière du Parisien qui « pilote » son étranger.

Lorsqu'un monsieur à la voix glapissante présenta au public une devineresse, mon voisin m'avertit courtoisement : « C'est un truc ; mais il est épatant ! » Et, à la vérité, il me sembla lui-même considérablement « épaté », lorsque, le monsieur à la voix glapissante l'ayant prié de lui confier une monnaie ou une médaille, il entendit la devineresse déclarer que sa médaille était à l'effigie de la Vierge de Fourvière. Il la reprit des mains du barnum, un peu embarrassé et, comme pour se justifier de porter sur lui cet objet de sainteté, il me dit avec un demi-sourire : « C'est à ma fille ». D'ailleurs, « l'épatement » est général. Le public a beau, depuis plusieurs années, avoir été dans les cirques et les cafés-concerts vingt fois témoin de ce jeu, il s'amuse toujours de son illusion. Il ne se lasse pas de suggérer à distance des morceaux de musique, — toujours les mêmes, — à la « voyante » qui les exécute sans désemparer. Constatons, en passant, que les trois opéras qui jouissent de la plus grande vogue à Paris sont, sans conteste, *Carmen*, *Mignon* et *Faust*. Ce sont à peu près les seuls qu'une bonne devineresse soit tenue de connaître pour satisfaire les exigences d'un public parisien.

« Même au Moulin-Rouge, monsieur, vous ne verriez rien de pareil. » C'est ainsi que mon voisin recommande à mon attention des danseuses et chanteuses moscovites qui viennent de faire irruption sur la scène. Elles se livrent, en effet, à des danses sauvages et crapuleuses mêlées d'acrobaties et de déhanchements, sur des rythmes furieux… Il y a quinze ans, au temps où se déchaîna le grand enthousiasme pour l'art et la poésie de la Russie, aurais-je résisté à la tentation de découvrir un peu « d'âme russe » dans ces saltations forcenées ? Aujourd'hui, tout en admirant la beauté de ces Moscovites, je suis rebelle à la *Völkerpsychologie* et mes impressions, je le confesse, sont pareilles à celles de mon voisin qui résume ainsi son opinion tout objective : « Ce qu'elles se démanchent ! »

Trois Américains viennent représenter une petite pantomime. J'ai la tristesse de ne plus partager l'admiration de mon aimable interlocuteur. Celui-ci s'amuse démesurément. Je tâche de lui expliquer que ces Anglo-Saxons ont eu le grand tort de se costumer en Pierrots, que cet ample vêtement convient mal à la fantaisie sèche et à l'agilité précise de leurs acrobaties, que le gracieux personnage de l'enfariné n'est pas du Nouveau Monde, qu'il appartient aux races latines, et que Jonathan se renie vainement en passant la souquenille blanche et le pantalon flottant. Ces considérations, bien qu'empreintes d'un certain nationalisme, ne le touchent point. Évidemment, cette tête est mal faite pour l'intelligence des symboles.

On éteint les lustres et sur un grand écran passent les visions du cinématographe. L'amusant spectacle ! Lorsqu'on aura, grâce à quelques nouveaux perfectionnements, supprimé le tremblement énervant des images ainsi reproduites, le cinématographe fera une terrible concurrence à l'industrie des littérateurs. Les reporters n'auront plus rien à dire : le phonographe parlera et la photographie racontera. Les écrivains qui se livrent au genre descriptif feront faillite. A quoi bon des évocateurs, puisque la réalité vivra devant nous ? Et les auteurs dramatiques, eux-mêmes, seront fort en peine de divertir le public, quand celui-ci aura sous les yeux ces tableaux sincères et dramatiques de tous les événements du monde et de tous les incidents de la rue... Nous n'en sommes point encore là, heureusement pour les innombrables bacheliers qui rêvent d'écrire dans les « grands journaux » ou méditent de modernes tragédies. Mais déjà le cinématographe, si imparfait soit-il, nous peut donner de singulières émotions.

Parmi les scènes qui passent sur l'écran, il en est une vraiment poignante. C'est le débarquement d'une troupe américaine à Cuba. Les soldats sautent des chaloupes dans la mer et s'avancent en tiraillant. Sur la rive, derrière les arbres, on voit d'instant en instant s'élever la fumée des fusils espagnols. Le spectacle de cette escarmouche n'est point, en lui-même, bien terrifiant. Mais, pour nous qui n'avons jamais connu la guerre que par les récits des écrivains, quelque chose de nouveau nous est révélé par ce simple épisode de combat *que nous savons réel*. Nous avons eu déjà sous les yeux des photographies de bataille ; durant la guerre gréco-turque on a pris des instantanés, depuis publiés par les journaux illustrés. Mais, ici, tout se meut, nous sommes en plein drame.

Qu'on n'accuse point d'idéologie ceux qui croient que le cinématographe jouera désormais un grand rôle dans le divertissement et dans l'instruction des hommes. Déjà, l'on s'apprête à faire de ce merveilleux instrument des applications bien imprévues. Voici ce que l'on m'a naguère conté :

On sait que certains chirurgiens ont fait faire la cinématographie de leurs opérations. D'une part, ils peuvent ainsi mettre leurs méthodes sous les yeux d'un grand nombre de jeunes praticiens, et, d'autre part, en revoyant eux-mêmes leur propre travail, ils peuvent se juger de sang-froid et réformer leur façon de procéder. Or, il paraît que certains de ces clichés courent le monde et qu'il est aujourd'hui très galant d'offrir à ses invités, au lieu d'un monologue de Coquelin cadet, le spectacle d'une « belle opération ». (Bien entendu, par respect du secret professionnel, on a eu soin de dissimuler le visage du patient ou de la patiente.) C'est une exquise distraction. Thomas Diafoirus n'en offrait point tant à Angélique : « Je vous invite à venir voir, l'un de ces jours, pour vous divertir, la dissection d'une femme. » Maintenant, on fait mieux : on offre à ses amis et à ses amies de venir voir le célèbre docteur X... opérant sur le vif.

.˙.

Et le spectacle continue. On amène un géant qui mesure deux mètres cinquante-neuf centimètres. « C'est cet imbécile de Constantin ! » me dit mon voisin, du ton d'un homme qui depuis longtemps serait familier avec Constantin. Ce qui, d'ailleurs, ne l'empêche point de contempler ce monstre avec une sorte de stupeur. Et la même stupeur se peint sur beaucoup de visages, notamment sur celui d'une personne luxueusement vêtue qui, quand Constantin passe, s'exclame : « Mince de guiboles ! » Je voudrais bien rappeler à cette âme trop prompte à marquer sa surprise que Montaigne nous a sagement avertis de ne point nous étonner devant les êtres monstrueux : « Ce que nous appelons monstres ne le sont pas à Dieu... Nous appelons contre nature, ce qui advient contre la coutume ; rien n'est que selon elle, quel qu'il soit. Que cette raison universelle et naturelle chasse de nous l'erreur et l'estonnement que la nouvelleté nous apporte. » Mais il est peut-être difficile de faire comprendre à cette spectatrice, même avec l'autorité de Montaigne, que les « guiboles » de Constantin sont seulement contre la coutume et non contre la nature.

Des acrobates font des tours sur la barre fixe en feignant des maladresses. Ces gaucheries simulées divertissent beaucoup le public et elles font valoir la grâce et l'adresse des gymnastes. Ce mélange de sérieux et de comique est au fond une rouerie, une tricherie. Le contraste est d'un effet facile et certain sur l'esprit d'une foule. C'est ce qu'avaient admirablement compris les poètes de 1830 en prêchant la confusion des genres.

Puis une chanteuse, violemment décolletée, vient débiter quelques lugubres couplets (c'est le *beuglant* dans sa traditionnelle infamie); des négros que le programme qualifie de « comiques » jouent tour à tour du piston et du violoncelle ; une troupe d'une miraculeuse agilité exécute des sauts et des culbutes... Mon voisin bâille. Il attend avec impatience les lutteurs et, pour passer le temps, il me renseigne sur le « match » auquel nous devons assister. « Un petit match ! me dit-il. Mais en fait de luttes, on ne sait jamais comment les choses peuvent tourner... Des incidents sont toujours possibles. »

Il est, lui, pour la lutte courtoise, la vieille lutte française. Il réprouve un lutteur appelé Pons qui, l'autre jour, s'avisa d'étrangler à demi son adversaire ; il m'explique ce qu'on appelle « le coup de cravate » : ce sont là, paraît-il, mœurs de sauvages. Il est plaisant d'entendre ce brave homme congestionné et déformé par la vie sédentaire des bureaux s'exprimer avec cette autorité sur les choses athlétiques.

Sur la scène, trois messieurs en redingote se tiennent derrière une table pour juger le combat et l'on introduit les lutteurs, le torse nu : on se croirait au conseil de revision.

J'ai donc eu la satisfaction de voir Laurent le Beaucairois tomber Eugène de Paris, à moins que ce ne soit Eugène de Paris qui ait tombé Laurent le Beaucairois. Puis Rivollon a vaincu Constant le boucher, à moins que ce ne soit Constant le boucher qui ait vaincu Rivollon. Quand on n'est pas familier avec ces exercices et qu'on n'a, pour s'y reconnaître, dans le pêle-mêle des muscles, que la couleur des caleçons, on est exposé à de graves erreurs. Pour les personnes qui ne pratiquent point le billard, c'est un sujet d'étonnement que le joueur puisse à chaque coup reconnaître sa bille. Ainsi pour la lutte : quand les adversaires sont aux mains, il est difficile de distinguer l'une de l'autre les deux personnalités occupées à se rouler sur le tapis. D'ailleurs, qu'elles se roulent, c'est tout ce que le public leur demande.

Je comprends mal le mépris dans lequel on tient ces spectacles d'acrobates, de gymnastes, de danseuses et de mimes. Beaucoup de personnes s'imaginent qu'elles se donnent un divertissement intellectuel d'une qualité bien supérieure en écoutant des chansons, des farces et des comédies. Elles révèlent simplement par cette préférence une grande paresse d'esprit. Chaque « numéro » des Folies-Bergère, si on le veut bien considérer, peut devenir un thème de brèves méditations morales ou esthétiques. Jamais on n'est choqué ni distrait par le mauvais goût des plaisanteries, puisque les artistes sont muets. D'autre part, comme chacun dans la salle peut parler sans crainte de gêner les autres spectateurs, on surprend, autour de soi, des propos qui ont quelque intérêt. Et la soirée se passe dans une rêverie décousue qui n'est point sans charme, surtout si l'on a près de soi un voisin cordial, toujours prêt à vous communiquer obligeamment ses impressions toutes vives.

LES CONCOURS DU CONSERVATOIRE

Chaque année, quand vient la canicule, les élèves du Conservatoire national de musique et de déclamation sont invités à produire leurs talents en public et on leur donne des récompenses. Ce concours est ce qu'on appelle une « solennité parisienne ». Les journaux en parlent ; et il est fort honorable de pouvoir dire : J'y fus. Comme la salle est petite, tout le monde ne peut pas y avoir été. Mais les classes du Conservatoire sont nombreuses : ceux qui ne sont point admis à voir les petits acteurs ou les petites chanteuses peuvent se rejeter sur les petits violoncellistes et les petites harpistes. De cette façon beaucoup de Parisiens sont en état d'affirmer sans mentir qu'ils ont assisté aux concours du Conservatoire ;

et beaucoup de Parisiens sont heureux... C'est pourquoi lorsque j'ai pénétré dans la salle où allaient hurler les tragédiens et sourire les comédiennes, j'ai senti l'importance de la faveur qui m'était accordée, et j'ai apporté toute l'attention dont je suis capable à un spectacle que je n'avais jamais vu, et que, sans doute, je ne reverrai jamais.

C'est à neuf heures du matin que se déchaînent les acteurs tragiques. Cet austère divertissement est donc réservé aux vrais amis de l'art, aux âmes pures, courageuses et matinales. Il y en a à Paris, mais pas assez cependant pour remplir la salle du Conservatoire. Beaucoup de places sont vides.

Il faut plaindre les retardataires. Car de cette longue journée de concours les meilleurs moments sont assurément ceux durant lesquels on représente des scènes de tragédie. Ce spectacle-là est d'une extravagante drôlerie. Les contorsions et les exclamations de tous ces bons jeunes gens en habit noir sont impayables.

Une jeune dame en noir, qui a dix-neuf ans et onze mois (le programme est d'une délicieuse précision), se querelle en prose avec un monsieur blond qui a vingt ans et un mois. Ils se disent des atrocités romantiques. Le monsieur montre un crucifix à la dame. Celle-ci pousse des cris rauques et reçoit un coup de poignard. Elle meurt. Alors paraît un garçon de service qui annonce que l'on va jouer autre chose. Le monsieur blond revient. Cette fois, il invective contre une dame en blanc; il lui montre un mouchoir. La dame est très douce; elle cherche à apaiser l'homme qui rage et braille... et c'est fini. Un autre tragédien, sinistre et maigre, qui fait d'inutiles efforts pour vaincre un incoercible accent méridional, apparaît et se livre à d'effrayantes gesticulations. La dame en noir est revenue pour recevoir une nouvelle bordée d'injures, puis un second coup de poignard et, tandis qu'elle meurt pour la deuxième fois, l'autre s'enfuit en hurlant. On a vaguement attrapé quelques lambeaux de phrases au milieu de ce tintamarre fou et de ces gymnastiques incohérentes. La première scène est d'*Angelo*, la seconde d'*Othello*, la troisième des *Erinnyes*.

Surgit un jeune homme bien vêtu et bien peigné, à l'allure correcte et aux yeux caressants. On s'imagine tout de suite que c'est un baryton et qu'il va entonner un arioso de Massenet. Illusion ! Cet homme du monde « soupire » une scène de *Polyeucte*. Puis le théâtre est envahi par six jeunes gens en habit noir ; on dirait le premier acte d'une pièce de Maurice Donnay. Mais l'un d'eux, qui a vingt-quatre ans et onze mois, s'avance : c'est le spectre de Maubant ; et d'une voix profonde il récite le rôle de Magnus des *Burgraves*. Deux marionnettes miment une scène de *Mithridate* : puisque c'est un concours de tragédie, il faut bien qu'on y massacre du Racine !

Ces clowneries terrifiantes et confuses, dans un triste décor pompéien, autour d'une table et de trois chaises rouges, sont une extraordinaire parodie... On voit ici l'envers décevant et ridicule du théâtre. Car, si au lieu de ces écoliers bafouillants et rugissants, les acteurs les plus habiles et les plus expérimentés étaient là devant nos yeux, condamnés à jouer ces fragments incohérents, sans l'illusion des costumes et des décors, sans les prestiges de la scène, le spectacle serait tout aussi burlesque.

Quand les tragédiens ont fini, le rite est d'aller déjeuner.

⁂

Le concours de comédie commence à une heure de l'après-midi. Cette fois, la salle est pleine. Les belles dames ont mis leurs beaux chapeaux. Les « critiques » sont à leur poste, graves et congestionnés, piquant sur leur programme des remarques ingénieuses. Les professeurs chauffent le succès de leur classe. Le jury est solennel, bien qu'un peu somnolent. Les vieux comédiens appuient pensivement leur menton bleu sur leur main chargée de bagues. Au pied de la scène, le troupeau anxieux des familles des élèves s'agite sur d'étroites banquettes. On sent qu'il va se passer ici des choses importantes et dont il ne faut point rire.

Il serait impertinent de juger les jeunes comédiens et les jeunes comédiennes qui ont concouru il y a deux jours. Le jury a prononcé. Il faut avoir le respect de la chose jugée. Des directeurs de théâtre, des auteurs dramatiques et des acteurs sont sans doute les gens les plus compétents du monde pour discerner le vrai talent. Ils ont pour cela des raisons que la raison connaît et d'autres aussi que la raison ne connaît pas. Les secondes valent les premières. D'ailleurs, comme tous les bons jurys, celui-là sait l'infirmité des opinions humaines ; il est donc prodigieusement indulgent : sur les sept concurrents du concours de tragédie, il en a récompensé six ; sur les vingt du concours de comédie, il en a récompensé quatorze ; il est donc certain de n'avoir méconnu personne, puisqu'il a distingué tout le monde.

Mais si l'on ne peut, sans outrecuidance, critiquer la sentence des juges, il est permis, même à un profane, de trouver bien saugrenu l'enseignement que paraissent recevoir les élèves du Conservatoire.

Je ne connais ni *Lady Tartufe* ni *le Feu au couvent*. La première de ces pièces est de madame de Girardin ; la seconde est, je crois, de Théodore Barrière. L'une et l'autre contiennent peut-être des scènes fort remarquables. Mais celles que l'on a représentées au Conservatoire sont d'une incomparable sottise et bien propres à pervertir le goût des comédiennes. Celles-ci, lorsqu'elles seront engagées dans des théâtres, seront obligées de proférer d'effroyables niaiseries et d'interpréter les rôles, fussent-ils stupides, que leur fabriqueront les auteurs et que leur imposeront les directeurs. Mais, à l'école, on pourrait les forcer à n'étudier que les chefs-d'œuvre du théâtre français et leur inspirer le dégoût de tout ce qui est artifice, sensiblerie et imbécillité. Or, si, par hasard, vous avez jamais lu *Lady Tartufe*, vous m'accorderez que ces trois mots-là sont encore trop doux pour qualifier une pareille misère. Et je serais tenté d'en dire autant de certaine scène de *la Souris*, de Pailleron... Oh ! les ingénuités de théâtre !

On abuse vraiment, au Conservatoire, d'Alexandre Dumas fils ! On nous a joué des fragments du *Fils naturel*, des *Idées de Madame Aubray*, de *la Princesse Georges*, de *la Princesse de Bagdad*, et du *Demi-Monde*. Ces sortes de scènes sont en général peu favorables aux concurrents. Il faut, pour interpréter le théâtre de Dumas, des comédiens moins novices, qui aient de la tenue et de l'autorité. Les élèves du Conservatoire y sont facilement ridicules. Telle fut l'aventure de deux jeunes gens pleins de zèle qui voulurent jouer le dialogue du troisième acte du *Demi-Monde*, entre Olivier de Jalin et Raoul de Nanjac : Olivier avait l'air d'un « commis aux gants » et Raoul d'un camelot de la *Patrie* ; et il fallait entendre Olivier dire : « Nous autres Parisiens!... » Le Dumas sert mal les concurrents. Mais il y a une revanche : les concurrents desservent terriblement la gloire de Dumas. Ces interprétations imparfaites laissent apercevoir des lézardes et même des ruines que nous dissimule ailleurs la virtuosité des acteurs. Jamais je n'ai si bien savouré, dans le *Fils naturel*, le comique de cette antithèse ahurissante : « De même que vous n'avez pas d'enfant, *ce qui peut s'expliquer*, moi, je n'ai pas de père, *ce qui ne s'explique pas.* »

Enfin, on donne des prix de déclamation à des comédiens et à des comédiennes sans s'être assuré qu'ils sont en état de dire un vers français. Pour la tragédie, sur sept morceaux indiqués au programme, il y en avait six en vers. Pauvres alexandrins, hachés, coupés, abrégés, allongés, sans mesure, sans rythme! Quant à la comédie, sur vingt morceaux, il y en avait dix-huit en prose... Et lorsque, soit à l'Odéon, soit à la Comédie française, on représentera du Racine, du Corneille, du Molière ou de l'Hugo, nous continuerons d'avoir l'oreille sans cesse blessée par des vers faux. Cependant, c'est là une des parties de l'art du comédien qui se peut apprendre à l'école. Les leçons du professeur le plus adroit ne donneront à un acteur ni une voix sonore, ni un visage mobile, ni une profonde sensibilité. Mais elles peuvent le former à la cadence du vers et lui enseigner les règles de la prononciation. Ou bien tous les jeunes gens qu'on nous a fait entendre ne profitent pas de l'enseignement de leurs maîtres, ou bien ces derniers ont un merveilleux dédain de la poésie française.

.*.

Quand le dernier concurrent a concouru, le public abandonne la salle et le jury va délibérer. Les ingénues vont manger des babas dans le vestibule, sous le bas-relief où l'on voit sainte Cécile. Les « grandes coquettes » ayant passé un collet sur leurs épaules causent avec les critiques. Des comiques arpentent la cour. Il y a des fronts soucieux, des sourires pincés, des poignées de mains molles. Des initiés jugent et pronostiquent. Parfois passe une mère abandonnée, déjà vaine de son abandon. Un professeur reproche à son élève d'avoir mal suivi ses conseils. Un bon vieux cabotin raconte ses impressions de concours... Une sonnerie et tout le monde retourne à sa place.

La foule est frémissante. Alors on entend, dominant le brouhaha du public, la voix de l'auteur d'*Aben-Hamet*, qui proclame les récompenses. C'est le plus beau moment. Un huissier appelle sur la scène ceux et celles que le jury a couronnés pour qu'ils viennent recevoir l'ovation du public. Les « premiers prix » sont ivres de joie : le tragédien s'attendrit ; le jeune premier salue en tremblant comme s'il ployait déjà sous le fardeau de sa gloire ; les comiques exultent, gambadent et pleurent. Les

« accessits » font d'affreuses grimaces et refusent même de venir contempler face à face l'auteur d'*Aben-Hamet*, porte-parole d'un jury sans goût et sans justice. Des concurrentes sanglotent et se pâment sans qu'on puisse deviner si c'est la joie d'être récompensées ou si c'est le dépit de ne pas être mieux récompensées qui les met dans cet état pitoyable. Et la voix du peuple ratifie avec plus ou moins d'enthousiasme les décisions des juges. Je vous assure que, de toutes les comédies qu'on représente depuis le matin, celle-là est assurément la plus belle...

Et le jury s'en va, précédé de l'auteur d'*Aben-Hamet*. Et dans la rue du Conservatoire, ce sont des congratulations, des larmes et des baisers !

A TRAVERS PARIS

AU
MUSÉE CARNAVALET

Peut-être vous rappelez-vous l'ancien musée Carnavalet : c'était une sorte de capharnaüm où étaient accumulés estampes, tableaux, objets d'art, faïences, etc., il était malaisé de s'orienter dans ce pêle-mêle pareil à celui d'un magasin de bric-à-brac. Les collections de la Ville de Paris étaient déjà très riches. Mais quel aménagement !

Aujourd'hui, le musée Carnavalet est véritablement un musée modèle. Les salles des vieux hôtels où il est installé ont été nettoyées, restaurées, éclairées. Les objets y sont classés avec méthode et avec goût. Les documents relatifs à chaque époque de l'histoire de Paris sont habilement groupés, mais toutefois sans cette rigueur didactique qui donne à certains musées allemands une apparence pédantesque. Le visiteur peut prendre là d'excellentes leçons d'histoire, presque à son insu. Les œuvres qui ont un intérêt artistique, et elles sont très nombreuses, sont mises en bonne place et en bonne lumière. La décoration des salles est charmante et variée. Enfin, depuis une année que le nouveau musée a été constitué, il s'est prodigieusement enrichi.

Cette renaissance de Carnavalet est l'œuvre de M. Georges Cain, conservateur passionné et adroit. Il a su mettre en valeur ses collections avec un art très raffiné. Mais surtout il a su, — cela était peut-être plus difficile encore, — attirer l'attention des Parisiens sur leur musée. Il a, d'ailleurs, été aidé par le Conseil municipal. Cette Assemblée est maintenant prise d'un zèle louable pour sauver les débris du Paris d'autrefois. Elle continue de glorifier la Commune, toute la Commune ; mais les apologistes des incendiaires sont pleins de tendresse et de respect pour les vieux monuments, les vieilles pierres et les vieux papiers, où revit quelque chose du passé de la cité. Nous avons maintenant des révolutionnaires archéologues. Il est vrai qu'il y a tant de réactionnaires démolisseurs !

Puis les amateurs ont contribué au développement du musée. Les donateurs ont reçu à Carnavalet un accueil courtois et reconnaissant, auquel d'autres musées ne les avaient pas toujours habitués. La personne qui donne ou lègue un objet à une collection publique obéit à des mobiles variés et complexes. Elle a d'abord le généreux désir de donner à la foule une joie ou un enseignement de plus. C'est le premier mouvement. Mais on ne cède pas toujours au premier mouvement et d'autres considérations interviennent parfois pour renforcer cette pensée toute désintéressée et vaincre les inévitables objections de l'égoïsme. Ces considérations sont diverses. C'est l'idée qu'un jour cette œuvre d'art, à laquelle on s'est attaché, pourra passer entre les mains d'un héritier incapable de l'aimer, qu'elle sera vendue, peut-être détruite, et que, en la plaçant dans un musée, on la défend pour toujours contre les aventures. C'est aussi la vanité de préserver son nom de l'oubli et de mériter la reconnaissance des passants qui liront l'étiquette commémorative. C'est peut-être, qui sait? tout simplement la passion, l'inexplicable passion de savoir son nom imprimé... Le premier devoir d'un fonctionnaire chargé de la direction d'un musée est d'étudier cette psychologie et d'en tirer le meilleur parti possible. On l'oublie trop souvent. On rebute la générosité des donateurs par des formalités désespérantes ; l'administration est lente à accepter les cadeaux ; elle est chiche de remerciements. Or, le donateur à Carnavalet est comblé de prévenances et d'honneurs. Son don est tout de suite placé dans les galeries avec un cartouche explicite. Son nom est inscrit sur une table de marbre scellée au mur du musée. Puis on fait frapper une médaille spéciale qui consacre sa libéralité et qui lui est remise par une délégation du Conseil municipal... On sourira de toutes ces « distinctions » un peu puériles. Mais croit-on qu'il existe un autre moyen d'enrichir nos collections publiques? Si l'administration du Louvre condescendait à user de pareils procédés, on en verrait bientôt les effets.

*
* *

Au musée Carnavalet, le Parisien est chez lui, tout à fait chez lui, et c'est une impression qu'il éprouve rarement sur le pavé de sa ville parmi les hordes provinciales et cosmopolites.

Dès qu'il gagne le Marais, le vieux Marais, à l'aspect des maisons et aux noms des rues il sent qu'il rentre dans son pays, dans son « patelin », comme disent les troupiers en se remémorant leur village. Quand on n'est point de Paris, on ne saurait concevoir le plaisir de traverser la rue Bourtibourg ou la rue des Francs-Bourgeois.

Puis, dans le vieil hôtel où sont rangées les images du Paris de maintenant et du Paris de jadis, le Parisien comprend qu'il n'est point un déraciné et qu'il a, tout comme un autre Français, sa ville, ses clochers, ses jardins, sa rivière et son ciel. A cette joie se mêle un peu de mélancolie : pour héberger les barbares ingrats, sa ville natale est condamnée à d'incessantes métamorphoses ; tous les vingt ans, elle change d'aspect ; des quartiers disparaissent, des souvenirs s'effacent ; nous démolissons et relevons nos clochers ; nous transplantons nos arbres ; le vieillard ne retrouve plus son chemin dans la cité de son enfance. Mais tout de même, regardez les innombrables paysages de Paris qui sont accrochés aux murailles. Deux beautés demeurent immuables : la beauté de la Seine, car aucune rivière ne partage aucune ville avec des sinuosités d'une si délicate élégance, — et, par-dessus tout, la beauté du ciel parisien, d'une incomparable douceur, fin, léger et voilé.

Ce musée flatte l'orgueil du Parisien, et, en même temps, il amuse la plus chère de ses manies, la manie de badauder. C'est ici un lieu charmant pour flâner à travers l'histoire et rêvasser en regardant les images.

On s'arrête, au hasard de la promenade, devant des aquarelles de Debucourt et des dessins de Saint-Aubin, devant des faïences révolutionnaires ou des reliques impériales, devant des portraits de conventionnels, ou des toiles de Hubert-Robert (l'une d'elles, *le Décintrement du pont de Neuilly en 1774*, est presque un chef-d'œuvre), devant d'exquis médaillons de Chinard ou d'amusants souvenirs de la Bastille. Ce vagabondage délicieux suggère de brèves et divertissantes méditations. On vague d'une salle à l'autre sans fatigue ; car le caractère mixte de ces collections qui sont tantôt artistiques, tantôt documentaires, empêche que l'attention ne se lasse, et ainsi est prévenue la fâcheuse migraine des musées. On devra garder à Carnavalet cette originalité-là ; c'est avant tout un musée populaire : il doit divertir l'imagination et former le goût. Les dernières acquisitions qu'on a faites sont heureuses ; car elles répondent soit à l'une, soit à l'autre de ces deux exigences. Voici, par exemple, le fauteuil mécanique de Couthon : quand on a vu cet engin bizarre, il est impossible qu'on ne garde pas à jamais dans sa mémoire la vision tragique du terrible infirme tournant fiévreusement sa double manivelle à travers les rues du Paris révolutionnaire. Voici un admirable buste de Henri IV en cire teintée, d'après le masque pris sur le visage du roi assassiné. Voici encore une jolie terre cuite de Pajou (le buste de l'abbé Delille), etc., etc.

.˙.

Dans des vitrines, on a exposé une belle collection d'autographes. Les plus importants sont relatifs à la période révolutionnaire. Lors d'une récente visite au musée Carnavalet, j'en ai copié quelques-uns que je crois inédits. Je transcris trois de ces documents qui, à des titres divers, m'ont paru intéressants.

Voici d'abord un billet de Rœderer. C'est le récit d'un

mouvement populaire très rapidement apaisé. Ces quelques lignes rendent à merveille la physionomie d'une de ces alertes comme il en éclatait alors presque chaque jour dans Paris :

Tout est tranquille, monsieur. Il y a eu ce soir un mouvement très subit, très violent, mais qui s'est apaisé très vite. Un fédéré laissa échapper quelques propos à voix haute dans une tribune de l'Assemblée nationale. Le président le fit arrêter. De là, de grands cris qui se répandirent à l'instant dans tout Paris. On cria qu'on s'égorgeait à l'Assemblée. Environ trois mille personnes y accoururent ; on menaça le château ; une des portes du jardin fut même forcée ; le tocsin sonna à Saint-Roch ; M. le maire arriva ; sa présence apaisa les esprits ; il fit connaître au peuple son erreur. L'attroupement s'est dissipé, et, en ce moment, tout est en parfaite tranquillité ; aucun accident fâcheux n'a résulté de cette agitation, très accidentelle et très momentanée.

La lettre suivante est de Coustard ; elle est adressée aux Nantais, ses compatriotes, le 11 août 1792 :

L'Assemblée a tenu sa séance toute la nuit ; elle la continue encore. On a nommé douze commissaires pour les quatre armées, trois pour chaque armée : je suis du nombre. Je monte en voiture pour l'armée du Rhin. Nos pouvoirs sont très étendus. Nous pouvons destituer tous les fonctionnaires publics, civils et militaires, et même les généraux d'armée, et les remplacer *selon notre bon plaisir*.

Six nouveaux ministres sont nommés. M. Dabancourt, ci-devant ministre de la guerre, est mis en état d'accusation.

La nuit a été tranquille. J'ai fait un tour aux Tuileries ce matin, on dirait un champ de bataille, on y voit une grande quantité de cadavres étendus nus couverts de blessures, il y a des monceaux de morts dans les cours, dans les escaliers et dans les appartements. La plus grande partie du régiment des gardes suisses a été massacrée. Il paraît constant qu'ils ont les premiers fait feu ; leur première décharge a jeté bas plus de deux cents Marseillais et autres ; mais le canon à mitraille les a rompus, en a fait une boucherie épouvantable; je ne crois pas qu'il s'en soit sauvé deux cents. Un de ces soldats, fuyant sans armes, était vivement poursuivi à coups de fusil; il est arrêté au coin du petit Carrousel comme j'arrivais; il allait être percé de cent coups; je me suis jeté au-devant de lui en criant que j'étais un député patriote, et, en montrant la médaille que j'avais au cou, j'ai demandé grâce pour ce malheureux qui joignait les mains et se mettait à genoux; je l'ai obtenue, je l'ai saisi par son habit et j'ai rebroussé chemin vers l'Assemblée à pas précipités; mais cet uniforme encore m'a exposé à être tué dix fois; des coups de fusil se dirigeaient sur lui, les balles me sifflaient aux oreilles. C'est un miracle que nous n'ayons pas été tués l'un et l'autre, quoique nous n'ayons eu qu'un très court espace à parcourir et que nous allions avec une vitesse incroyable. Dans cette terrible journée mon cœur a eu un moment de soulagement d'avoir sauvé la vie d'un homme.

Nous avons dans ce moment cent deux Suisses renfermés dans l'église des Feuillants, qui est renfermée dans notre enceinte; le peuple en est averti; je ne sais comment nous pourrons les sauver. Car, dans notre propre enceinte, sept gardes du roi, arrêtés dans la nuit aux Champs-Élysées et armés jusqu'aux dents, ont été massacrés par le peuple et ont eu la tête coupée dans la cour même des Feuillants. Nous avons fait sauver cette nuit douze officiers suisses cachés dans nos comités. Plusieurs chevaliers du poignard s'étaient déguisés en Suisses pour fusiller le peuple.

Le roi et sa famille ont passé la nuit dans nos comités.

Adieu, mes chers concitoyens, je pars pour l'armée, vous aurez de mes nouvelles, je vous embrasse tous.

Anne-Pierre Coustard.

L'avant-garde de l'armée de Kellerman, commandée par mon cousin Coustard, a été taillée en pièces. Nous avions cent cinquante hommes contre quatorze cents hussards et cinquante mille hommes d'infanterie avec du canon. Mon cousin s'est retiré avec cinquante chasseurs et a couvert la retraite de sa petite infanterie. Il a perdu près des trois quarts de sa brave troupe. Les volontaires du Jura et les chasseurs à cheval du 2º régiment, où est mon fils, ont fait des prodiges de valeur. Six chasseurs ont eu la hardiesse d'arrêter, sur un pont, la colonne de quatorze cents hussards. Un autre a sauvé l'étendard à travers les hussards. Nous avons tué beaucoup de monde à l'ennemi. Mon pauvre fils, Hercule, que mon cousin avait cru d'abord tué, n'a rien eu. Ce généreux enfant brûle de verser son sang pour la défense de la liberté. Vous pouvez faire mettre cette nouvelle dans l'*Affiche de Nantes*, ainsi que le reste de ma lettre et celles que je vous enverrai de l'armée.

En même temps qu'elle contient un bref et tragique tableau du 10 août, cette lettre a un bel accent d'héroïsme. Le député « patriote » qui s'empresse d'écrire à ses concitoyens le récit de son courage et de son humanité pourra faire sourire. Mais la relation du combat, mise en post-scriptum, est d'une concision épique ; et on retrouve là le brave homme qu'était Coustard ; sa générosité, du reste, devait lui coûter la vie ; car, arrêté par Carrière à Nantes, il fut exécuté, à Paris, le 7 novembre 1793.

Je transcris enfin une supplique du marquis de Sade adressée à Rabaud-Pommiers et renvoyée à la commission d'instruction publique le 8 ventôse an III.

Citoyen représentant,

Aldonze (il s'appelait Alphonse) Sade, homme de lettres, ayant perdu toutes ses propriétés littéraires (1) au siège de la Bastille où le despotisme ministériel le retenait depuis plusieurs années, venant d'être encore pillé et saccagé dans son bien par des brigands de Marseille et ayant fait d'ailleurs des pertes innombrables à la révolution, pertes qu'il est loin de regretter pourtant, puisque c'est à la même cause qu'il doit et sa liberté et celle de sa patrie, vous expose néanmoins qu'il est absolument hors d'état d'exister. Propre aux négociations dans lesquelles son père a passé vingt ans, connaissant une partie de l'Europe, pouvant être utile à la

(1) On se demande quelles peuvent bien être ces *propriétés littéraires*. *Justine* et *Aline et Valcourt*, romans composés à la Bastille, ont été publiés, le premier, en 1791 et, le second, en 1795.

composition ou à la rédaction de quelque ouvrage que ce puisse être, à la tenue, à la régie d'une bibliothèque, d'un cabinet ou d'un muséum, Sade, en un mot, qui n'est pas sans talent, implore votre justice et votre bienfaisance ; il vous supplie de le placer. Le vrai patriotisme dont il a fait profession, l'utilité dont il s'est empressé d'être de tout temps au bien de la patrie, tout vous répond qu'il remplira dignement et avec intelligence la place que vous voudrez bien lui obtenir. Attaché par ce double lien à une révolution qu'il a chérie toute sa vie, qu'il a prédite dans ses ouvrages, on ne doit pas douter que les effets de sa reconnaissance ne raniment alors dans son cœur le foyer de toutes les vertus qui caractérisent un républicain.

« Sade, en un mot, qui n'est pas sans talent... » Ce simple membre de phrase a son prix.

Et l'on fait à chaque pas de ces jolies trouvailles sous les vitrines du musée Carnavalet.

21 janvier 1899.

LE
MONUMENT AUX MORTS

25 novembre 1898.

A mi-côte de la colline du Père-La-Chaise, dans l'avenue qui part de la grande porte du cimetière s'élève un baraquement entouré de palissades. En d'autres temps, cette cage vitrée eût intrigué la curiosité des visiteurs. Mais aujourd'hui, le Parisien est si bien accoutumé à rencontrer sur toutes les places, dans toutes les rues, d'inexplicables charpentes qu'il ne subit plus l'attrait, jadis si puissant, du mystérieux écriteau : « Le public n'entre pas ici. » La baraque du Père-La-Chaise a pourtant cela de rare et de particulier, pour une baraque parisienne, qu'elle abrite une belle œuvre d'art. Derrière ces palissades s'achève un monument qui peut-être sera l'honneur de notre temps et la rançon des méfaits de la sculpture contemporaine : le monument aux Morts du statuaire Bartholomé.

C'est un grand mausolée de lignes sévères, au milieu duquel la porte béante du sépulcre forme une tache d'ombre mystérieuse. Un homme et une femme ont déjà franchi le seuil et d'un pas assuré marchent vers les ténèbres. De chaque côté de l'ouverture, des figures en haut-relief expriment, ainsi qu'un double chœur, l'horreur, le désespoir, les révoltes de l'humanité à l'approche de la mort. Dans le soubassement du tombeau a été creusée une large niche. Deux époux sont couchés sur la pierre, les mains enlacées, et au travers de leur corps gît le cadavre de leur petit enfant. Au-dessus d'eux se penche, les bras étendus, un Génie consolateur. « Sur ceux qui habitaient le pays de l'ombre et de la mort une lumière resplendit. » Ainsi s'exprime l'inscription gravée dans le mur.

Les bas-côtés du mausolée sont percés chacun d'une ouverture que ferme une porte de pierre.

L'œuvre du sculpteur n'est pas terminée. Du reste, il est malaisé d'en saisir les détails dans cet atelier encombré de maquettes, sous une lumière factice. Seule, la splendeur de l'ensemble se pressent déjà d'une façon certaine, indiscutable. Quand M. Bartholomé aura donné son dernier coup de ciseau, quand le haut-relief se modèlera en plein air, mon impression là-dessus ne sera point modifiée. Le métier est ici trop probe et le sentiment trop profond pour qu'une déception soit à craindre.

Dès maintenant, ce mausolée a une double beauté qui jamais ne souffrira de discussion, la beauté de la matière et la beauté du cadre.

La matière, c'est la pierre, la pierre de Lorraine, la pierre française dans laquelle les imagiers du moyen âge ont taillé leurs chefs-d'œuvre, la pierre robuste qui donne au monument un aspect de force et d'éternité, la pierre loyale qui ne permet ni tricheries ni mièvreries, la pierre délicate qui n'altère ni la grâce d'un mouvement, ni la souplesse d'un contour, la pierre docile aux caprices du ciel, qui à chaque moment du jour se colore d'une nuance nouvelle, et dont la patine presque métallique, aux heures de pluie et d'humidité, s'éclaircit, légère, presque rose, aux rayons obliques du soleil descendant.

Quant au cadre, quelle merveille! Dès la porte du cimetière, par delà les pelouses, entre deux pentes gazonnées, le grand mausolée apparaîtra comme un emblème de deuil et une promesse de consolation. Au-dessus du fronton, les arbres et les arbustes feront un rideau dont les pans écartés laisseront voir au sommet de la colline la petite chapelle, lourde et trapue, dominant l'immense fouillis des tombes, des stèles, des fleurs et des feuillages. A mesure qu'on gravira la pente du cimetière, sur la face du monument, les figures deviendront plus distinctes. Ce qui frappera de loin, ce sera le navrant poème des douleurs et des terreurs humaines. Mais, à chaque pas en avant, comme par une lente révélation, le sens du symbole se dévoilera. Et lorsqu'on sera parvenu au pied du monument, un sentiment dominera tous les autres, le sentiment d'une espérance imperturbable, celui qu'exprime le geste de l'épouse passant le seuil du mystère, la main appuyée sur l'épaule de l'époux avec une grâce et une confiance souveraines, celui qui flotte sur les visages heureux, pacifiés des deux êtres endormis dans la tombe, où « une lumière resplendit ».

Tout s'harmonise en ce lieu-ci, le site, les arbres, les tombes et la rêverie douloureuse de ceux qui passent.

Pour tout dire d'un mot, ce monument est à sa place.

Voilà, en notre temps, une aventure bien extraordinaire.

A dire vrai, cela ne se fit point sans peine : il y a deux ans, on voulut inviter M. Bartholomé à élever son monument sur la place du Trocadéro. C'était stupide et conforme aux principes esthétiques de nos administrations publiques. Mais cette fois, par un inconcevable hasard, le sens commun a eu le dernier mot.

C'est surprenant. Car aujourd'hui rien n'est à sa place, rien n'est dans son cadre. La plupart des artistes s'inquiètent peu de savoir ce qu'il advient de leurs œuvres une fois qu'ils les ont vendues. Ceux qui là-dessus se montrent moins indifférents sont vite découragés : on leur fait comprendre sans retard qu'une ville ou une administration propriétaire d'un tableau, d'une statue, est toujours libre de les placer au gré de son mauvais goût ou selon la fantaisie de ses bureaucrates. C'est ainsi qu'on sème des statues dans les rues, au petit bonheur, sans jamais tenter de les rattacher à un ensemble architectural. J'ai eu naguère sous les yeux l'appel adressé aux sculpteurs par une grande ville de France pour l'exécution d'une statue; le programme du concours imposait aux artistes toutes sortes de conditions : dimensions, prix, matière, etc...; mais la municipalité se réservait de désigner l'emplacement *plus tard*. Il y a maintenant des peintres qui tranquillement exécutent et exposent de vastes « panneaux décoratifs », sans même savoir s'ils décoreront un théâtre, une église, une mairie ou un café. A l'Hôtel de Ville, on a mis dans des *salles des Fêtes* des peintures dont le sujet et le coloris sont d'une profonde tristesse : quand les invités du Conseil municipal pénètrent dans les salons, un soir de bal, on les convie à la gaieté et à la danse en mettant sous leurs yeux *l'Hiver*, composition tragique et désolée de Puvis de Chavannes. Nulle part, on ne respecte la loi de convenance qui est de toutes les lois esthétiques la plus certaine : on représente les mystères sacrés sur des scènes d'opérettes et dans les églises on joue de la musique d'opéra.

C'est pourquoi l'on demeure stupéfait en voyant un monument aux Morts élevé tout justement dans un cimetière.

20 octobre 1899.

Le monument aux Morts que le statuaire Bartholomé a élevé dans le Père-La-Chaise sera inauguré à la fin du mois d'octobre, et les Parisiens qui, dans les premiers jours de novembre, ont coutume de visiter les cimetières pourront le contempler.

Il y a un an, j'avais pénétré dans le baraquement vitré où travaillait le sculpteur. Mais, à cette époque, il n'était encore permis que d'entrevoir la magnificence de l'œuvre. Dans l'étroite cahute qui servait d'atelier à M. Bartholomé, on n'avait pas le recul nécessaire pour juger avec certitude l'ensemble des groupes et découvrir l'harmonie des lignes.

Sans doute, là comme dans les expositions où le projet avait été autrefois placé, on pouvait admirer l'émouvante vérité des attitudes, la noblesse du sentiment et la perfection du métier ; déjà se révélait, — et c'était cela surtout qui m'avait frappé, — l'incomparable beauté de la matière employée : la pierre de Lorraine. Même par un léger effort d'imagination, on pouvait jeter à bas les cloisons de la baraque et pressentir le merveilleux accord du monument et du site; tout laissait deviner le chef-d'œuvre; tout le promettait. Mais du jour factice des vitrages au plein air, il y a loin : les colorations changent. Et, d'autre part, débarrassées des planches qui les enveloppaient, les statues allaient-elles garder leurs justes proportions parmi les arbres du cimetière et parmi les tombes voisines?

L'épreuve est faite. Depuis quelques semaines, le monument n'est plus recouvert que d'un voile. J'ai eu la chance de me trouver au Père-Lachaise un jour que ce voile avait été enlevé et j'ai éprouvé la grande joie que donne la première rencontre d'une belle œuvre d'art. On sent bien que celle-là ne se révélera tout entière que plus tard, beaucoup plus tard; mais l'émotion de la découverte demeure un précieux souvenir.

La matinée était sombre et brumeuse. Une pluie fine avait jauni la pierre et lui donnait des tons d'ivoire. La mélancolie du ciel gris s'accordait avec la tristesse désolée des deux groupes qui, de chaque côté de la porte ouverte, se répondent, comme les deux strophes d'un poème de douleur. Dans cette clarté très douce, sous les premières salissures de la pluie, la pierre trop neuve perdait déjà de sa froideur et de sa dureté : elle s'éveillait, elle vivait presque, comme elle vivra quand les années l'auront colorée, assouplie, animée.

Tout est harmonieux, tout est en équilibre. L'architecture simple et massive du monument est admirablement adaptée aux architectures qui la précèdent ou la dominent : la lourde porte du cimetière, au travers de laquelle on aperçoit pour la première fois l'œuvre de

Bartholomé, et la chapelle austère et nue qui couronne la colline. Elle s'encadre à merveille entre les gazons et les cyprès. Cette avenue, déjà si grandiose, est maintenant un site incomparable. Il n'y a plus, pour le déparer, que le désastreux tombeau de Thiers, chef-d'œuvre de mauvais goût. Mais les arbres grandissent et bientôt un rideau de verdure dissimulera cette sépulture d'une si somptueuse horreur.

Tout est miraculeusement éclairé. Or, rappelez-vous la composition du monument aux Morts et reconnaissez que l'entreprise était chanceuse. Sur la façade du mausolée, il y a deux cavités béantes. Au centre s'ouvre une avenue mystérieuse où s'engagent l'époux et l'épouse. Dans le soubassement se creuse une vaste niche où un Génie consolateur fait luire la lumière éternelle sur les deux ensevelis. Quel allait être l'effet de ces trouées sombres? De loin, comme de près, il est merveilleux. La lumière est si habilement répartie que rien ne paraît noir. Les ombres sont légères et délicates. Le tableau se nuance et se colore, sans prendre jamais l'aspect misérable d'un trompe-l'œil.

Les périls ont donc été évités; les difficultés ont été vaincues. Et la statuaire française vient de s'enrichir d'un magnifique *monument*, qui est un monument et non pas un bibelot de place publique. C'est la grande, l'extraordinaire originalité de l'œuvre de M. Bartholomé.

« L'art a cela de particulier, dit Taine, qu'il est à la fois *supérieur* et *populaire*, qu'il manifeste ce qu'il y a de plus élevé, et qu'il le manifeste à tous. » La belle définition, et comme elle convient pleinement à ce monument aux Morts! Cet art-là est à la fois supérieur et populaire. Les idées qu'il exprime sont bien les plus hautes auxquelles puisse s'élever la raison humaine. Il les exprime par des formes d'une parfaite beauté, par des attitudes d'une criante vérité, par des groupes d'un rythme admirable. (On relèvera peut-être çà et là quelques mièvreries d'exécution et quelques draperies inopportunes; mais la splendeur de l'ensemble emporte tout.) En même temps, cet art est populaire; il parle à tous ceux qui passent; il les appelle à communier d'imagination avec l'artiste; il s'adresse aux sens et au cœur de la foule. Une émotion irrésistible se dégage de ces figures de pierre. Excepté dans le groupe du soubassement, nulle trace d'allégorie. Des créatures qui pleurent et s'épouvantent : c'est toute la douleur humaine. Deux êtres que l'amour a affranchis de la peur et qui, d'un pas assuré, passent le seuil du mystère : c'est toute la tendresse humaine. Rien de plus simple, rien de plus clair. Devant cette image tous s'arrêteront pour rêver et pleurer.

« La belle affaire, dira-t-on, que d'émouvoir des hommes dont les nerfs sont déjà ébranlés par le spectacle des tombes, par la pensée de la mort et par le souvenir douloureux de ceux qui reposent ici sous la terre! » J'accorde que le premier venu y pourrait réussir, sans être un artiste très délicat. Mais la gloire de M. Bartholomé, ce sera de l'avoir fait sans rien abandonner de la dignité de son art. Il a sculpté de tout son cœur et n'a pas voulu tendre de pièges à notre sentimentalité. Ceux-là mêmes qui ne percevront pas toute l'originale beauté de son œuvre en subiront cependant le noble ascendant : après l'avoir bien contemplée, ils sentiront leurs douleurs moins cruelles et leurs espoirs moins incertains. Il y a une vertu de paix et de consolation dans les images même de la douleur, lorsqu'elles sont belles.

Après avoir jeté un dernier coup d'œil au monument aux Morts, j'ai, en traversant Paris, vu sur mon chemin beaucoup de statues dispersées dans les rues et sur les places. Chaque fois, je me disais que l'œuvre de M. Bartholomé devrait servir de leçon à ceux qui font des statues et à ceux qui les commandent. Car on apprend au Père-Lachaise quelle beauté un monument peut emprunter au site où il est placé, quelle beauté il communique aux choses qui l'environnent. Et que les sculpteurs méditent donc ceci :

En 1887 M. Bartholomé est peintre ; il se met un jour à modeler la terre, ayant eu l'idée d'un grand monument funèbre ; il fait lui-même son apprentissage de statuaire ; il conçoit, seul, le plan architectural de son monument ; il parvient à faire accepter son projet par l'État et la Ville de Paris ; il reprend et remanie sa conception primitive ; enfin, maître de son emplacement, il passe trois années à sculpter la pierre dans son atelier du Père-Lachaise ; bref, il travaille à la même tâche durant douze années de sa vie et il fait une œuvre. Cela ne vaut-il pas mieux que d'encombrer Paris et la province des effigies ridicules d'une foule de politiciens et d'ingénieurs obscurs ?

LA MAISON DE GUSTAVE MOREAU

L'État a décidé d'accepter le legs que Gustave Moreau lui fit de sa maison et de ses œuvres. Les commissions et le ministre sont d'accord. Il n'y a plus maintenant qu'à réclamer l' « envoi en possession », expédier quelques formalités administratives et obtenir des Chambres le crédit, d'ailleurs insignifiant, qui sera nécessaire pour assurer l'entretien et la garde du nouveau musée.

On m'a conté que cette décision n'avait pas été prise sans quelques hésitations. Certains artistes et certains conservateurs de musée, consultés sur l'opportunité d'accepter le legs, objectèrent que l'hôtel de Gustave Moreau contenait peu d'œuvres achevées et que l'on créait un « dangereux précédent » en accueillant cette collection d'esquisses et d'ébauches. De sourdes jalousies, qu'avaient excitées la vie solitaire et l'indépendance de Gustave Moreau, tentèrent une revanche. Mais le bon sens et la prudence ont triomphé. On a compris combien il serait périlleux de repousser une telle libéralité et quel ridicule en pourrait, un jour ou l'autre, rejaillir sur l'administration des Beaux-Arts.

***

En plein Paris, au milieu du fracas incessant que fait le tumulte des ambitions, des vanités et des convoitises, Gustave Moreau accomplit le miracle de poursuivre son œuvre dans un recueillement silencieux, mettant à cacher ses toiles et sa personne la même énergie que tant d'autres artistes déploient pour forcer l'attention des passants.

Gustave Moreau ne jouait point de la guitare; il n'écrivait point dans les journaux parisiens ; il ne mendiait point les commandes; ses vêtements étaient pareils aux vôtres et il ne se déguisait ni dans son atelier, ni dans la rue ; il répugnait à montrer ses tableaux dans les expositions ; il ne faisait point partie du Tout-Paris ; quand on allait l'interviewer, il se taisait; et il n'était le félibre d'aucune province.

Ayant ainsi vécu très obscurément, Moreau a désiré qu'après sa mort les portes de son atelier, jusque-là rigoureusement closes à tous les badauds, fussent désormais ouvertes au public.

En présence des centaines de tableaux, d'ébauches et des milliers de dessins qui sont entassés dans cette maison, la foule sentira pourquoi Moreau a travaillé dans une retraite si jalousement gardée.

« Vanité et politique ! disaient naguère des artistes bien connus pour leur modestie et leur ingénuité. Cet homme feint de dédaigner le suffrage public; au fond, il le redoute ; et le mystère dont il s'entoure est un artifice pour stimuler la curiosité et la générosité des amateurs. »

Bienveillante interprétation qui ne sera plus de mise, quand tout le monde pourra visiter l'hôtel de la rue de La Rochefoucauld et deviner le secret de l'artiste.

Celui-ci n'a pas songé à suivre ses confrères sur la place publique et est demeuré enfermé dans son atelier, parce qu'il y était heureux. Il s'était créé à lui-même un monde merveilleux et enchanté ; la contemplation des mythes et des fables sortis de sa propre imagination suffisait au divertissement de son esprit et à la joie de son cœur; sa solitude se peuplait sans cesse de visions parmi lesquelles il vivait reclus et insouciant de la réalité. Si le mot de « mystique » n'avait pas été naguère scandaleusement galvaudé, comme il conviendrait à un artiste tel que Gustave Moreau, qui donna toute son existence à la pure spiritualité! Et cela seul suffit à expliquer pourquoi ce peintre-là n'avait point le goût d'être guitariste et pourquoi il redoutait la promiscuité des Salons, la camaraderie des banquets, la conversation des reporters et la bouffonnerie des mascarades. Voilà ce qu'on saisit du premier coup d'œil en entrant dans la maison de Gustave Moreau.

A mesure qu'on examine les grandes toiles inachevées qui tapissent les murailles, les esquisses et les aquarelles qui ont préparé les œuvres aujourd'hui dispersées dans les collections privées, les dessins innombrables d'après le modèle vivant, on pénètre plus profondément dans l'intimité du peintre. Alors, celui-ci semble revivre dans son logis et nous y raconter avec une indiscutable véracité ses rêves, ses combats, ses victoires et ses défaites, —

récit dont je tâche de noter quelques fragments, comme j'ai cru les entendre.

*
* *

Il y a en Gustave Moreau un imaginatif abondant, impétueux, et un artiste d'un goût sûr et sévère. L'un a toutes les audaces et l'autre tous les scrupules. Dessins et esquisses nous les montrent aux prises, et ce spectacle est passionnant.

Une vision, voilà le point de départ de l'œuvre. Les yeux clos, le peintre méditatif a soudain entrevu la figure, le geste, le rayon de lumière qui traduira son idée. Mais il respecte trop les lois de son art et l'enseignement des maîtres pour céder à la tentation d'exprimer son rêve tel quel, flottant et indécis. Il se tourne donc docilement vers la réalité, il la regarde, il l'étudie, et se désespère de ne point lui retrouver la beauté du rêve. Alors, de croquis en croquis, d'étude en étude, peut-être sans s'en douter, il la déforme selon l'image primitive qui a traversé son esprit. Il s'évade des entraves que lui-même s'était imposées et retourne à sa vision. Du labeur patient et réfléchi auquel il s'est obligé, quelque chose restera toujours dans son œuvre achevée et la défendra contre le dédain des peintres qui sont peintres avant tout. Mais l'irréel restera le caractère de cet art étrange et inimitable.

Des séries de dessins classées avec méthode nous font saisir les procédés de travail de Gustave Moreau. Regardez la suite des études pour la *Salomé*. Moreau a, du premier coup, conçu le beau mouvement de la danseuse qui jette en avant le bras gauche et dont le bras droit replié tient à la hauteur du visage une fleur de lotus. Mais il veut préciser ce geste, l'analyser, l'étudier sur le vif. Il fait venir un modèle dans son atelier. (C'est une enfant des Batignolles. Son nom et son adresse sont inscrits sur la feuille où le croquis a été dessiné; elle habite, 18, rue Nollet.) Il la place, nue, dans l'attitude de Salomé. Le dessin est charmant, à peine stylisé. Mais de la Salomé rêvée à l'enfant des Batignolles, la distance est trop grande. Et, alors, Moreau multiplie les études; le modèle se transfigure et, lentement, se compose la figure symbolique de l'impitoyable Luxure.

On peut faire des remarques analogues en comparant avec l'hydre contre laquelle Hercule va combattre les croquis de l'*Aspidoclonion semifaciatum* pris par Moreau au jardin des Plantes. Et rappelez-vous la flore sous-marine de la *Galathée*, en retrouvant dans l'atelier les planches patiemment copiées dans l'*Anthologica britannica*.

Comme il serait intéressant de rapprocher une suite d'études de Gustave Moreau d'une suite d'études d'Ingres! Non pas pour écraser Moreau sous une comparaison qui, d'ailleurs, serait fatale à bien d'autres qu'à lui, mais pour mieux souligner encore, par ce rapprochement, les capitulations auxquelles un artiste peut être réduit, s'il est trop imaginatif. Ingres n'était pas dans ce dernier cas.

*
* *

Moreau s'est formé seul. Il a sans doute beaucoup étudié les maîtres de tous les temps et de toutes les écoles; il a rapporté d'Italie des copies admirables de

Léonard, de Botticelli, de Carpaccio, etc...; on les peut voir dans sa maison; il a aussi aimé et compris Rembrandt; Fromentin le consulta avant d'écrire *les Maîtres d'autrefois* et mit, dit-on, ses avis à profit. Mais aucun artiste contemporain, sauf peut-être Chassériau, ne prit sur lui une autorité décisive. Il n'écouta pas davantage les suggestions de la mode, et, s'il a de loin exercé une grande influence sur les littérateurs, il ne leur a jamais demandé de conseils. Son esprit, sur lequel ni les hommes, ni les circonstances n'eurent de prise, a suivi sa pente naturelle, et son talent s'est développé avec une merveilleuse logique.

Dans son atelier, il est facile de suivre cette évolution. Gustave Moreau, dans la première partie de sa vie, prend pour thème de ses œuvres soit une fable, soit un fait historique; mais il s'intéresse peu à l'ordonnance académique de la composition; il ne se soucie pas de la vérité *accidentelle* des physionomies et des attitudes. Il traite encore le sujet choisi suivant certaines données traditionnelles; mais l'essentiel est déjà pour lui de traduire la rêverie qui s'est emparée de son imagination. Il s'y essaie par d'étranges recherches de couleur, par des fantaisies imprévues de décor, par je ne sais quoi de surnaturel dans les jeux de la lumière. Les *Esclaves jetés aux murènes* sont un bon exemple de cette première manière.

Puis le poète se fait plus hardi et dit plus librement encore sa pensée. De la fable, Moreau ne retient plus qu'un nom dont la sonorité réjouit et enivre son imagination. Les vieilles figures mythologiques et légendaires ne sont plus que les magnifiques symboles, grâce auxquels il exprime ses songeries sur l'homme et sur le monde. Il ressuscite les vieux mythes ; il les fait frissonner d'une vie nouvelle. Il recrée un Hercule, une Hélène, un David, un Caïn, un Orphée.

Pour bien sentir quelle distance sépare le personnage de la légende du personnage inventé par Moreau, lisez cette paraphrase écrite par le peintre sur un des tableaux demeurés inachevés dans son atelier :

LÉDA. — LE SACRE (1).

Le dieu se manifeste, la foudre éclate, l'amour terrestre fuit au loin.

Le cygne-roi auréolé aux regards sombres pose sa tête sur celle de la blanche figure toute repliée en elle-même, dans la pose hiératique d'initiée, humble sous ce sacre divin.

L'immaculée blancheur sous la blancheur divine.

L'incantation se manifeste, le dieu s'incarne en cette beauté pure.

Le mystère s'accomplit, et, devant ce groupe sacré et religieux, se dressent deux Génies accompagnés de l'aigle, portant des attributs divins : la tiare et la foudre. Ils tiennent devant Léda cette offrande divine, officiants de ce dieu s'oubliant dans son rêve.

Et la nature entière tremble et s'incline ; les faunes, les dryades, les satyres et les nymphes se prosternent et adorent, tandis que le grand Pan, symbolisant toute la nature,

---

(1) Cette paraphrase a été transcrite par M. Ary Renan dans sa très belle et très pénétrante étude sur Gustave Moreau.

appelle tout ce qui vit à la contemplation du grand mystère.

Le tableau de ces noces panthéistiques est d'une belle poésie ; mais que nous sommes loin des *Métamorphoses* d'Ovide !

Enfin, et ce fut son suprême effort, Gustave Moreau voulut s'affranchir des formes anciennes, et, ayant épuisé la vieille mythologie, créer lui-même des fables nouvelles. Ce fut alors qu'il entreprit deux œuvres immenses restées à l'état d'esquisses : *les Chimères* et *les Lyres mortes*.

* *

« Peinture littéraire », a-t-on souvent dit avec dédain de l'art de Gustave Moreau. Le reproche est-il juste ?

Peinture littéraire, si l'on veut, en ce sens que jamais peinture n'a déchaîné des flots si abondants de littérature. En 1884, Des Esseintes pendit aux murailles de son cabinet de travail *Salomé* et l'*Apparition* et il exprima son enthousiasme avec une véhémence qui excita la curiosité des gens de lettres. Ceux-ci, qui étaient alors fort habiles à décrire, ayant fait leurs classes chez les Goncourt, étaient condamnés par les modes nouvelles à montrer du goût pour les symboles. Glorifier Gustave Moreau était une excellente occasion de décrire et de « symboliser » tout à la fois ; ils ne la laissèrent pas échapper. Ce fut un déluge de « proses ». Mais aujourd'hui Des Esseintes est au couvent ; l'ésotérisme est passé de mode et les littérateurs ne sévissent plus sur les œuvres de Gustave Moreau.

Si l'on entend par peinture littéraire une peinture qui s'inspire des poètes et des historiens et qui est comme l'illustration de leurs livres, rien de moins littéraire que les compositions de Moreau, puisque, même quand il emprunte à la mythologie grecque ou orientale le titre de ses tableaux, il tire, en réalité, de sa propre imagination paysage, décor, attitudes et sentiments.

Voudrait-on interdire à un peintre d'être un poète, au sens étymologique du mot, c'est-à-dire un créateur ? Voudrait-on le condamner à ne jamais traiter que des scènes de la vie réelle directement observée, ou bien, s'il fait œuvre d'imagination, à ne jamais s'écarter de certaines traditions religieuses ou poétiques ?

Ce qu'il faut demander avant tout à un peintre, c'est de bien peindre. Mais si, par surcroît, il nous offre quelques jouissances intellectuelles, pourquoi nous en plaindre ? Il n'est rien de plus ennuyeux que la musique à programme, s'il nous faut, pour la suivre, tenir nos yeux rivés au livret. Mais si, dans un poème symphonique, l'idée poétique est clairement rendue et si, en même temps, l'idée musicale se développe logiquement, il est puéril de bouder contre son plaisir pour des raisons de pure esthétique. De même, pour un tableau. Or il y a dans l'hôtel de Gustave Moreau une admirable *Salomé*, peinte à l'huile, largement exécutée et devant laquelle on n'a point le loisir de réfléchir sur les limites qu'il faudrait assigner à l'imagination des peintres.

***

Dans cet atelier rempli d'œuvres interrompues, on ne peut se défendre d'un sentiment de tristesse. Car, dans les dernières années de sa vie, Moreau a dû connaître, ou du moins pressentir, l'amertume de la désillusion.

Il avait ébauché de vastes compositions toujours plus complexes. En même temps, son art devenait plus minutieux ; son goût des arabesques et des joailleries s'exaspérait ; de nouvelles exigences techniques éloignaient toujours l'achèvement des tableaux commencés.

Cent fois, il a dû s'apercevoir que, avant de mourir, il ne pourrait aller jusqu'au bout de son effort et que pas une seule des grandes œuvres conçues dans la maturité de son génie ne serait terminée (1). En avait-il pris son parti ? Quelle raison le décidait à entreprendre toujours de nouvelles ébauches ? Était-ce que la joie de rêver, d'imaginer et de concevoir lui suffisait ? Était-ce qu'il était las des terribles difficultés d'exécution que lui-même s'était imposées ?

Là-dessus, les œuvres mêmes sont des témoins insuffisants, et Moreau a emporté son secret avec lui. Mais, invinciblement, on est pris de mélancolie au milieu de toutes ces toiles « en cours d'exécution », et qui jamais ne devaient être exécutées; Moreau lui même n'en pouvait douter.

(1) Je me trompe : une de ces toiles a été achevée. C'est la *Sémélé*, de la collection Goldschmidt.

*
* *

Avant de quitter la maison de l'artiste, j'ai voulu remercier celui qui m'en avait permis l'entrée, M. Rupp, l'ami et l'exécuteur testamentaire de Gustave Moreau. C'est lui qui aménage et ordonne ce musée avec le zèle et le respect les plus touchants. La mémoire du peintre est bien gardée ; ses dernières volontés seront fidèlement exécutées par cette amitié vigilante.

Je demande à M. Rupp si je pourrais copier un manuscrit entrevu, un commentaire de la main de Moreau pour *les Chimères*. Mais, alors, il tire d'un tiroir une petite feuille de papier : c'est le testament de Moreau ; et il me lit quelques lignes où celui-ci a défendu toute publication posthume. Puis, pour me montrer qu'on ne peut se méprendre sur le sens de cette disposition, il me lit encore un passage d'une lettre où, adressant une pareille paraphrase au propriétaire d'un de ses tableaux, l'artiste déclare que ses commentaires ne devront jamais être publiés, que ses seuls tableaux doivent révéler toutes ses intentions et que, s'ils ne parlent point assez clairement, tant pis pour eux.

Cette défense formelle ne nous privera pas seulement de quelques paraphrases poétiques. M. Rupp a entre les mains des notes où Moreau a résumé ses impressions sur quelques grands artistes du passé et esquissé ses opinions esthétiques. Il entr'ouvre le cahier et veut bien me faire connaître quelques fragments sur Rembrandt, sur Michel-Ange, sur les maîtres de la Renaissance, à qui le clair obscur fut révélé par l'étude des œuvres plastiques de la décadence grecque. Ce sont des pages admirables, des pages d'anthologie... Rien de tout cela ne sera publié. C'est un devoir cruel que Moreau a imposé à l'amitié de son exécuteur testamentaire; car dans ces pénétrants aperçus de critique l'artiste se livre tout entier et confesse, ingénument, son idéal.

Comme pour achever de ressusciter le disparu, M. Rupp met sous mes yeux un merveilleux portrait de Moreau par M. Degas. Alors l'évocation est complète. Ce regard profond et ardent, ce regard qu'on dirait fixé sur quelque apparition surnaturelle, c'est bien celui de l'artiste étrange dont « la vie fut absorbée dans le rêve ». (Ce sont ses propres expressions, lorsqu'il parle de Michel-Ange.)

*
* *

Après cette visite, nous connaissons l'homme et l'artiste, ce qu'ils ont aimé, ce qu'ils ont rêvé, ce qu'ils ont voulu. Pouvons-nous, en toute connaissance de cause, apprécier le talent du peintre ?

Non pas. Cet atelier renferme surtout des tableaux inachevés et des études pour des œuvres qui sont ailleurs. Mais quelques admirateurs de Gustave Moreau ont résolu de réunir les toiles et les aquarelles du maître, qui sont aujourd'hui dans les collections privées et de les exposer au public, lorsque le musée de la rue de La Rochefoucauld sera ouvert.

Voilà une heureuse pensée; car il y a des gens pressés de juger et qui, après avoir vu l'atelier de Moreau, ne manqueraient point de dire: « Cet homme a peut-être eu du génie ; mais il a tout commencé, il n'a rien achevé ; il s'est épuisé en études et en ébauches. C'est un raté. » Il faut, pour l'amour du sens commun, éviter aux badauds l'occasion de proférer cette sottise. Une exposition générale des œuvres *achevées* est donc opportune.

En attendant, si vous voulez connaître Moreau aquarelliste, allez au Luxembourg, vous y verrez les œuvres naguère données au musée par M. Hayem. Quelques-unes sont d'une rare beauté. Cependant, si vous tenez absolument à « juger », mieux vaut encore vous réserver pour l'exposition générale qui nous est promise. Alors chacun sera en mesure de formuler son « jugement », si tant est qu'il nous soit possible de « juger » un artiste contemporain, sans nous exposer à faire, quelque jour, sourire nos petits-neveux.

3 février 1899.

A LA BIBLIOTHÈQUE

DE LA

COMÉDIE FRANÇAISE

BEAUMARCHAIS ET LA MARQUISE DE LA CROIX.

Les manuscrits de Beaumarchais achetés à Londres en 1863 par Édouard Fournier sont conservés à la bibliothèque de la Comédie française. Ces documents (très mal classés par le libraire anglais qui les a fait relier) ont éclairé quelques points obscurs de la biographie de Beaumarchais. Ceux qui concernent son séjour en Espagne (1764-1765) sont parmi les plus intéressants. Ce sont de nombreux Mémoires sur des affaires financières ou commerciales traitées à Madrid. C'est surtout le brouillon d'un Mémoire diplomatique sur l'Espagne qui forme un des chapitres les plus curieux de l'extraordinaire roman vécu par ce grand aventurier.

Édouard Fournier, dans l'édition qu'il a donnée des œuvres de Beaumarchais, — la plus complète que nous possédions jusqu'ici, — a publié une partie de ce Mémoire. Mais, par une inadvertance singulière, lorsqu'il a écrit sa notice sur l'auteur du *Barbier*, il a rapporté les faits de la façon la plus inexacte. Seul, un écrivain allemand,

M. Bettelheim, remontant aux sources, a fait un récit fidèle des débuts de Beaumarchais, « casse-cou politique ». M. Lintilhac, dans la rapide esquisse biographique qu'il a placée en tête de son étude sur l'œuvre de Beaumarchais, n'a rien dit de cette aventure.

*
* *

Lorsque Beaumarchais arrive à Madrid, au mois de mai 1764, il a trente-deux ans et il est en passe de faire fortune. Depuis qu'il a quitté la boutique de son père, l'horloger de la rue Saint-Denis, il s'est allègrement poussé à la cour. Il y a paru, la première fois, en qualité de garçon horloger ; il apportait une « montre de bague » à Mme de Pompadour. Ensuite il y est revenu en qualité de musicien, et il a enseigné la harpe aux filles de Louis XV. Son esprit et ses chansons ont amusé le roi et, un jour, il a mis son crédit au service d'un riche financier, Paris Duverney. Le financier a été reconnaissant : il a prêté au musicien la somme qu'il lui fallait pour sortir de roture, puis pour acheter une charge de *lieutenant général des chasses au bailliage et capitainerie de la varenne du Louvre* ; ensuite, il l'a associé à ses affaires. Ce Paris Duverney fut la providence des gens de lettres. N'avait-il pas déjà enrichi Voltaire en l'intéressant dans les vivres de l'armée ? Pourvu d'une charge et protégé par un financier, Beaumarchais avait acheté une belle maison rue de Condé et il y avait logé son père et ses deux sœurs ; car il était bon fils et bon frère.

Que vient-il faire à Madrid ? Le vieil horloger Caron a des clientes jusqu'en Espagne ; toutes n'ont point toujours payé leurs factures : Beaumarchais va donc faire les recouvrements de son père. Puis il vient au secours d'une de ses sœurs établie à Madrid et qu'a trahie Clavijo, son fiancé. Enfin, il emporte 200 000 livres en billets au porteur, que lui a confiés Duverney, en lui donnant la mission secrète de suivre, au delà des Pyrénées, quelques grandes affaires financières.

Je ne rapporterai pas les démêlés de Beaumarchais avec Clavijo. Tout le monde a lu le quatrième des Mémoires contre Goëzman où, sous le titre de : *Fragment de voyage en Espagne*, Beaumarchais a raconté de quelle façon spirituelle et héroïque il a confondu le fiancé infidèle et vengé la tendre Louisette, laquelle avait trente-six ans bien sonnés quand elle fut séduite par l'infâme Clavijo.

Ayant rempli ce devoir de famille, Beaumarchais peut se donner aux affaires : « Je travaille, dit-il dans une lettre à son père ; je confère, je rédige, je représente, je combats : voilà ma vie. » Il mène tout de front : « Que dirait la sagesse, si elle me voyait entremêler les occupations les plus graves dont un homme puisse s'occuper, de soirées agréables, tantôt chez un ambassadeur, tantôt chez un ministre ?... On ne manquerait pas de dire : Quel homme est celui-ci ? Les contraires peuvent-ils ainsi s'allier dans une même tête ? Oui, mon cher père, je ressemble à feu Alcibiade, dont il ne me manque que la figure, la naissance, l'esprit et la richesse (1). » Tout Beaumarchais est là.

---

(1) Loménie et M. Lintilhac ont publié une grande partie des lettres écrites alors par Beaumarchais à son père. Elles sont charmantes et nous font entrer comme de plain-pied dans la vie joyeuse et ardente que menait à Madrid l'agent de Paris Duverney.

Alcibiade fait donc les affaires de Turcaret. Il veut obtenir la concession du commerce exclusif de la Louisiane pour une Compagnie française; il demande aux ministres qu'on le charge de fournir de nègres toutes les colonies espagnoles; il s'occupe aussi de coloniser la Sierra-Morena, de relever l'industrie du royaume, d'obtenir les subsistances de toutes les troupes d'Espagne, etc...

Et, en même temps, Alcibiade reste Alcibiade. Enveloppé dans une cape, coiffé d'un sombrero, il a troqué sa harpe pour une guitare et il fait des vers de sa façon sur des airs de séguidille; il fréquente chez les ministres, joue gros jeu chez l'ambassadeur de Russie, déride l'ambassadeur d'Angleterre et courtise les ambassadrices.

***

Le 12 août 1764, Beaumarchais écrit à son père : « Il y a ici dans la chambre où je vous écris une fort grande et belle dame, très amie de votre chère comtesse, qui se moque de vous et de moi à la journée. Elle me dit, par exemple, de vous remercier de la bonté que vous avez eue, il y a trente-trois ans, pour elle, lorsque vous jetâtes les fondements de l'aimable liaison que j'ai entamée, il y a deux mois, avec elle. Je l'assure que je ne manquerai pas de vous l'écrire et, dans l'instant, je le fais, car ce qui n'est qu'une plaisanterie de sa part a droit de me faire plaisir tout comme si elle le pensait réellement. » Ici l'écriture change et on lit ces mots : « *Je le pense, je le sens, je vous le jure.* » Et Beaumarchais reprend : « Ne manquez donc pas par bienséance dans votre première lettre, à remercier Son Excellence de son remerciement et plus encore des honnêtetés dont elle me comble. » Et le vieil horloger, qui sait son monde et qui a lu Pascal, répond à cette lettre : « Quoique vous m'ayez donné lieu de me féliciter mille fois de la peine que j'ai bien voulu prendre pour vous il y a trente-trois ans, il est bien certain que si alors j'eusse pu prévoir le bonheur qu'elle vous procure de pouvoir amuser un peu la belle Excellence qui me fait l'honneur de m'en remercier, j'aurais ajouté une petite *direction d'intention* qui peut-être vous aurait rendu plus aimable encore à ses beaux yeux. »

La « belle Excellence » s'appelle la marquise de La Croix. Elle est fille du marquis de Sénas et nièce de l'évêque d'Orléans, Mgr de Jarente. Elle a épousé le marquis de La Croix, lieutenant général d'artillerie au service du roi d'Espagne. Peu de temps après son mariage, elle a fait un assez long séjour à Avignon, où l'on raconte qu'elle a inspiré une grande passion à Mgr Acquaviva, vice-légat du Pape. Puis elle est revenue à Madrid auprès de son mari, et par sa grâce, son esprit et son talent de chanteuse, elle tient une belle place dans la société madrilène.

Parmi les lettres que Beaumarchais apporte en Espagne, il y en a deux de Mgr de Jarente pour sa nièce; la recommandation n'est point perdue et Beaumarchais peut bientôt écrire : « Je vous avoue que je serais mort dans ce *réal*, cet ennuyeux *sitio*, sans la délicieuse compagnie que *mon bon ange* m'a procurée lorsqu'il m'a lié avec la plus spirituelle et la plus belle des Françaises, qui aient jamais surpassé toutes les Espagnoles possibles. » Et il faut reconnaître que le *bon ange* de Beaumarchais a bien fait les choses, si l'on en croit un Allemand résidant à Madrid, Gleichen, qui trace ainsi le portrait de la marquise : «... Ce qu'on nomme une beauté romaine, mais si parfaite, comme on n'en a jamais vu une pareille. Elle avait une figure pleine de grâce et de caractère, l'œil perçant, le nez aquilin, la tête altière, un port superbe, une démarche majestueuse, en un mot c'était l'idéal d'une belle impératrice. »

On ne voit plus la marquise que dans les salons où Beaumarchais est reçu. Et celui-ci roule sur le pavé de Madrid dans le carrosse de la belle Excellence qui a « la bonté » de le « brouetter partout à six mules ».

.*.

Beaumarchais a tout fait : de la finance, des procès, de la police, des comédies, du commerce, des drames et même un opéra. Mais toujours il a considéré ces métiers et ces passe-temps comme indignes de lui ; la politique était, à l'entendre, sa vraie vocation. Dès son voyage en Espagne, il s'est efforcé de mettre en lumière ses talents méconnus et alors commence sa longue carrière de diplomate officieux.

Voici le début d'un Mémoire qu'il rédige pour Choiseul sur les affaires d'Espagne, lors de son retour en France :

« Si au sortir d'une éducation cultivée et d'une jeunesse laborieuse, mes parents eussent pu me laisser une entière liberté sur le choix d'un état, mon invincible curiosité, mon goût dominant pour l'étude des hommes et des grands intérêts, mon désir insatiable d'apprendre des choses nouvelles et de combiner de nouveaux rapports m'auraient jeté dans la politique. Si, approuvant ma destination, ces mêmes parents eussent été à même de me choisir un patron pour marcher sous ses yeux dans cette carrière, j'aurais désiré de rencontrer en lui un ministre aussi plein de génie qu'aimable et accessible. Mais j'aurais voulu qu'il fût si grand seigneur lui-même et tellement comblé des grâces de son maître, qu'on ne pût jamais le soupçonner de tenir au ministère que par le noble désir de le remplir dignement et d'être couché sur la liste des grands hommes. Et enfin, si j'eusse été bien conseillé, j'aurais préféré de commencer mes études et mes courses par l'Espagne, afin que la rudesse de l'apprentissage me rompît au train des affaires en moins de temps. Le hasard m'a mieux servi que n'aurait pu le faire toute la prudence humaine. Je suis libre et garçon. M. le duc de Choiseul est à la tête du ministère de France. Je suis arrêté forcément en Espagne : qui m'empêche de me placer moi-même, comme si j'avais présidé à l'assemblage de toutes ces circonstances favorables? Commençons... »

Et il commence par des considérations générales sur la science de la politique ; il l'envisage gravement à deux points de vue : politique nationale et politique de cabinet. Puis, il se livre à quelques réflexions sur l'état de l'Europe et sur les conséquences du Pacte de famille. Dans les portraits qu'il trace des ministres espagnols, nous retrouvons déjà notre Beaumarchais. Mais où le Mémoire devient tout à fait intéressant, c'est dans le passage où Beaumarchais raconte ce que lui-même a exécuté pour « augmenter l'ascendant du conseil de France sur celui d'Espagne ».

Il reconnaît que le prochain mariage du prince des Asturies avec l'infante de Parme, « princesse aux trois quarts française », est déjà un très heureux événement. Mais il faut, avant tout, s'assurer des bonnes dispositions du roi Charles III. Ici, j'analyse avec une exactitude scrupuleuse le récit de Beaumarchais lui-même.

Le roi s'ennuie. Il est faible, obstiné, méfiant et dévot; il mène une vie de braconnier. Il a besoin d'être amusé. « Vingt fois ses regards ont cherché dans les personnes qui l'entourent un objet dont les agréments, l'esprit et l'attachement puissent le tirer de la triste monotonie de la vie qu'il mène. » Mais il est défiant et craint la domination d'une femme.

C'est le valet de chambre, Piny, un Italien, avec lequel le roi, tous les jours, s'enferme dix heures sur vingt-quatre, qui a confié à Beaumarchais le secret des mélancolies royales. Et les deux compères ont pensé qu'il serait bon de ne point laisser le choix du roi s'égarer sur une personne qui pourrait évincer le valet de chambre et contrecarrer en Espagne l'influence française. Beaumarchais cause avec Piny; il passe en revue toutes les Madrilènes capables de tenir un pareil emploi, et il feint de s'arrêter, comme par hasard, sur une femme qui remplirait à merveille toutes les conditions désirées : sans doute, il sera malaisé de la décider; mais il s'en charge, car il est « assez avant dans sa confiance ».

Cette femme, c'est tout simplement la marquise de La Croix.

Piny se charge du roi. Beaumarchais va trouver la marquise, lui montre tous les avantages de son projet : la fortune de son mari en sera augmentée, puis quelle gloire de diriger le roi dans la voie du bien et de sauver l'Espagne « livrée à l'exaction et plongée dans l'ignorance » ! La marquise fait des objections : elle ne sera pas assez forte pour mener à bien de si grands desseins, l'entourage du roi lui est hostile. Beaumarchais réplique qu'elle peut compter sur l'appui de Choiseul et que le ministre de France, de loin, par un agent secret (voyez le bon apôtre!) guidera ses démarches au bien des deux nations et surtout « à la conservation de la Ligue contre les Anglais, à qui elle porte la haine la plus cordiale ». La marquise n'est pas encore convaincue. « Une conduite scandaleuse avec le roi répugne entièrement à ses principes et à ses goûts. » Là-dessus Beaumarchais est admirable : mais il ne s'agit pas de devenir la maîtresse du roi ! Charles III est un dévot à la merci de son confesseur ; il ne peut être question d'une « liaison vicieuse », mais seulement d'une union « fondée sur l'estime ». Et il termine, sans doute, sa harangue par le mot dont, plus tard, Figaro calmera les scrupules de la comtesse et de Suzanne : « Écoutez donc. Les gens qui ne veulent rien faire de rien n'avancent rien et ne sont bons à rien. » La marquise cède et consent.

De son côté, Piny a bien travaillé. Le roi a déjà distingué la marquise ; il passe ses nuits à en parler et à en rêver ; un jour, il ordonne à son valet de chambre d'écrire à la dame et de l'engager à se rendre à Saint-Ildefonse « pour solliciter elle-même la justice du roi sur une dette de son mari ».

Beaumarchais fait immédiatement partir la marquise. Mais, à Saint-Ildefonse, le roi est pris de scrupules ; il refuse d'abord de voir celle qu'il a appelée ; et son trouble est si grand qu'il semble « ne sortir d'une espèce de suffocation que pour passer à une profonde tristesse » ; enfin, il se décide à mander la marquise de La Croix. Mais Beaumarchais est dans la coulisse. Sur son conseil, c'est maintenant la belle qui refuse tout net. La passion du roi s'irrite.

D'ailleurs des auxiliaires imprévus se sont mis en campagne. Le bon évêque d'Orléans veille à l'avancement de sa nièce : il a adressé à Louis XV une supplique où il demande au roi de France « de prier Sa Majesté Catholique d'accorder sa protection, ses bontés et ses grâces à la dame de La Croix établie en Espagne ». Et, par la voie diplomatique, la supplique a été transmise à M. d'Ossun, ambassadeur de France à Madrid. (L'original est aux archives du ministère des affaires étrangères.)

Enfin, voici le classique dénouement de l'aventure : Charles III, sans en aviser ses ministres, donne une commanderie de Saint-Jacques à Monsieur de La Croix ; son frère, l'infant don Louis, désigné pour être le parrain du marquis, ajoute à la commanderie une croix de diamants magnifique. Quant à la marquise, Piny est chargé de lui proposer « les honneurs du palais et une pension sans assujétissement au service ».

Tout marchant à souhait, Beaumarchais reprend la route de France ; il rapporte à Mgr de Jarente deux boîtes de poudre de cacao, cadeau d'une nièce reconnaissante, et, revenu à Paris, il sollicite l'honneur de faire connaître à Choiseul les résultats de sa diplomatie, et de lui démontrer que nul n'est plus apte que Caron de Beaumarchais à gérer le consulat d'Espagne.

Qu'advient-il alors ? C'est ce qu'il est assez malaisé de découvrir dans les manuscrits conservés à la Comédie française. Choiseul, semble-t-il, ne voulut pas recevoir Beaumarchais et lui fit demander un Mémoire écrit. Beaumarchais le rédigea (nous venons d'en analyser le brouillon) mais refusa de le communiquer au ministre. Quoi qu'il en fût, il ne retourna point à Madrid et ce fut à Paris qu'il se mit, selon son expression, à « cultiver le jardin de son avancement ». Il se consola de sa déconvenue en écrivant un drame larmoyant : *Eugénie*.

Quant à la marquise de La Croix, nous ignorons à la suite de quels déboires elle dut plus tard quitter l'Espagne, pauvre et misérable. Tout ce que nous savons d'elle, c'est qu'elle vint à Lyon, y tomba malade, eut des visions pendant sa maladie, s'occupa de théosophie et conversa avec Satan qui, souvent, la venait visiter. Au moment de la Révolution, elle était établie au château de Pierry, près d'Épernay, chez Cazotte, avec qui elle avait contracté une sorte d'union mystique. Peut-être fut-elle avec lui emprisonnée à l'Abbaye ; peut-être mourut-elle, comme lui, sur l'échafaud.

Lorsque Loménie fut admis à dépouiller les manuscrits et les correspondances laissés par Beaumarchais à sa famille, au fond d'une malle, sous des dossiers de procès et d'affaires, il découvrit une petite miniature enveloppée dans un papier sur lequel on lisait ces mots d'une écriture très fine : « Je vous rends mon portrait. » Et cette écriture trahissait la même main qui, tendrement, griffonnait au travers de la lettre de Beaumarchais à son père : « *Je le pense, je le sens, je vous le jure.* »

* * *

Outre l'honneur d'avoir contribué à désennuyer un roi d'Espagne, Beaumarchais rapporta de Madrid la matière d'un de ses chefs-d'œuvre, le récit de sa querelle avec Clavijo ; il rapporta aussi le décor et le costume de ses deux comédies *le Barbier* et *le Mariage*. Le nom de Lindor apparaît pour la première fois dans une chanson qu'il fit en Espagne sur un air de séguidille et que chanta sans doute la marquise de La Croix. Et, rencontre singulière, Aguas-Frescas, le nom du château où se passe *la Folle journée*, est la traduction espagnole d'Acquaviva, et ainsi s'appelait certain vice-légat d'Avignon qui, avant Beaumarchais, joua un rôle dans la vie de la belle marquise.

Mais l'épisode du voyage en Espagne n'a pas seulement un intérêt anecdotique. Il est un des plus significatifs de la vie de Beaumarchais. Nous tenons là l'homme tout entier avec ses inconséquences et ses contrastes, l'homme d'affaires, l'homme de famille, et l'homme de plaisir. C'est le même Beaumarchais qui risque sa vie pour défendre l'honneur de sa sœur contre Clavijo et qui machine toute l'intrigue politique et galante que je viens de conter. Afin d'illustrer le récit du séjour à Madrid il eût fallu le concours de Greuze et de Fragonard : Greuze pour peindre le bon frère au milieu de sa bonne famille et Fragonard pour l'autre volet du diptyque. Greuze et Fragonard, en somme, c'est tout le dix-huitième siècle; et Beaumarchais, qui tient de Grandisson et de Gil Blas, est, jusqu'aux moelles, le fils de son temps.

19 mai 1899.

LA
SCHOLA CANTORUM

Au coin du boulevard Montparnasse et de la rue Stanislas, une boutique, transformée en maison d'habitation, porte cette enseigne : « *Schola cantorum*, École de chant liturgique et de musique religieuse. » D'ailleurs, le passant saurait vite la destination de ce singulier local. Car, du matin au soir, sans trêve, s'échappent des fenêtres entr'ouvertes des chants, des bruits de piano et des ronflements d'orgue.

Il y a quatre ans, quelques artistes et quelques ecclésiastiques s'assemblaient dans la salle de la maîtrise de l'église Saint-Gervais et Saint-Protais et discutaient les meilleurs moyens de rendre à la musique religieuse sa pureté et son éclat primitifs. Ils avaient été convoqués et réunis par M. Charles Bordes, chef de la Compagnie des Chanteurs de Saint-Gervais qui nous a déjà révélé par de remarquables exécutions les magnificences de la musique chorale du seizième siècle. M. Guilmant, le grand organiste, et M. Vincent d'Indy donnaient à l'œuvre l'appui de leur talent et de leur autorité. Musiciens et ecclésiastiques étaient pleins de belles indignations et de nobles desseins : ils voulaient chasser des églises la musique profane; ils flétrissaient les organistes qui travestissent des cantilènes d'opéras en motifs d'offertoire et les maîtres de chapelle qui adaptent les paroles liturgiques à des chœurs de théâtre; ils réclamaient pour l'exécution du plain-chant le retour aux traditions grégoriennes et l'application des principes fixés par les bénédictins de Solesmes; ils célébraient aussi les beautés de la musique palestrinienne et rêvaient la création d'une musique religieuse moderne qui respectât le texte et l'esprit de la liturgie. Et M. Bourgault-Ducoudray définissait ainsi l'œuvre à accomplir : « Construire un temple à la place d'un casino. » Déjà l'on parlait de faire des éditions nouvelles, d'organiser des exécutions, d'ouvrir des écoles... Les musiciens proposaient, proposaient toujours; et les ecclésiastiques approuvaient, les uns avec enthousiasme, les autres vaguement intimidés. Ils furent charmants, les débuts de cette petite Église. Ces premières réunions se tenaient dans une jolie salle ogivale dont les murailles disparaissaient sous les partitions amoncelées; un jour pâle se glissait à travers les meneaux des vitres poudreuses. Quelque chose d'apostolique flottait sous la vieille voûte gothique. Et ce furent les catacombes, les joyeuses catacombes de la *Schola*.

Il a levé, le grain que ces hommes jetaient à pleines mains avec une ardeur un peu téméraire. M. Charles Bordes, artiste-missionnaire, qui, à son grand amour de la musique, joint un dévorant besoin d'agir, de convertir, d'instruire et d'organiser, a mis la main sur toutes les bonnes volontés qui s'offraient et voici qu'aujourd'hui le programme conçu en 1894 est, presque tout entier, réalisé.

Depuis quatre ans, une Revue, la *Tribune de Saint-Gervais*, publie des études spéciales pour exposer et défendre les principes de la *Schola* en même temps qu'elle rend compte des efforts tentés de toutes parts pour la rénovation de la musique religieuse. M. Bordes a voyagé par toutes les provinces de France afin d'éveiller le zèle des prêtres et des maîtres de chapelle et les exciter à créer des maîtrises ; partout il a réussi : aujourd'hui, presque toutes les grandes villes de France possèdent une *Schola cantorum*, à l'image de celle de Paris. Puis de jeunes musiciens se sont mis à la tâche, ils ont écrit des motets et des pièces liturgiques d'un caractère vraiment religieux. Enfin, une école de musique a été ouverte dans le local de la rue Stanislas ; elle prospère ; elle compte quarante élèves. Les principaux professeurs sont : MM. Guilmant, Vincent d'Indy, Charles Bordes et le R. P. Chauvin, bénédictin du prieuré de Paris. C'est un merveilleux foyer d'enthousiasme artistique. On y apprend la musique, et on l'apprend bien : les noms des professeurs en sont garants. Mais, ici, les maîtres donnent à leurs élèves une leçon plus précieuse encore pour de futurs artistes : ils leur enseignent, par l'exemple, le dévouement et le désintéressement. Car, ai-je besoin de le dire? ces artistes font aux jeunes gens de la *Schola* largesse de leur temps et de leurs conseils.

Mais, une fois cette École en pleine prospérité, M. Bordes ne s'est point tenu pour satisfait. Il est bien tard pour commencer l'éducation musicale d'un jeune homme à seize ou dix-sept ans. Il fallait donc, à côté de cet enseignement supérieur de la musique, organiser, d'après des principes analogues, une école primaire pour

14

les enfants. Et voici comment M. Bordes a mené à bien cette nouvelle entreprise.

Pendant plusieurs mois, il a parcouru la France (il a même poussé jusqu'en Belgique) pour découvrir des enfants de dix à treize ans dont la voix fût belle et dont le goût pour la musique fût certain. Puis il a demandé aux parents, — des artisans ou des ouvriers, pour la plupart, — de lui confier leurs petits garçons, prenant l'engagement de les loger, de les nourrir et de leur apprendre la musique sans aucune rétribution. Il a, de la sorte, fait venir à Paris une douzaine d'enfants : c'est tout ce que peut contenir la maison de la rue Stanislas. Un prêtre, ancien maître de chapelle à Saint-Front de Périgueux, surveille les gamins. Un instituteur leur enseigne l'orthographe, l'histoire et le calcul. M. Bordes, aidé des meilleurs élèves de la *Schola*, leur apprend à chanter et à jouer de l'orgue : et on leur donne encore des leçons de piano et de violon !

Ces enfants, venus des quatre coins de la France, sont là depuis quelques jours seulement et déjà leurs voix d'une exquise pureté font merveille.

M. Bordes ne s'en tiendra pas là ; dans deux ou trois ans ses enfants chanteurs seront hors d'état de chanter dans aucune maîtrise ; car ils auront atteint l'âge où la voix mue. Alors, M. Bordes rêve d'ouvrir soit à la campagne, soit dans une ville de province une sorte d'école secondaire où on achèvera de les instruire et de former leur goût. Puis on s'occupera de les placer comme organistes ou maîtres de chapelle, soit dans des communautés, soit dans des paroisses. Les élèves les mieux doués seront seuls ramenés à Paris où ils suivront le cours de la *Schola*... Et, quand cela sera fait, soyez assuré que M. Bordes ne se reposera pas. Il ne se reposera jamais.

Il élargira son œuvre et toujours, avec cette insouciance des réalités pratiques, qui force la chance, il réussira. Sans doute, il a contre lui la malveillance de quelques musiciens qui considèrent comme une offense le succès d'une œuvre désintéressée. Mais, à ses côtés, il a les plus nobles et les plus généreux artistes de ce temps-ci. Puis il possède, comme nul autre, le don de captiver et de retenir les bonnes volontés qui passent. Il communique même aux indifférents son imperturbable optimisme. Le charme de sa bonté est irrésistible. Déjà, une générosité anonyme lui a permis de recueillir et d'instruire sa petite « maîtrise d'enfants chanteurs ». Il attend avec confiance d'autres dons qui, selon lui, ne peuvent manquer de venir et qui *viendront*. Et ainsi s'augmentera la troupe des gentils bambins qui remplissent de leurs voix fraîches les salles un peu étroites de la petite école, — joyeux et rieurs comme les apprentis qui, sous le porche de l'église de Nuremberg, saluent Sachs et conspuent Beckmesser.

11 novembre 1898.

VÉZELAY

L'art roman n'a peut-être rien produit de plus grandiose que les dix travées de la nef de Vézelay, qui aboutissent au chœur ogival, merveille d'élégance, dont la disparate s'efface grâce aux mystérieuses harmonies de la lumière. Car le charme de cette église, c'est une lumière incomparable, caressante, joyeuse, partout répandue et illuminant jusqu'en leurs moindres détails les extraordinaires chapiteaux des piliers... Mais je veux vous épargner la description de la basilique de Vézelay. C'est aujourd'hui un des monuments de France les plus visités. Et d'ailleurs l'écrivain n'a plus grand chose à dire d'un chef-d'œuvre d'architecture, lorsque les photographes y ont passé.

Pour Vézelay, on peut d'autant mieux se fier aux reproductions graphiques qu'il s'agit d'une église sans vie, sans mystère, qu'on dirait bâtie d'hier, d'une *restauration*, pour tout dire. C'est ici un des pires méfaits de Viollet-Le-Duc. Il reste sans doute une œuvre d'art admirable. Mais on a tant gratté ses vieilles pierres, on y a intercalé tant de pierres neuves, qu'elle ne raconte plus rien, qu'elle ne signifie plus rien. C'est un beau décor; ce n'est plus qu'un décor. On est stupéfait du génie des artistes qui ont jadis conçu et réalisé le plan d'un pareil monument. On contemple avec curiosité les chapiteaux sculptés, comme des bibelots de prix rafistolés par d'habiles truqueurs. Mais sous ces voûtes blanches et intactes rien ne parle à l'imagination, rien ne témoigne que des foules immenses sont venues là s'agenouiller avant de partir pour la Terre Sainte. Cette grande basilique est moins émouvante qu'une pauvre église de campagne à demi ruinée dont la toiture en charpente repose sur quelques antiques piliers usés, cassés et jaunis.

Les huguenots qui ont saccagé l'église et brisé les sculptures à coups de biscaïens, les ecclésiastiques du XVIIIᵉ siècle qui ont démoli le vieux palais gothique des abbés, les révolutionnaires qui ont mutilé le tympan du grand portail, tous ces dévastateurs sont moins coupables que Viollet-Le-Duc avec sa frénésie de restauration (1)... Et cet homme a fait école et, du nord au midi de la France, une armée d'architectes est occupée à *refaire* les œuvres du passé! Voici trente-cinq ans qu'on a rebâti Vézelay : le scandale de cette restauration n'a servi de rien et il ne s'est pas encore rencontré un gouvernement pour mettre un terme aux entreprises coûteuses et criminelles des restaurateurs.

Il est un peu tard, je l'avoue, pour s'indigner aujourd'hui contre Viollet-Le-Duc. Mais il n'est pas trop tard pour relever une idée saugrenue qui, paraît-il, est née dans la cervelle de quelques Vézelayens. Ceux-ci vou-

---

(1) Ces lignes seraient injustes si, tout en critiquant les « restaurations » de Viollet-Le-Duc, je paraissais oublier les immenses services que l'archéologue et l'historien ont rendus à la France, en lui faisant connaître et admirer les chefs-d'œuvre du moyen-âge.

draient qu'on désaffectât l'église de Vézelay. L'anticléricalisme inspire de grandes sottises. Désaffecter cette basilique, c'est vouloir lui retirer le peu d'âme qui lui reste. Lorsqu'on aura éteint la petite lampe qui brille au fond du chœur, Vézelay ne sera plus qu'une curiosité archéologique. On y respirera l'odeur sépulcrale des musées.

Cela dit, il faut ajouter que les architectes, chargés de garder et de conserver l'église, feraient bien d'empêcher que la dévotion des paroissiens ne l'encombrât d'un mobilier trop hideux. Dans ce cadre architectural d'une si parfaite beauté on a placé des autels d'un mauvais goût achevé, des statues polychromes, des lustres et des lampes lamentables, et, tout autour du chœur, sur de pauvres supports en bois découpé, on a disposé de tristes pots de fleurs. Dans une vieille église, où chaque siècle a laissé des témoignages de son art et de sa dévotion, cette pacotille moderne blesse moins les regards : elle se fond dans le pieux bric-à-brac des chapelles. Mais, ici, dans ce temple vide et dénudé, le contraste est trop fort entre la magnificence de l'architecture et la laideur des accessoires. Le « chemin de croix » de Vézelay serait en tout lieu une chose repoussante : accroché aux vieux piliers romans, il devient presque insultant. Il n'y a pas d'harmonie possible entre l'art du douzième siècle et l'art contemporain de la rue Saint-Sulpice... Que l'église de Vézelay demeure donc une église : c'est l'essentiel. Mais l'architecte du gouvernement pourrait bien exiger, il en a le droit, qu'on choisisse avec un peu de goût les statues, les orfèvreries et les peintures.

A vrai dire, une fois sorti de la basilique, on a vite fait

d'oublier les méfaits des architectes. Car Vézelay est un de ces lieux charmants où tout conseille l'oubli des vaines querelles d'esthétique. La jolie ville ! Juchée sur sa colline, dans sa ceinture de remparts écroulés, avec ses ruelles montantes, ses maisons de tous les siècles, ses jardinets sombres et moussus, cette vieille cité de moines a le charme d'un grand béguinage silencieux. Derrière l'église, dominant la vallée de la Cure, s'étend une grande terrasse faite pour la rêverie. C'est l'ancienne terrasse abbatiale aux escaliers de pierre disjoints et non restaurés. Sous ses quinconces séculaires, bien mieux que dans l'église froide et muette, s'évoque le passé de Vézelay : les prédications de saint Bernard aux multitudes répandues sur les pentes de la colline, les luttes tragiques des abbés et des bourgeois au moyen âge... et plus près de nous, au xviii° siècle, la lente promenade de quelques chanoines qui lisent leur bréviaire à l'ombre des grands arbres et souvent interrompent leur lecture pour contempler l'horizon, l'admirable horizon, où des collines molles et bleues ondulent à l'infini avec la grâce et la mesure des beaux paysages de France.

19 octobre 1895.

BEAUNE

« On n'entre ici que les vêpres terminées, c'est le règlement », me dit le concierge de l'hôpital de Beaune. « Mais, ajoute ce rougeoyant Bourguignon, vous pouvez assister aux vêpres dans la salle des malades et on vous montrera ensuite le retable du *Jugement dernier*. »

Je pénètre dans la plus vaste des salles de l'hôpital, celle dont la grande voûte ogivale est faite de boiseries peintes. Des deux côtés, enveloppés de leurs rideaux rouges, s'alignent les petits lits; et les petites tables, cirées comme les bois d'un navire de guerre, portent chacune son broc, son gobelet d'étain et son bassin de cuivre étincelant. Quelques lits sont occupés.

Dans le fond de la salle, derrière une grille de bois, un rideau est lentement tiré, tandis que tintent au clocher les derniers sons annonçant l'office du dimanche. Alors, apparaît la chapelle avec ses cierges et ses vitraux ; à gauche, on entrevoit comme une nuée blanche : ce sont les hennins et les voiles des religieuses du Saint-Esprit, restées fidèles au costume compliqué sous lequel leur Ordre est venu au xv° siècle de Malines à Beaune. Aux murailles brillent avec des reflets aigus les plaques de cuivre où sont inscrits les noms des fondateurs de l'hôpital. Un chantre un peu nasillard entonne les psaumes et, dans son lit, une vieille malade rythme d'un balancement de la tête la psalmodie monotone. Puis des cierges s'allument ; un peu d'encens voile l'autel, et c'est la bénédiction... Et ce sont les mêmes choses qu'un passant eût vues et entendues, s'il eût pénétré dans cette même salle, à la même heure du dimanche, il y a quatre siècles, au temps de la bienfaisante Guigone de Salins. Rien n'a changé : ni les chants, ni les costumes, ni les âmes.

L'office est fini ; les religieuses voilées de blanc traversent la cour charmante à laquelle ses galeries de bois donnent presque l'aspect d'un cloître, mais d'un cloître joyeux, tant il y a d'allégresse dans les caprices des fines dentelles de plomb qui courent au faîte des hautes toitures, s'enroulent aux girouettes, couronnent les clochetons et encadrent les pignons des lucarnes.

Dans le petit musée où l'on a placé le célèbre retable du *Jugement dernier* attribué à Roger van der Weyden, j'éprouve d'abord une déception. C'est dimanche : après vêpres, tout le monde peut pénétrer dans l'hôpital, et les habitants de Beaune en profitent pour venir visiter leur trésor ; ils sont causeurs et tumultueux ; je comptais ici sur la solitude et le silence. Mais j'ai bientôt fait d'oublier cette contrariété de dilettante égoïste. J'écoute les conversations des gens qui passent. Ils se soucient peu du génie du peintre et ils ne s'embarrassent pas d'esthétique, les Bourguignons et les Bourguignonnes salés. Ils ne s'arrêtent devant les beaux portraits de Nicolas Rolin et de Guigone de Salins que pour s'ébahir de leurs costumes.

Ce qui les retient, les bons raillards, ce sont les figures des élus et surtout celles des damnés. Quelques-uns s'émerveillent de l'extraordinaire finesse des détails et regardent à la loupe les broderies des chapes, en s'écriant : « On dirait que c'est naturel ! » Mais ils s'attachent surtout à la « moralité » de la vieille imagerie populaire. Le châtiment des adultères déchaîne un flot de grasses facéties. Deux militaires discutent sur le jugement dernier : « Mais n'y a que les âmes qui ressusciteront... — Si ! on ressuscitera avec tout. — Quéqu't'en sais ? » Et, ici encore, j'ai l'impression très vive que rien n'a changé depuis le xv° siècle et que le vieux tableau flamand a dû toujours entendre les mêmes plaisanteries. Lorsqu'il ornait la chapelle de l'hôpital, ces choses étaient sans doute murmurées à mi-voix. Aujourd'hui, dans la salle du musée, chacun les exprime avec l'évident souci de divertir ses voisins. Mais c'est la seule différence.

Mars 1899.

LYON

FOURVIÈRE.

Aperçue de Lyon, la nouvelle basilique de Fourvière couronne d'une façon grandiose l'admirable coteau. D'en bas sa lourde masse la fait ressembler à la citadelle intacte d'une ville démantelée dont on aurait rasé les remparts. Les Lyonnais ont comparé cette église flanquée de quatre grosses tours à un éléphant renversé sur le dos les pieds en l'air. En effet, la silhouette n'est point gracieuse. Mais cet amas de pierre a de la force ; il ne dépare point la robuste colline qui lui sert de piédestal. Et c'est une grande vilenie d'avoir permis qu'on avilisse ce noble tableau en dressant à quelques pas de la basilique une sorte de réduction de la tour Eiffel, échafaudage de fer niais et mesquin.

Dès que, le coteau gravi, j'arrive au pied du monument, je ressens tout de suite cette impression incertaine et complexe, cette hésitation du goût qui me poursuivra, toujours plus troublante, pendant que je visiterai l'étrange église.

Au premier abord les murailles et les tours ont je ne sais quoi de fruste qui éveille la pensée d'une construction presque barbare. Mais vite on s'aperçoit que, en réalité, l'édifice est inachevé et que cet aspect sauvage tient à la rudesse des blocs de pierre non dégrossis, qui, de toutes parts, attendent le ciseau des sculpteurs. Ces murs extérieurs seront, un jour, prodigieusement ornés. Quelle en sera l'apparence quand ils seront décorés d'allégories, d'anges, de fleurs et de scènes bibliques ? Il est difficile de le conjecturer. Pour le moment, on ne peut qu'admirer les puissantes assises de l'abside, dont les galeries superposées dominent Lyon, et s'étonner du caractère vraiment trop militaire de cette pacifique église, partout couronnée de créneaux et de mâchicoulis.

La façade du porche est terminée. Dressées sur des socles qui figurent des têtes de lions, quatre grandes colonnes de granit supportent une haute galerie ornée de huit anges cariatides. Au-dessus, le fronton abrite une immense composition représentant, autour de la Vierge protectrice, les Lyonnais du xviie siècle sauvés de la peste et les Lyonnais de 1870 sauvés de l'invasion. Le dessin architectural de cette façade est d'une harmonieuse beauté. Mais ici, comme en d'autres parties de la basilique, les sculpteurs paraissent avoir trahi l'architecte.

L'entrée de la crypte, placée au-dessous du porche, est surmontée du lion de Juda, et cet animal symbolique accroupi devant l'église donne à tout l'édifice le caractère d'un temple oriental. La crypte, avec ses piliers massifs et trapus flanqués de colonnes, avec la polychromie assourdie de ses pierres diverses est, d'ailleurs, la partie la plus émouvante du monument.

A peine a-t-on pénétré dans l'église supérieure qu'on est ahuri par l'opulence folle du décor. Partout des ors, partout des marbres, partout des mosaïques, partout des éclats et des scintillements. Les colonnes sont de marbre gris bleu ; leurs socles sculptés sont de marbre blanc ; les chapiteaux de feuilles d'acanthe sont surmontés d'oiseaux les ailes déployées ; et, au-dessus de l'entablement, des anges soutiennent les ogives étincelantes. C'est une profusion de couleur et de lumière qui stupéfie et qui révolte le goût. Ce luxe a quelque chose d'insolent et d'irréligieux. On s'imagine ainsi la salle des Fêtes d'un casino vénézuélien, où l'on célébrerait, à l'occasion, les mystères du christianisme, mais d'un christianisme de parvenus. C'est l'église « Continentale ». Et ce formidable déploiement de magnificences étonne surtout à Lyon, ville de goût austère, ville riche où la richesse redoute de s'afficher, ville mystique d'un mysticisme sombre et contenu. C'est un paradoxe que ce temple bizarre, doré, ciselé, enluminé, s'élevant sur les rives du Rhône, qui, tout à l'heure, traversait l'âpre et mélancolique Genève.

Telle fut ma première impression. Mais je me suis attardé dans l'église de Fourvière ; j'y suis revenu. Et, alors, je me suis demandé : « Ne serais-je pas la dupe d'un certain sentimentalisme archéologique qui nous fait vénérer dans les vieilles églises de mystérieuses beautés, lesquelles sont l'œuvre des années et non des constructeurs ? Si ces vieilles églises sont aujourd'hui sombres et décolorées, c'est que les siècles ont effacé le décor dont elles étaient revêtues. Ce qui, en elles, nous ravit et ce que nous cherchons en vain dans les églises neuves, c'est la trace des dévastations du temps. Nous sommes pervertis par le goût de la ruine. Le romantisme nous opprime. Il y a quelques semaines, je visitais Sainte-Cécile d'Albi et sincèrement je m'émerveillais devant les peintures dont elle est couverte et les sculptures dont elle est peuplée. Tout ce luxe, assez païen, ne m'offusquait point. Pourquoi donc suis-je ici scandalisé ? »

Et je cherche, et je regarde, et je voudrais secouer les préjugés historiques et poétiques dont s'embarrasse notre jugement.

A mesure que je m'efforce de surmonter ma répulsion et que je considère plus attentivement l'extraordinaire basilique, il me semble distinguer ici quelque chose de « déjà vu » et aussi quelque chose de nouveau, d'original.

Sur le « déjà vu », j'hésite un moment. Mais un éclat de soleil sur les mosaïques de la voûte réveille soudain ma mémoire. C'est de l'architecture palermitaine ! On m'a, depuis, conté que Bossan, l'architecte de Fourvière, avait longtemps séjourné en Sicile. Son œuvre en porte le témoignage certain. L'extérieur évoque le souvenir du Dôme de Palerme ; l'intérieur, celui de la chapelle Palatine et de la cathédrale de Montréal. L'imitation du gothique normand est, sans doute, très libre ; néanmoins, elle est flagrante. Les ogives, les colonnes, les mosaïques, tout fait songer à la sublime cathédrale de Montréal.

L'étrange idée que d'avoir transporté Montréal sur la colline de Fourvière ! Ces églises illuminées de mosaïques sont d'une magnificence triomphale sous le soleil de la Sicile. Il leur faut l'enchantement de la lumière divine où tout est d'or, la poussière, les pierres et les marbres ; il leur faut la joie de l'air subtil, vibrant et parfumé, le cadre éblouissant et fleuri de la Conca d'Oro, la blanche

Palerme silencieuse entre l'azur du golfe et la sombre verdure des orangers. Et, maintenant, voici ce que l'on découvre de la terrasse de Fourvière : sous un ciel pâle, dans une brume d'argent, çà et là noircie par la fumée des usines, la grande ville aux toitures sombres et monotones, aux rues étroites ; les larges fleuves sillonnés de vapeurs et coupés d'innombrables ponts où circule la vie de la cité ; vers le nord, les lourdes bâtisses cubiques du faubourg populaire. Et de la fourmilière lyonnaise montent éperdument les appels rauques des tramways. (Rabelais appelait Avignon, à cause de toutes ses cloches, la ville *sonnante* ; Lyon, c'est la ville *cornante*.) Ce spectacle a sa grandeur... Mais le lieu ne convenait peut-être pas tout à fait à la renaissance de l'art palermitain.

Cependant l'œuvre de Bossan n'est point une simple fantaisie d'archéologue. Cet architecte a voulu, d'une volonté énergique, obstinée, créer une œuvre originale ; et, au spectacle de cette volonté, manifeste surtout dans les détails et le décor, nous désirons passer sur nos préventions et, tout au moins, comprendre si nous ne pouvons point aimer.

En examinant la voûte et les murailles de l'église, on découvre des motifs d'ornementation d'une belle nouveauté. Les oiseaux symboliques qui décorent la coupole et les parois du chœur et de l'avant-chœur, les colombes, les aigles et les paons, sont de merveilleuses inventions. Les piédestaux qui soutiennent les colonnes sont d'une forme imprévue et grandiose. Çà et là, on voit des fleurs et des rinceaux d'une grâce délicate. Mais ce qui frappe surtout, c'est l'harmonie de tous ces détails. On sent qu'ils ont été imaginés et réalisés par une intelligence forte, hardie et consciente : le plan de ce monument a été gravement médité ; rien n'y est fantaisie, caprice ou hasard ; tout y porte l'empreinte d'une idée.

C'est en 1852 que Bossan, à son retour d'Italie, conçut la pensée d'élever un sanctuaire à la Vierge de Fourvière. Il y fut décidé par le curé d'Ars. « L'Italie, disait-il, m'a donné l'indépendance. J'ai vu, dans cette belle Italie, les grandeurs sévères du catholicisme s'unir aux élégances antiques. Voilà l'union que je veux poursuivre. Ars, en me donnant la foi, m'a donné la liberté ; je saurai briser les liens de la formule archéologique ; je ne serai ni plagiaire, ni novateur, je serai chrétien. » Il reprit donc une esquisse jadis commencée en Sicile et se mit à l'œuvre avec le ferme propos de créer un monument « chrétien ».

La reconstruction de Fourvière fut décidée dès 1852 ; mais les plans de Bossan ne furent exposés qu'en 1866 et la première pierre fut posée en 1872. A partir de cette date, Bossan vécut dans une retraite absolue, tout entier à sa tâche unique. « Son chapelet, sa Bible, son crayon, une mauvaise chaise, un méchant lit, une table boiteuse, voilà son mobilier. Une petite soupe faite par lui-même le matin ; à midi, deux pauvres plats qu'on lui apporte dans un petit panier ; le soir, les restes de ce modeste repas apprêtés par cette même main qui manie si élégamment le crayon, voilà son ordinaire. Sa journée est partagée entre le travail et la prière, et, dans sa prière, Fourvière occupe une place dominante (1). » Ainsi fut conçue et réalisée la basilique nouvelle. Quand on sait ces choses, on est forcé de se défier de ses impressions, si

---

(1) J'emprunte ces détails à un opuscule très intéressant de M. Sainte-Marie Perrin, élève et continuateur de Bossan : *la Basilique de Fourvière*

vives soient-elles, et ce n'est pas sans perplexité qu'on déclare « irréligieux » un monument dont le plan fut médité dans une cellule par un chrétien si fervent.

Bossan a repris les traditions de la symbolique chrétienne. Toute son église, dans sa forme générale comme dans ses moindres détails d'ornementation, est la traduction figurée de maximes ou de métaphores de la Bible et de l'Évangile. Les architectes modernes, en plagiant les plans des vieilles cathédrales du moyen âge, font du symbolisme sans le savoir, accommodant tant bien que mal leurs constructions à des idées liturgiques qu'ils connaissent peu. Bossan est revenu aux sources, c'est-à-dire aux Écritures, et c'est la grande originalité de sa conception.

M. Sainte-Marie Perrin a expliqué aux profanes les intentions mystiques de la basilique de Fourvière; il a déchiffré pour eux le rébus sacré. Je vous citerai, d'après lui, quelques exemples du symbolisme de Bossan. Ils éclaircissent bien, — trop bien, peut-être, — certaines obscurités du plan de Fourvière.

J'avais été surpris de l'apparence militaire de ce sanctuaire et ses créneaux m'avaient étonné. Voici l'explication : « Fourvière est l'acropole de la cité... Notre basilique doit exprimer à la fois la défense mystique de la ville qu'elle domine et chanter la pureté, la virginité, la force, etc... »

La profusion des ors dont l'église est revêtue peut choquer le goût. Mais Bossan se justifie ainsi : « C'est le palais de la plus puissante des reines, c'est la maison d'or de la plus pure des vierges, *nihilque erat in templo quod non auro tegeretur* (III Reg., VI, 22). »

Devant l'autel du sanctuaire, il y a un pavé de mosaïques

dont les médaillons sont mystérieux. Ce sont les hérésies. Un sanglier, ravageant la vigne du Seigneur, figure l'arianisme, car le psalmiste a dit : *Exterminavit eam aper de silva.* L'erreur de Macédonius est représentée par un poisson vorace : *Piscis immanis exivit ad devorandum* (Tob., vi, 2). Passons Eutychès, Nestorius, les iconoclastes et les manichéens. Voici le luthérianisme, c'est un oiseau de proie emportant une brebis : *Ille fur est et latro* (Jean, x, 1). Le jansénisme est une vipère qui perce au cœur un oiseau : *Occidit lingua viperæ* (Job, xx, 16), etc...

Est-ce toujours le choix du texte qui a présidé et motivé l'intention de l'artiste, ou bien l'artiste a-t-il été quelquefois heureux de découvrir le texte pour « liturgiser » sa fantaisie? Peu importe. Cette sorte d'obsession symbolique donne à l'église de Fourvière un caractère d'unité qu'on rencontre rarement dans nos églises modernes.

J'admire donc la belle existence de Bossan, sa pieuse ingéniosité de décorateur, les ressources de son symbolisme souvent charmant ; mais, je l'avoue, je ne puis, malgré tout, admirer son œuvre que par fragments. Qui sait? Plus tard, lorsque tout l'éclat des magnificences accumulées dans ce temple se sera amorti, lorsque les ors se seront éteints, lorsque les pierres auront perdu leur blancheur aveuglante, on sourira peut-être de ceux qui ont méconnu le chef-d'œuvre. Pouvons-nous jamais savoir, surtout lorsqu'il s'agit d'architecture, quelles œuvres de notre temps paraîtront belles aux générations à venir? Nous ne pouvons qu'exprimer, modestement et de bonne foi, ce que nous sentons.

Cette église de Fourvière nous trouble par sa nouveauté et sa hardiesse. L'intelligence et la foi ont ici collaboré. Mais elles nous paraissent avoir été impuissantes à accomplir une œuvre d'art.

LE GUIGNOL LYONNAIS.

J'avais quelquefois traversé Lyon et je n'avais jamais vu le Guignol lyonnais. Cette fois, je me suis promis de ne point partir sans avoir assisté à quelque représentation. Justement des affiches annoncent qu'au Guignol du quai Saint-Antoine on donne une pièce intitulée : *Guignol à la cour de Russie*. Ce titre promet.

Au fond d'un couloir sombre deux portes voisines conduisent l'une à un établissement de bains et l'autre chez Guignol. Celui-ci est bien logé dans une salle minuscule décorée à la façon de toutes les salles de théâtre; il y a une petite galerie, de petites loges ; les fauteuils d'orchestre sont remplacés par des escabeaux et par des tables de marbre où l'on « consomme ». Je m'attendais à un décor plus populaire : on se croirait ici dans une « boîte » de Montmartre. Public peu nombreux de vieilles gens et d'enfants, public amusé, mais peu expansif. Au pied de la scène une dame joue du piano avec énergie dès que la toile est baissée.

On représente un lever de rideau : *le Déménagement de Guignol*. Si vous vous êtes parfois arrêté derrière la corde soit aux Tuileries, soit aux Champs-Élysées, vous connaissez le thème : l'infortuné Guignol doit neuf termes à son propriétaire qui veut faire saisir les débris de son mobilier; Guignol déménage et rosse son propriétaire... Mais ici la farce a un goût de terroir très prononcé. Guignol et son inséparable compagnon Gnafron ont un délicieux accent et ces deux pauvres diables, l'un rusé et l'autre pochard, sont fortement marqués de l'empreinte lyonnaise. Telles plaisanteries qui paraissent divertir l'auditoire me demeurent mystérieuses. Ces bons canuts parlent un argot dont je n'ai pas toujours la clef. Mais les poupées sont vivantes et le dialogue marche avec un naturel incroyable.

Puis vient une comédie. La scène est dans le jardin des époux Durozeau. Ceux-ci ont une nièce qui s'appelle Aagnès (pourquoi l'*a* s'allonge-t-il ainsi dans Agnès, alors que les Lyonnais l'abrègent dans tous les autres mots? Mystère), et qui est promise à M. Léon Gervais. Mais Aagnès a assisté à la noce d'une de ses cousines et elle a dansé dans un bal où se trouvait « toute la noblesse du département »; très recherchée, très complimentée, elle a conçu un grand dédain pour ce pauvre M. Léon qui est un simple roturier. Les Durozeau partagent ses illusions. On éconduit M. Léon. La scène de la rupture entre Agnès et Léon est du pur Ohnet. C'est impayable. Mais alors apparaît Guignol, le joyeux et artificieux Guignol : il vient chez les Durozeau pour tondre le petit chien. On s'étonne de le voir réduit à ce métier, lui qui était ouvrier dans une fabrique de jouets. « Mais nous sommes en grève, répond philosophiquement Guignol : j'ai fabriqué beaucoup de petits chiens et l'idée m'est venue tout naturellement de tondre les chiens. » Léon s'avise du stratagème de don Salluste : « Voici vingt francs; déguise-toi en prince et fais-toi aimer d'Aagnès. » Guignol obéit comme Ruy Blas et comme Mascarille. Il revient dans un superbe costume polonais et fait savoir aux Durozeau que lui, prince du

Brésil, il a assisté incognito à ce fameux bal où l'on rencontrait toute la noblesse du département : il a vu Aagnès, il demande la main d'Aagnès. Cette pauvre Aagnès est incapable de résister au prince poète ; car le prince du Brésil ne s'exprime qu'en vers, « parce qu'il vient d'Orient ». Mais Léon se présente à temps : « La comédie a assez duré. Cet homme, c'est Guignol venu pour tondre votre chien. Et maintenant, chère Aagnès, je suis toujours prêt à vous épouser... » Et Aagnès tombe dans les bras de Léon. Cette pièce est un délice.

Enfin, voici *Guignol à la cour de Russie*. C'est tout bêtement un chef-d'œuvre. Jugez-en.

Ce vieil ivrogne de Gnafron, savetier de son état, a une fille romanesque, Bovary de la Croix-Rousse, qui s'est toquée d'un écuyer de cirque et s'exerce à l'équitation sur les deux chaises bancales de l'échoppe paternelle. Et cela rend Guignol tout triste ; car Guignol était le fiancé de Mlle Gnafron. Tandis que le père et le fiancé sont au cabaret, l'écuyer pénètre dans la maison et décide la jeune fille à le suivre et à s'enrôler dans la troupe du cirque qui part pour Alger. Il a préparé d'avance la lettre traditionnelle que la fugitive devra laisser sur la table du logis pour expliquer au père que la passion a été la plus forte. Désespoir de Guignol et de Gnafron en apprenant la terrible nouvelle. Mais Guignol n'est pas homme à se laisser abattre : « Suivons-la ; partons à Alger. — Mais nous n'avons pas un rond. — Qu'à cela ne tienne : deux musiciens italiens ont laissé ici leur défroque. Prenons-la et nous mendierons sur le chemin en faisant de la musique. » Gnafron s'affuble d'un chapeau chinois et d'une grosse caisse. Guignol prend une guitare, et nos deux bons Lyonnais partent en chantant pour Alger. Admirable exposition, claire, émouvante et rapide.

Sur le quai de Marseille, Guignol et Gnafron, ayant beaucoup bu, se trompent de bateau et s'embarquent pour l'Égypte. Une fois à Alexandrie, ils remontent tout doucement le Nil en pêchant à la ligne et parviennent ainsi dans l'empire de Ménélick. Le négus est enchanté de voir arriver ces Français et leur demande l'objet de leur voyage. Ceux-ci racontent leur aventure. Mais sur ces entrefaites surgit un immense crocodile qui va happer l'impératrice elle-même et que Guignol tue d'un coup de bâton. Cet exploit stupéfie la cour d'Éthiopie ; et Ménélick demande à Guignol et à Gnafron comment il pourra jamais leur témoigner sa reconnaissance : « Donnez-nous, répondent-ils, le moyen de retrouver Mlle Gnafron. » Or, voici que des émissaires rapportent des nouvelles d'Alger : le cirque est maintenant à Saint-Pétersbourg. Le négus donne aux sauveurs de l'impératrice une escorte, des chameaux et une lettre de recommandation pour son ami le tsar. En route pour la Russie !

Nous sommes à Saint-Pétersbourg. Le tsar exprime à l'un de ses officiers la tristesse que lui cause la guerre gréco-turque et son désir de proposer sa médiation, quand on vient lui annoncer la venue de deux Français. « Des Français ! dit-il, qu'on les fasse entrer, car ce sont des amis. » Guignol et Gnafron se présentent au tsar, et celui-ci, après les avoir félicités d'être Lyonnais, ajoute : « Vous arrivez fort à propos ; j'attends la visite du Président de la République française. » Mais Guignol et Gnafron se soucient peu de ces réjouissances : ils veulent, avant tout, avoir des nouvelles de l'écuyère. Heureusement, le chef du protocole vient d'arriver : il se rend à l'ambassade de France pour y quérir des renseignements. En attendant son retour, Gnafron descend dans les caves du palais, tandis que Guignol enseigne aux cuisiniers du tsar à faire des crêpes à la façon lyonnaise : les cuisiniers, enthousiasmés, font ronfler les fourneaux tant et si bien que le palais se met à brûler. Mais Guignol et Gnafron s'emparent d'une pompe et, en un tour de main, ils éteignent l'incendie. Le chef du protocole ramène alors Mlle Gnafron, désabusée, et Nicolas II, pour récompenser ces braves gens, leur annonce qu'il va les faire reconduire à Lyon dans un bateau sous-marin. Ils partent trop tôt pour assister (mais nous, du moins, nous y assistons) à l'entrevue de l'empereur et du Président de la République dans les jardins de Péterhof illuminés, au son du canon et de *la Marseillaise.*

Après une heureuse traversée, le sous-marin qui ramène Gnafron, sa fille et son gendre, aborde à la Mulatière, et, quand il émerge, les badauds de Lyon croient voir à sa proue une grande lanterne rouge : c'est le nez de Gnafron.

Et voilà. Je vous ai, je le sais, indignement conté cette belle et savoureuse odyssée. Mais, croyez-moi sur parole : c'est merveilleux. Et, sur l'affiche, il n'y a point le nom de l'auteur !

*
* *

Le lendemain un Lyonnais, à qui je raconte combien cette soirée m'a diverti, me dit : « Ah ! que sera-ce quand vous connaîtrez notre vrai Guignol ? Car vous vous êtes fourvoyé. Ce que vous avez vu dans ce théâtre du quai

Saint-Antoine n'est qu'une pâle contrefaçon ! C'est un Guignol de famille, un Guignol pour enfants, un Guignol infidèle aux pures traditions lyonnaises. Allez donc au passage de l'Argue : là vous verrez notre vrai théâtre populaire. Et surtout demandez au directeur qu'on vous donne *les Frères Coq* : c'est une des plus jolies comédies du répertoire. »

Et je reste à Lyon pour voir « le vrai Guignol ». Quelques heures avant la représentation, je me rends au passage de l'Argue pour présenter ma requête à Guignol.

Dans un étroit passage, une petite porte surmontée d'une lanterne donne accès au théâtre. Les petites échoppes voisines font un amusant décor et encadrent joliment le logis de Guignol. D'un côté, c'est un rempailleur de chaises; de l'autre, ce sont un aiguiseur, un savetier et un éleveur de canaris qui vend aussi des vers pour la pêche : Guignol et Gnafron sont là chez eux. Je m'informe : le directeur est absent; mais un des artistes de sa troupe m'affirme que Guignol se fera un plaisir de jouer à mon intention *les Frères Coq*.

Pour me préparer à cette représentation (j'ignore les finesses du parler lyonnais), je me plonge dans la lecture des pièces de Guignol : c'est, m'a-t-on dit, un conseiller à la Cour de cassation qui est l'auteur de ce recueil, et qui a fixé le texte un peu flottant de ces vieilles farces.

Les Frères Coq est une des pièces les plus anciennes du théâtre lyonnais. On l'attribue à Mourguet, premier du nom, qui créa Guignol au commencement de ce siècle. Comme la plupart des comédies de ce répertoire, elle est la transposition libre et populaire d'une pièce empruntée au théâtre régulier. La donnée est celle d'un mélodrame de Mercier : *l'Habitant de la Guadeloupe.* Mais Mourguet en a usé avec Mercier comme Molière avec ses prédécesseurs et ses contemporains. Je ne connais pas *l'Habitant de la Guadeloupe.* Mais je doute que Mercier ait jamais été capable d'écrire un pareil dialogue, souple, naturel et vivant.

Ces frères Coq sont les trois fils d'un pauvre ouvrier de Lyon. L'aîné, Jérôme, s'est fait colporteur; puis il s'est embarqué pour la Martinique ; il a gouverné les propriétés d'un riche planteur, a hérité de la fortune de son maître et est maintenant trois fois millionnaire. Gaspard, d'abord saute-ruisseau, puis clerc de notaire, est devenu notaire. Quant à Claude, la fortune ne l'a point visité et il est demeuré un pauvre savetier, vivant chichement dans une pauvre échoppe, avec sa fille Louison. Comme le spectacle de sa misère gêne Gaspard, celui-ci lui a imposé de quitter le nom de Coq et de prendre le sobriquet de Guignol.

Un jour, Jérôme a senti le mal du pays et le voici qui revient à Lyon en compagnie de Victor, un brave garçon qui lui a sauvé la vie. Pour éprouver l'affection de ses frères, il feint d'être pauvre. Alors le méchant notaire lui ferme sa porte, tandis que le bon savetier lui offre de partager son dernier morceau de pain. Mais on apprend la vérité. Joie de Guignol. Désespoir de Gaspard, qui, tout justement ruiné par des spéculations malheureuses, pourrait être sauvé par la générosité de son frère. Sur les instances de Guignol, Jérôme pardonne à Gaspard. Les frères s'embrassent. Louison épousera Victor.

Voilà le fond de la berquinade. Mais l'accent du dialogue est d'une saveur délicieuse. La plaisanterie a une bonhomie imprévue et jaillissante. Savourez ces quelques bribes de la conversation de Victor et de Gnafron sur la place publique.

Victor a demandé à Gnafron quel était l'état de Guignol.

Gnafron. — Nous sommes collègues.

Victor. — Collègues! Et puis-je vous demander quel état?

Gnafron. — Nous sommes bijoutiers.

Victor. — Bijoutiers!... c'est un bel état... qui demande beaucoup de goût.

Gnafron (*à part*). — De goût! Y en a assez quand on remue le baquet... (*Haut.*) Y ne faut pas confondre. C'est bijoutiers sur le genou.

Victor. — Bijoutiers sur le genou! Je ne connais pas cet état.

Gnafron. — Nous ne montons pas le diamant sur or ou sur argent, nous le montons sur cuir... Vous savez la chanson :

> Il faut tirer avec les dents... ents
> Du cuir mouillé plein de poix... oix.

Victor. — Ah! je comprends... cordonniers.

Gnafron. — Vous êtes bien honnête... cordonniers en vieux.

Victor. — Savetiers?

Gnafron. — Oui ; les gens qui ont reçu de l'éducance nous appellent savetiers ; ceux qui n'en ont pas reçu nous appellent gnafres... Pardonnez-moi, M'sieu, de vous demander votre état.

Victor. — Je suis rentier.

Gnafron. — Ah! en voilà un fameux état!... M'sieu n'aurait pas besoin d'un associé par hasard?

Victor. — Non, merci...

Cela, c'est la raillerie de Gnafron ; elle est douce, attendrie, comme mouillée; c'est la raillerie du bon pochard. Celle de Guignol a plus de verve, plus d'âpreté. Gnafron est un pauvre diable un peu démoli par le travail et la misère, mais consolé par le vin...

* * *

Lorsque j'arrive au passage de l'Argue pour la représentation, on m'annonce que je ne verrai point *les Frères Coq*. On est en train, paraît-il, de recopier la brochure! Mais, avant la revue, car il y a une revue, on jouera *les Moutons* et *le Testament*, et la direction m'affirme que je serai tout de même satisfait.

Il avait raison, mon Lyonnais, et il m'a donné un bon conseil. Hier, je n'étais qu'à l'Odéon de Guignol. La troupe est ici de premier ordre. L'artiste qui fait le personnage même de Guignol est incomparable. Cette poupée est vivante et d'une prodigieuse agilité. Elle va, vient, s'agite, se démène, gouaille, cogne, rosse avec une extraordinaire vérité d'accent et de geste. Cela s'appelle, en argot de théâtre, brûler les planches. Mais il n'y a pas de planches chez Guignol!

Les Moutons, c'est une variante de *la Farce de Pathelin*, avec ceci de particulier que le juge lui-même donne à Guignol-Agnelet le conseil de feindre la folie et ce magistrat prévaricateur ajoute avec une charmante candeur : « Je te ferai donner deux mille francs de dommages-intérêts. Nous partagerons. » La mimique de Guignol, paysan madré, est d'une exquise finesse.

Le Testament, c'est *le Légataire universel* ainsi travesti : M. Robinard est décédé sans rien laisser à sa veuve, et Mme Robinard, qui regrette peu son vieux mari, est tristement déçue, car elle comptait sur la fortune de feu Robinard pour se faire épouser par son « charmant voisin », M. Raymond. (Dans la version imprimée de cette pièce, Mme Robinard est moins cynique : elle comptait sur la succession de son époux pour doter une nièce pauvre. Il serait intéressant de savoir quand a été inventée la seconde leçon, très conforme à l'esthétique du théâtre « rosse ».) M. Raymond, supposant que Mme Robinard a hérité, vient demander sa main. Comme c'est un homme pratique, il propose à la veuve le pacte suivant : « Nous nous épouserons dans dix mois ; si l'un de nous deux, d'ici là, change d'avis, il payera à l'autre un dédit de cinquante mille francs. Mais, auparavant, ajoute-t-il, montrez-moi le testament de votre mari. — Il est chez le notaire, répond Mme Robinard, revenez dans une heure. » Elle appelle son domestique Guignol, le fait se coucher, et Guignol, d'une voix mourante, dicte à un notaire un faux testament... Vous savez la suite.

Le texte, comme dans toutes les autres pièces de ce répertoire, n'est qu'une sorte de canevas sur lequel les artistes brodent à leur gré et le plus beau ce sont les lazzis de Guignol. Ici revit la libre fantaisie de la *Comedia dell' arte*. Il y a, dans *le Testament*, une scène admirablement faite pour permettre à Guignol de se livrer à toutes les facéties de son imagination guignolesque c'est celle où il prépare son lit, cherche ses puces et se bat avec un rat monstrueux blotti sous le matelas. Le comique en est inépuisable.

En voilà des gognandises! Tel est le titre de la revue qui termine le spectacle. Ce joli mot de *gognandise* veut dire, en « lyonnais », billevesée, bêtise. Cet ouvrage a obtenu un grand succès. On vient de le donner plus de quatre-vingts fois. Étranger à Lyon, je n'ai peut-être pas senti tout le sel des plaisanteries auxquelles se livrent Guignol et Gnafron sur les « actualités » lyonnaises. Mais je dois confesser que cette revue m'a médiocrement diverti. C'est dans sa sordide banalité la revue, l'éternelle revue, l'odieuse revue que l'on joue dans tous les « beuglants » parisiens. Les poupées gentiment sculptées remplacent parfois avec avantage le troupeau mélancolique des « petites femmes ». Mais ce qu'elles disent! et ce qu'elles chantent! c'est à pleurer. Tout comme ailleurs, les considérations de morale alternent ici avec les plaisanteries pornographiques, et il y a, hélas! des couplets patriotiques. Heureusement que c'est Guignol qui fait le « compère » de la revue. Et Guignol, c'est la joie, c'est la vie. A chaque « actualité » qu'on lui présente, il se roule, il s'esclaffe, il se tord, il se « gondole » et, quand on entonne le couplet, c'est lui qui bat la mesure avec une entraînante virtuosité. Et puis, il a son accent, son incroyable accent du cru. Il faut l'entendre dire en goguenardant : «Eh ben! mon yeux! tu sais, pour un Yonnais... »

⁎⁎⁎

Décidément ce Guignol est une admirable création de l'imagination populaire. Il tient au fond même du génie français. On l'a vu, dès le moyen âge, traverser les fabliaux et les farces. Puis il s'est appelé Panurge, Mascarille et Figaro. C'est l'homme de ressources à qui ses bons tours font tout pardonner. C'est un bon garçon, c'est un « bon zig », comme dit le peuple de Paris, d'ailleurs incapable de jamais reculer devant une indélicatesse.

Pour servir le vice aussi bien que pour venger la vertu, son imagination est inépuisable. Il est actif et paresseux, fertile en rouerie et prêt à tous les métiers. Il a bon cœur et comme, en général, c'est grâce à lui que les méchants sont punis, on oublie très volontiers ses méfaits. Guignol est presque un héros national.

Mais c'est à Lyon, et à Lyon seulement, qu'on peut sentir toute la beauté du type. Car son accent et son geste sont purement lyonnais. Il lui faut le cadre de cette petite salle basse du passage de l'Argue. Il lui faut aussi l'accompagnement des bons rires discrets d'un public lyonnais... Et, dans les rues sombres, tristes et étroites du vieux Lyon, je me suis rappelé Karagueuz, le guignol de l'Orient. C'était à Tunis, pendant les nuits lumineuses et bruyantes du Ramadan; dans de petites salles blanchies à la chaux, des gamins et des gamines, accroupis, riaient aux éclats de toutes les fantaisies obscènes du glorieux et cynique personnage. Nous nous divertissions du scandale, qui, ailleurs, nous eût sans doute écœurés... Et, de même, loin de Lyon, j'aurais peut-être trouvé moins plaisant Guignol, ami de Gnafron et frère décent de l'immonde Karagueuz.

Mars 1899.

TOULOUSE

Du Pont-Neuf de Toulouse, c'est un merveilleux spectacle que la ville éclairée par le soleil couchant. Dans une clarté douce la vieille cité de briques se fait rose, d'un rose tendre et léger, « le rose de la chair d'un petit enfant », me dit gentiment un fin Gascon. Le clocher des Jacobins et le clocher de la Dalbade se dressent dans le ciel pur. Les toits plats, les larges auvents de tuiles, le charme de la lumière apaisée, caressante, je ne sais quoi de joyeux et de subtil, répandu dans l'atmosphère, tout évoque l'Italie. La Garonne coule, paresseuse, avec des reflets de moire bleue et rose, et, au lointain, vers le sud, à travers des vapeurs lilas, on devine le dessin des Pyrénées.

L'instant est exquis. Fixons dans notre souvenir cette vision délicate et charmante. Car, à cette heure-là, Toulouse exagère. On ne doit pas se fier aux gasconnades du soleil couchant. La cité de briques, la cité rose est une ville mal bâtie où des trésors d'art sont enchâssés dans un vilain écrin. Les rues sombres et tortueuses manquent de pittoresque. Les pavés sont inégaux et pointus. Mais peu importe : il est si joli, ce mensonge du crépuscule ! Et, au bord de la Garonne, le crépuscule a le droit de nous en conter. La lumière peut outrer la beauté de Toulouse : elle est fidèle aux traditions du Languedoc ; et qui ne lui pardonnerait ici, où la porte de la préfecture a reçu cette simple inscription : *Palais national*?

**

Viollet-Le-Duc fut un grand architecte plein de savoir ; il a raisonné avec sagesse et avec goût sur les choses de son art ; il a mis la France à même de mieux connaître et de mieux aimer les monuments du moyen âge. Mais de ces « restaurations » dont il fut l'auteur ou l'initiateur faut-il, en fin de compte, nous féliciter ? Ce qu'elles nous ont révélé vaut-il ce qu'elles nous ont fait perdre ? Une fois de plus, je me le suis demandé en visitant Saint-Sernin et, une fois de plus, j'ai douté de l'excellence de l'œuvre à laquelle, depuis cent ans, ont collaboré les archéologues et les architectes français.

C'est qu'à Saint-Sernin, comme ailleurs, éclatent les inconvénients du « système ». On sait que ce « système » consiste non seulement à conserver les monuments, mais encore à les compléter et même à les unifier. Ces deux opérations sont scabreuses. La seconde est presque criminelle.

Si l'on veut « compléter » un monument, on s'expose à un double péril. D'une part, l'architecte peut céder à un parti pris archéologique. D'autre part, il est à craindre que le praticien moderne n'ait pas l'habileté de main de l'artiste d'autrefois. Et, tout justement, à Saint-Sernin, on n'a su éviter ni l'un ni l'autre de ces deux dangers.

L'abside de Saint-Sernin, l'incomparable abside, est

maintenant recouverte d'une toiture en dalles de pierre. Ces dalles sont d'une couleur grise désagréable et elles alourdissent les jolies chapelles demi-circulaires qui flanquent le fond de l'église. Pourquoi n'avoir pas recouvert en tuiles cette partie du monument qui jamais n'eut d'autre toiture ? Un revêtement de pierre à Toulouse ! Viollet-Le-Duc avait bien prévu l'objection. Mais il répliquait : « Saint-Sernin par son plan appartient à la famille des églises d'Auvergne. Or, toutes les églises d'Auvergne ont des toitures de pierre. Donc... » Il y a des pierres en Auvergne ; il n'y en a point à Toulouse. Mais il importe peu de rendre à Saint-Sernin son aspect primitif. Ce qu'il faut, c'est bâtir Saint-Sernin conformément à un plan idéal que ne conçurent jamais, et pour cause, les constructeurs languedociens. Voilà un bel exemple de superstition archéologique.

Sur la façade latérale du sud, on avait, au XVIe siècle élevé un porche appelé *porte Miègeville*, dont les sculptures étaient d'une rare finesse. On les attribuait naturellement à Bachelier : il n'y a point à Toulouse un morceau de sculpture de la Renaissance qu'on n'ait attribué à Bachelier. De la porte, il ne restait plus, quand on commença la restauration, que quelques fragments des montants et le tympan. Viollet-Le-Duc n'hésita pas à la « compléter ». Il surmonta le tympan d'un fronton ; puis il déchaîna ses sculpteurs, qui firent du « style Renaissance ». Personne ne s'avisera, même à Toulouse, d'attribuer leur ouvrage à Bachelier. Cette décoration moderne, si fidèle que soit le pastiche, est d'une cruelle pauvreté d'exécution... Voilà pour la maladresse des praticiens.

Mais le méfait, le grand méfait de Viollet-Le-Duc et

des autres restaurateurs, c'est leur prétention d' « unifier » un monument et d'en bannir les décorations qui ne sont point dans le « style » de la construction.

En parcourant les galeries supérieures de Saint-Sernin, arrivé à la hauteur du transept de gauche, on est surpris de tomber au milieu d'un véritable musée de sculpture. On y trouve pêle-mêle, des retables, des statues, des bas-reliefs. Ce sont les débris de la décoration du sanctuaire où étaient jadis enfermées les reliques vénérables dont s'enorgueillit la basilique de Saint-Sernin. Certaines de ces boiseries sculptées du xviie siècle sont des œuvres d'art populaire, pleines de vie, de mouvement et d'esprit. Pauvres artistes qui donnèrent leur peine et leur talent pour orner leur église et dont les charmantes compositions ont été reléguées au grenier par d'impitoyables archéologues ! On voit encore là six statues en terre cuite, dites des *Bienfaiteurs* ; elles ressemblent un peu à des caricatures et le sculpteur qui les exécuta au commencement du xvie siècle n'était point un maître. Mais, tout de même, elles ont de l'accent, beaucoup d'accent, et une outrance gasconne qui n'est point sans saveur. Il y avait au xviie siècle un certain peintre toulousain qui s'appelait Pader et qui est l'auteur d'un *Jugement de Joseph* quelque peu extravagant et cyranesque, mais qui, tout de même, a son prix. En face du *Jugement de Joseph*, on croirait volontiers que Pader descendait de l'auteur anonyme des *Bienfaiteurs* de Saint-Sernin.

Pourquoi avoir arraché ces œuvres-là des murailles de la vieille basilique ? — Elles juraient, dit-on, avec l'architecture romane du monument. Comme si, en dépit des efforts des archéologues, on pouvait réaliser dans une église quelconque cette chimère d'unité! Est-ce qu'à Saint-Sernin même on n'a pas été forcé de respecter et les sculptures carolingiennes encastrées au fond du chœur et les ogives de la crypte et le baldaquin surmontant le tombeau de Saint-Sernin, qui n'a rien de roman? Alors, pourquoi n'avoir pas laissé à leur place ces sculptures du xvie et du xviie siècle?

La beauté d'un monument et surtout d'une église est dans la pureté de ses lignes, dans la hardiesse et la solidité de sa construction. Mais c'est une beauté froide, une beauté morte, si les siècles n'ont pas apporté chacun son témoignage dans l'ornement et dans la décoration des murailles. Sous prétexte d'unité, sous couleur d'archéologie, on n'a pas le droit d'attenter à l'âme vivante d'une église. — Mais, dit-on, toutes ces sculptures étaient de « mauvais goût ». — Qu'en savez-vous?

*
* *

Le joli musée que le musée de la ville de Toulouse! Il est charmant de flâner dans ses cloîtres et d'errer à l'aventure parmi les tronçons de statues gallo-romaines, les vieux saints du moyen âge, les pierres tombales et les chapiteaux romans. Les trouvailles y sont nombreuses et imprévues; car, sans doute pour nous laisser les joies de la découverte, l'administration n'a pas rédigé de catalogue. (D'ailleurs, sur ce point-là, Toulouse suit l'exemple des autres villes de France. Il y a bien peu de musées de province, qui possèdent des catalogues exacts : on remanie toujours les collections et, toujours, le catalogue est « en préparation ».)

La salle des peintres toulousains est fort intéressante. Le premier en date de ces artistes est Chalette, lequel vécut au xvii⁰ siècle, et le dernier est, sauf erreur, M. Henri Martin, auquel on a, la semaine passée, offert un banquet sous la présidence d'un ministre.

Chalette n'a jamais banqueté sous la présidence d'un ministre. Cela se voit. Les deux toiles qui sont au musée de Toulouse : *la Vierge consolant les prisonniers* et *les Capitouls de 1623* révèlent un bon peintre consciencieux et simple. Il fit des tableaux de sainteté, il fit des tableaux d'histoire et, toute sa vie, — c'était son métier; car il était peintre de l'Hôtel de Ville, — il portraictura des capitouls; il les portraictura en miniature, il les portraictura sur toile. Quelques miniatures sont restées aux Archives de la Ville, une toile a été recueillie au musée. Et cela suffit pour garder de l'oubli la mémoire de Chalette comme celle d'un des grands portraitistes français; car les miniatures et la toile de 1623 sont bien près d'être des chefs-d'œuvre. Chalette a la probité d'un Philippe de Champaigne. C'est un bon réaliste, très simple et très humble devant la nature. Il a peu de fantaisie et son imagination est sobre, ce qui surprend chez un artiste de Toulouse. Mais l'aventure se peut expliquer : Chalette n'est jamais venu à Paris. Or, il n'y a que les Gascons de Paris pour se tant démener. Là-bas, n'ayant personne à stupéfier, ils suivent leur naturel penchant qui les porte à la bonhomie.

Des Rivalz, des Durand, des de Troy. — Les peintres toulousains n'ont pas échappé à l'académisme. Qu'ils aient été à Paris, ou qu'ils soient demeurés à Toulouse, ils ont subi la mode. Mais, comme ils se reprenaient et retrouvaient leurs qualités natives lorsque, négligeant les dieux et les martyrs, ils se plaçaient un instant devant la réalité! Voici deux portraits d'Antoine Rivalz : l'un est le portrait du peintre lui-même, l'autre est celui d'un droguiste pilant ses drogues. La belle peinture ! et comme voilà, prise sur le fait, la vieille tradition des réalistes français se perpétuant toujours et quand même, en dépit des conventions de l'enseignement académique. La veine n'a jamais été interrompue. Voyez plutôt ce merveilleux portrait du sculpteur Lucas : il est criant de vérité, et son auteur est Subleyras, qui fut bien, en son temps, l'une des plus illustres victimes de l'art officiel et artificiel...

A l'extrémité de la galerie, les peintres contemporains. Ce sont des médaillés des Salons, des membres de l'Institut, des officiers de la Légion d'honneur... Ceux-là ne sont point restés à Toulouse comme le bon Chalette, peintre de l'Hôtel de Ville, qui, pour se délasser de peindre des capitouls, ordonnait les fêtes publiques, restaurait les vieilles toiles, blasonnait des écussons, dessinait des pièces de feux d'artifice, et rafraîchissait les accessoires des Jeux floraux (1).

*
* *

C'est au Capitole qu'il faut aller si l'on veut connaître l'école toulousaine d'aujourd'hui.

(1) Voir *les Peintres toulousains des dix-septième et dix-huitième siècles*, par Edmond Saint-Raymond.

Toulouse a livré à ses enfants la *Salle des Illustres* de son Capitole et leur a dit : « Peignez. » Ils ont peint. Ils étaient déjà fort occupés à décorer notre Capitole parisien. Mais ces gens sont actifs; ils ne craignent pas la commande, et ils ont décoré deux Capitoles à la fois.

C'est une des raisons pour lesquelles la décoration du Capitole de Paris ressemble beaucoup à la décoration du Capitole de Toulouse. D'ailleurs, ici comme là-bas, la question qui se posait n'était point de décorer un monument d'une façon plus ou moins harmonieuse. Il s'agissait, ici comme là-bas, de donner de l'ouvrage à des Toulousains.

Le résultat? Il a été le même à Toulouse qu'à Paris : une épouvantable cacophonie. Tous ces peintres n'ont entre eux qu'un lien, celui de leur commune origine. Une fois débarqué sur le pavé de Paris, chacun a levé le nez et flairé d'où venait le vent. Mais, en notre temps, le vent a des sautes fréquentes et soudaines. La mode de l'an dernier n'est plus celle de cette année. Chaque Toulousain marcha dans la direction où il croyait devoir rencontrer le succès. Beaucoup le rencontrèrent, mais sur des routes diverses. Et le plaisant est de voir toutes ces routes aboutir au Capitole.

Dans un plafond en trompe-l'œil peint par M. Pujol avec une grosse verve un peu lourde s'encadre une série de compositions merveilleusement disparates. Sur les murs, les solides peintures d'histoire de M. Laurens voisinent avec les symboles de M. Henri Martin et on se demande comment deux peintures peuvent être aussi dissemblables que celles de MM. Rixens et Destrem, ou bien celles de MM. Debat-Ponsan et Henri Martin.

Ces divergences esthétiques donnent une fière idée de la souplesse du génie toulousain; mais elles sont peu favorables à l'unité d'une décoration.

Lorsque je sors de la *Salle des Illustres*, le gardien, qui vient de me montrer quelques murailles encore nues, ajoute : « Après le prochain Salon, cela sera complet. » Je suis de son avis.

.·.

Sur les allées La Fayette, je regarde les gens qui passent. Rien d'espagnol dans leur allure. On dirait des Napolitains, mais des Napolitains actifs et madrés. Le peuple a la démarche alerte et joyeuse; l'alcoolisme ne l'a point marqué de sa tare. Les voix sont sonores, mais se modulent avec art. Les gestes sont larges, mais restent délicatement expressifs. Une sourde ironie se mêle à toutes les expansions.

Ils ont de l'accent; mais point à la façon des Bordelais, qui gasconnent avec une intrépide naïveté. Ils semblent avoir conscience de la gentille drôlerie de leur prononciation et se parodier eux-mêmes par moquerie.

Il y a au musée un joli portrait du poète Goudouli. Ce Toulousain grisonnant, avec ses traits énergiques et rusés, avec sa mine de vieux renard enthousiaste, est une figure très caractéristique. Dans les tramways, au marché, au théâtre, je rencontre Goudouli.

Ce Goudouli-là me paraît un homme véhément et pratique, tumultueux et traditionnel, radical et catholique : il nomme de bien extraordinaires « capitouls » et fraude pour l'honneur des principes révolutionnaires;

il lui arrive pourtant de fréquenter parfois dans les églises, même de chanter à l'office. Et il chante bien.

* *

Le musée Saint-Raymond est installé en face Saint-Sernin, dans une jolie construction crénelée du xv° siècle. Pour transformer en musée cet ancien collège, on a dû percer dans les murailles des fenêtres intempestives.

On a placé là toutes sortes d'antiquités et de curiosités qui appartiennent à la ville de Toulouse. Mais plusieurs de ces bibelots n'ont point seulement un intérêt archéologique. C'est un des plus beaux bronzes antiques qui soient dans nos collections publiques, que ce timon de char où est figuré le combat d'un tigre et d'un cheval. Et quelles précieuses médailles! Et les beaux meubles du xvi° siècle!

C'est au musée Saint-Raymond qu'on a recueilli les restes d'une fresque du xv° siècle, découverte en 1891 sous un badigeon dans l'église de la Dalbade. Il y a parmi ces fragments un portrait de Pape d'une grande et simple allure. Mais le plus précieux des morceaux conservés au musée, c'est la figure d'un jeune pèlerin, vêtu d'un sarrau grisâtre ; il tient un sac sur son épaule droite, et le bras gauche pend le long du corps. Ses traits abrités d'un large chapeau noir sont d'une indicible mélancolie. Sa besace est moins lourde que sa peine. Quel saint va-t-il prier, le pauvre pèlerin sans espoir ?... Ce débris de fresque mutilée a je ne sais quoi de mystérieux qui rend encore plus troublante l'énigme du visage douloureux.

Lorsque cette fresque fut retrouvée, des archéologues toulousains avaient demandé qu'on la laissât en place dans l'église qu'elle décorait. On a préféré en sacrifier les parties les moins bien conservées, et transporter au musée Saint-Raymond les fragments qu'on y voit aujourd'hui. J'ai sous les yeux la reproduction de la peinture telle qu'elle était au moment de la découverte (*Bulletin de la Société d'archéologie du midi de la France*, 1891). C'est un grand malheur qu'on n'ait pas laissé subsister, sans y toucher, les restes de ce chef-d'œuvre.

*
* *

L'église Saint-Étienne, cathédrale de Toulouse, est un monument bizarre et incohérent composé de deux parties qui ne se raccordent pas. La nef a été construite au commencement du xiii° siècle. Le chœur, commencé une cinquantaine d'années plus tard, forme une autre église qui vient buter contre la nef primitive, mais n'est point bâtie dans le même axe.

Depuis longtemps cette irrégularité de construction trouble les Toulousains et, dès le xviii° siècle, on imagina des plans de restauration. On songea, d'abord, à bâtir une seconde nef égale et parallèle à la première. Puis, en 1821, on proposa d'abattre la vieille nef et de continuer le chœur par une nef nouvelle. Peu de temps avant la guerre de 1870, on fit une loterie pour l'achèvement de la cathédrale et on recueillit ainsi 1 million de francs. Aujourd'hui, ce million est encore intact et on discute toujours sur le meilleur usage qu'il faudrait en faire.

Ce qu'il convient d'éviter à tout prix, c'est qu'on ne touche à la vieille nef du XIII° siècle. Cet immense vaisseau de trois travées sans bas côtés a 22 mètres de large et sa voûte à grosses nervures est très grandiose. Ce genre de nef se retrouve souvent dans les églises du Languedoc; il convient merveilleusement à la prédication. L'auditoire est ainsi groupé tout entier sous la chaire du prédicateur. Point de bas côtés où se perde la voix. Point de pilier qui empêche le fidèle de suivre l'action de l'orateur. C'est vraiment un lieu d'assemblée populaire. Il serait impie de jeter par terre cette voûte admirable.

Quant au projet d'une double nef, c'est une conception architecturale bien baroque. Un jour qu'on l'exposait au cardinal Desprez, celui-ci fit judicieusement observer : « Vous voulez donc faire de ma cathédrale une gare de chemin de fer? » D'ailleurs, on ne remédierait point ainsi au vice capital de la construction, car la ligne de séparation des deux nefs ne serait point dans l'axe du chœur.

Le plus sage et le plus économique est de laisser la cathédrale telle qu'elle est. Ce monument manque de symétrie. Mais les deux morceaux dont il est formé sont, chacun pris à part, de haute valeur. Lorsque les architectes auront commencé les démolitions et les restaurations, nul ne sait où ils s'arrêteront.

S'il faut à toutes forces dépenser un million, on peut nettoyer la nef qui est dans un triste état de misère et de délabrement, renouveler le mobilier qui est laid et vulgaire, dégager les colonnes romanes qui soutiennent la galerie au-dessus de la porte d'entrée, achever ou remplacer le clocher qui est disgracieux. Après toutes ces améliorations, il ne restera plus rien du million. La cathédrale de Toulouse sera toujours incohérente. Mais, du moins, on n'aura point remplacé par quelque pastiche froid et insipide les vieilles murailles du comte Raymond VI.

Que si les peintres toulousains tiennent à badigeonner une cathédrale après avoir badigeonné un Capitole, on pourra leur abandonner les murs de la nef. Mais, tout de même, qu'on ne mette point côte à côte la peinture bien sage de M. Debat-Ponsan et les essais de pointillisme de M. Henri Martin!...

*
* *

Toulouse a le renom d'une ville d'art et de lettres. Ce renom est-il toujours mérité? J'interroge là-dessus un « vieux Toulousain » qui me répond :

« Vous avez vu, sous la loggia de l'hôtel d'Assezat, la jolie statue de Clémence Isaure ; elle tient toujours dans sa main les fleurs symboliques. Mais on ne la vénère plus guère, la pauvre Clémence. Des enfants de Toulouse ont prétendu que cette belle dame n'était qu'un mythe, une création de la légende, et il a fallu que, l'an dernier, un archevêque nous vînt du Septentrion pour rabrouer ces archéologues impertinents. La statue est toujours debout ; mais les adorateurs s'en sont allés ; il n'y a plus ici que des indifférents et des sceptiques... De même, Toulouse est toujours par tradition la cité du gai sçavoir. Le culte a toujours ses rites et ses célébrants. Ce sont les fidèles qui manquent.

« Dans ce merveilleux hôtel d'Assezat, beau comme les plus beaux palais de Rome, il y a de vieilles et nombreuses académies. Grâce à la libéralité du dernier propriétaire de cette demeure, il n'est point d'académies au monde dont le logis soit aussi séduisant que le logis des académies toulousaines. L'Académie de législation et la Société de géographie occupent le rez-de-chaussée. Au premier étage siège l'Académie des Jeux floraux et les quarante académiciens s'assemblent dans un clair salon Louis XVI, finement décoré. Plus haut, c'est la riche bibliothèque de la Société archéologique du midi de la France. Et toutes ces sociétés travaillent et publient. Seulement ce sont des acteurs condamnés à jouer devant une salle vide. L'auditoire leur fait défaut. Leurs travaux sont sans écho dans le public. Ces honnêtes gens n'ont ni crédit ni pouvoir. Il existe une Société archéologique. Mais on n'en démolit pas moins Toulouse pierre par pierre. Vous avez sans doute visité, rue des Chapeliers, la cour d'une merveilleuse maison de la Renaissance décorée de bustes saillants ; on va l'abattre ; et il est question de démolir l'élégante construction du vieux collège de Foix. Les ruines s'ajoutent aux ruines. Ah ! si les Toulousains mettaient à défendre Toulouse l'énergie qu'ils dépensent à conquérir Paris !

« Il y a ici une École des Beaux-Arts qui compte près de huit cents élèves. Mais quels fruits donne-t-elle ? De temps en temps, un élève part pour Paris et y obtient le prix de Rome. Puis il réclame une commande de la municipalité et expose au Salon sa grande toile qu'il fait maroufler au Capitole. Mais il n'y a plus à Toulouse ni sculpteurs sur bois, ni orfèvres, ni ferronniers. Toutes ces industries, jadis si florissantes, sont mortes. D'ailleurs, pour qui les exercerait-on? Qui songe à faire décorer sa maison?

« Nous avons un Conservatoire de musique; il forme d'admirables chanteurs qui, sur toutes les scènes de l'Europe, font triompher Toulouse et son accent. Mais nos musiciens dédaignent notre théâtre. Ce n'est point ici qu'on représente *la Burgonde*, qui eût convenu, n'est-il pas vrai? à l'Opéra de Toulouse mieux qu'à celui de Paris. Nous n'avons point une Compagnie d'instrumentistes pour nous donner régulièrement des concerts symphoniques. Le foyer est toujours ardent; mais personne ne vient s'y réchauffer.

« Tout élève de l'École des Beaux-Arts pense à Falguière. Tout élève du Conservatoire pense à Gailhard, et personne ne pense à Toulouse.

« Nos grands hommes sont trop loin. Nous ne les entrevoyons plus que s'ils viennent à Toulouse promener des ministres et des reporters appelés Cadets de Gascogne »!

Ainsi parla le bon Tectosage.

Décembre 1898.

ALBI

Dans le train qui me conduit de Toulouse à Albi, je feuillette un « guide » de la région et, à mesure que je parcours les « éclaircissements historiques » donnés par le petit livre, je mesure mélancoliquement toute l'étendue de mon ignorance. Je n'ai jamais étudié d'une façon particulière l'histoire du Midi durant le moyen âge. J'en suis donc, là-dessus, réduit à mes souvenirs de collège... Je les rassemble : ils tiennent dans le creux de la main. Et comme ils sont menus et incertains!

Les Albigeois... le manichéisme... Raymond VI... « Tuez toujours, Dieu reconnaîtra les siens »... Simon de Montfort... le siège de Toulouse... l'Inquisition, tout cela s'évoque confusément, dans la brume... Puis quelques toiles, dites historiques, entrevues dans les Expositions... Enfin, des figurants et des décors de théâtre, la mise en scène d'un drame ou d'un opéra, je ne sais plus au juste. Je fouille ma mémoire : j'y retrouve encore quelques pages de Michelet, mais bien effacées... Et voilà tout.

C'est une humiliation salutaire que de constater ainsi, en toute sincérité, la vanité d'apprendre. On m'a donné au collège des prix d'histoire et, aujourd'hui, je suis émerveillé des trésors d'érudition que contient mon Joanne!

Heureusement que pour visiter Albi j'aurai des compagnons dont la mémoire est moins débile que la mienne!

* * *

L'admirable cathédrale peut, à la rigueur, se passer de commentaires historiques. Elle parle très haut et elle exprime avec une clarté extraordinaire les rêves, les passions et les besoins des hommes qui l'ont bâtie durant le xive siècle.

Lorsqu'on a commencé de construire cet étrange monument à la fois militaire et religieux, la guerre des Albigeois était terminée. Le Nord et l'orthodoxie étaient vainqueurs. Mais le Languedoc continuait d'être désolé par des bandes d'aventuriers et, d'autre part, les consciences dont la foi avait été longtemps troublée voulaient être raffermies. Les évêques d'Albi bâtirent donc une forteresse imprenable dont les hautes murailles sans saillie ne laissaient aucune prise à l'ennemi; ils la flanquèrent du donjon formidable qui, plus tard surélevé, est devenu le clocher de la cathédrale, puis ils se construisirent tout à côté un palais fortifié qui faisait corps avec l'église : tous les aventuriers qui donnèrent l'assaut à Albi furent repoussés. A l'intérieur, on éleva un vaisseau unique, une de ces nefs languedociennes sans bas côtés qui, comme celle de Saint-Étienne de Toulouse, sont merveilleusement adaptées à la prédication : là, les moines de saint Dominique purent assembler des foules immenses et, par leur parole, effacer dans l'âme du peuple les derniers vestiges de l'hérésie.

De loin, l'aspect de cette citadelle avec ses hauts murs crénelés et ses trente tours flanquantes où se dissimulent les contreforts de l'édifice est presque tragique. Puis on approche : alors, sous le grand soleil, la brique prend un éclat rose, joyeux. Enfin, au débouché d'une rue sombre, on parvient au pied du monument : c'est un enchantement, tant est légère et harmonieuse l'immense forteresse.

On pénètre dans l'église par un escalier latéral, sous un beau porche du xvie siècle, sorte de dais de pierre élégant et somptueux. L'azur du ciel se découpe dans l'ouverture du portail. Les ornements du baldaquin ont été grattés et restaurés ; leur ton neuf contraste douloureusement avec les vieilles pierres. Mais passons. On a commis ici bien d'autres méfaits dont je parlerai tout à l'heure.

Les murs et la voûte, le chœur et les chapelles, tout est peint dans la cathédrale d'Albi. La belle surprise que de découvrir à l'improviste dans ce vieux monument féodal toute l'élégance, toute la joie, toute la lumière de la Renaissance ! Rien ne peut donner l'idée de la magnificence de cette polychromie. Toutes ces peintures ne sont certes ni du même âge, ni de la même valeur. Au xive siècle remonte le grand *Jugement dernier* qui couvre le mur du fond de la nef. Au xve siècle, on a décoré les parois de quelques chapelles. Au commencement du xvie siècle, l'évêque Louis II d'Amboise fit venir à Albi des artistes italiens qui exécutèrent les belles fresques de la voûte et peignirent d'autres chapelles latérales. Cependant l'œuvre ne fut point complètement achevée et certaines parties de l'église, notamment les galeries du second étage sont recouvertes d'une décoration dont la couleur est banale et le dessin vulgaire. Mais les siècles ont passé, tout s'est harmonisé. Sans doute, çà et là, d'impertinentes restaurations sont venues comme à plaisir raviver les contrastes éteints par le temps ; mais l'ensemble est d'une beauté triomphale.

Et les peintres n'ont point seuls travaillé à la gloire de Sainte-Cécile d'Albi. Un peuple de statues et de statuettes garnit les niches et s'abrite sous les clochetons du jubé et du chœur, découpés, fouillés, ajourés. De toutes parts, parmi les feuillages de pierre se dressent des anges, des apôtres, des saints, des empereurs et des prophètes ; et au nombre de ces élégantes sculptures il y a d'incomparables chefs-d'œuvre, telle la Vierge de l'Annonciation à l'entrée du chœur.

On va, on vient d'une fresque à une statue, s'émerveillant d'un geste, amusé d'une expression, diverti par un détail. Mais, quand on retourne se placer devant le jubé, l'on a quelque remords de s'être laissé aller à badauder ici comme en un musée. C'est une mauvaise façon d'écouter une symphonie que de la vouloir disséquer phrase à phrase et de trop admirer les trouvailles de l'instrumentation.

* * *

Autour de l'abside de la cathédrale d'Albi, couronnant les cinq contreforts du chevet, cinq petits clochetons se dressent au-dessus du faîte de l'édifice. Ils sont d'un aspect imprévu, désagréable ; ils ne semblent pas en harmonie avec le reste de la construction. A la base de chacun de ces clochetons, il y a pour le moment de grands échafaudages. J'interroge des Albigeois et voici ce qu'on me raconte :

L'architecte qui a restauré la cathédrale, César Daly, était un artiste très savant, mais aussi, hélas ! doué de beaucoup d'imagination. Comme au-dessus de l'extrême contrefort de l'abside il y avait une tourelle en poivrière, il en conclut qu'on avait jadis formé, puis abandonné le projet de couronner ainsi chacune des tourelles flanquantes. Il y avait trente tourelles, donc, selon Daly, il devait y avoir trente clochetons. Et, imperturbablement, il se mit en mesure d'achever la cathédrale d'Albi, obtint les crédits nécessaires et commença de construire ses clochetons. Mais, quand il eut ainsi « restauré » les cinq tourelles du chevet, on lui fit observer qu'il était parti d'une idée fausse, que la tourelle de l'extrême contrefort était surmontée d'une guérite de guetteur, que jamais on n'avait songé, ni au xive siècle, ni plus tard, à élever ces constructions inutiles et pointues au-dessus de la toiture de la cathédrale d'Albi, que ces clochetons convenaient mal au caractère militaire de l'édifice et juraient avec la sévère simplicité des hautes murailles sans saillie, bref, qu'il était temps d'en finir avec ces fantaisies saugrenues. Daly, je l'ai dit, avait beaucoup d'imagination, mais il avait peu d'entêtement. Il se rendit aux bonnes raisons qu'on lui donnait et s'abstint de construire de nouveaux clochetons. Aujourd'hui, Daly est mort, et un autre architecte (j'ignore son nom) est chargé de « restaurer » la cathédrale d'Albi. Or, pour occuper ses loisirs et dépenser ses crédits, sait-on ce que celui-là a imaginé ? Il abat les clochetons, il démolit la « restauration » de Daly !

Cela n'est point un conte. J'ai vu les échafaudages, j'ai vu les travaux commencés. Chacun de ces clochetons a, paraît-il, coûté une vingtaine de mille francs à bâtir. Combien coûtera la démolition? On ne se contente plus maintenant de restaurer les vieilles églises, on les dérestaure. C'est proprement se moquer du monde.

Daly s'était trompé en bâtissant ses cinq clochetons, cela paraît évident. Mais est-ce bien une raison pour dépenser aujourd'hui une somme considérable afin de les faire disparaître? Et va-t-on maintenant démolir tout ce que, depuis cinquante ans, les architectes ont imaginé pour « achever » les monuments d'autrefois ou leur donner de la symétrie et de l'unité? Ce n'est point seulement à Albi qu'on a commis de ces restaurations téméraires. A Reims, à Rouen, à Beauvais, partout, on a donné dans la fantaisie et commis des bévues. Nous en prendrons notre parti. Mais que, du moins, on n'aille pas remplacer la fantaisie de l'un par la fantaisie de l'autre, substituer une bévue à une autre bévue et dresser autour de nos cathédrales d'éternels échafaudages pour satisfaire tour à tour toutes les écoles d'archéologues.

Chaque année, le Parlement vote des crédits importants afin de sauvegarder les chefs-d'œuvre de l'architecture française. L'intention est louable. Mais il serait utile aussi de savoir comment ces crédits sont répartis et employés: jusqu'ici personne n'en a cure. Ce n'est point sur nos députés qu'il faut compter, je le sais, pour de pareilles enquêtes. Mais dans toutes nos provinces il y a des Sociétés archéologiques composées de bons savants modestes et studieux qui souvent connaissent à fond l'histoire et les monuments de leur pays. Pourquoi ces Sociétés n'agissent-elles point? Pourquoi ne signalent-elles pas à l'administration l'utilité et surtout l'inutilité de telle ou telle restauration projetée? Et si l'administration n'entend point leurs plaintes, pourquoi ne font-elles pas « marcher » leur député? La scène que voici serait vraiment belle : « *Le ministre :* Vous venez encore me désigner un candidat pour les palmes? — *Le député :* Non, monsieur le ministre. — *Le ministre :* Me recommander une institutrice? — *Le député :* Non, monsieur le ministre. — *Le ministre :* Vous plaindre d'un curé? — *Le député :* Non, monsieur le ministre ; *je viens vous demander qu'on ne restaure pas une église.* » Évidemment le ministre serait stupéfait. Mais quelle gloire pour le député et quel honneur pour la Société archéologique! Ni l'un ni l'autre n'auraient, en cette occasion, perdu leur temps.

Déjà, depuis quelques années, à d'heureux symptômes on a pu voir que le public ne demandait qu'à prendre le parti des monuments contre les architectes, des pierres contre les maçons. L'an dernier, l'architecte qui s'était mis en tête de « rebâtir » Versailles, a été arrêté dans son entreprise par les réclamations de quelques artistes indignés. Mais Versailles est près de Paris, Versailles est cher à tous les Parisiens, Versailles a tout de suite trouvé d'illustres et puissants défenseurs. Or c'est par toute la France qu'on a restauré et qu'on restaure encore des châteaux, des palais et des églises. Qui songe à défendre ces vieilles pierres contre le vandalisme des restaurateurs?

Je sais qu'on traite une telle sollicitude de sentimentalité archéologique, et qu'on sourit volontiers de ces « enfantillages romantiques ». Mais on ne voit donc point qu'à raccommoder, modifier et travestir tous nos vieux monuments, on leur enlève leur accent et leur éloquence ! Ce sont pourtant les témoins de notre histoire ; leurs leçons nous sont utiles, et c'est en les écoutant de tout notre cœur que nous saurons être fidèles à nos traditions.

D'ailleurs, en empêchant les restaurateurs de restaurer, nous supprimons un chapitre du budget des beaux-arts. Et faire des économies, c'est encore du patriotisme.

*
* *

Il est dit qu'à chaque pas, je me trouverai en face d'un nouveau méfait d'architecte !

Je me rends à Lescure, tout près d'Albi, pour y voir une petite église romane, célèbre dans tout le midi de la France.

Le site est étrange. L'église est sur le bord du Tarn qui coule, limpide et taciturne, entre deux berges escarpées. On traverse sur un bac qui, en glissant, ride à peine la rivière paisible et transparente. Par cet après-midi de décembre pas un froissement de feuilles, pas un murmure d'insecte ne trouble le silence de la terre endormie : au lointain, seul, le monotone bruissement d'un barrage. Dans le ciel froid et clair, pas un nuage : le Tarn reflète de l'acier.

Elle est charmante, l'église Saint-Michel avec son vieux clocher carré, sa triple nef, et son portail d'un si noble dessin. Mais les restaurateurs ont passé par là ;

ils ont tout gratté. C'est bel et bien une église neuve que j'ai là devant les yeux. L'architecture en est incomparable. Mais ce n'est plus qu'un morceau d'architecture, un « intéressant » bibelot. L'âme du monument s'en est allée. Les racleurs de pierre l'ont chassée.

Qu'on ne m'accuse point d'un aveugle parti pris. Sans doute je n'ai point vu l'église de Lescure avant la « restauration ». Mais, écoutez là-dessus les touchantes doléances d'un des plus savants archéologues du midi de la France qui à une grande érudition joint le goût le plus sûr, M. de Lahondès :

« Un chagrin m'attendait devant le portail célèbre de l'antique église romane. Je le reconnaissais à peine ; je ne retrouvais plus la parure d'or dont les soleils de sept cents étés avaient magnifiquement revêtu ses voussures harmonieuses et puissantes. Il me paraissait en plâtre ou ou en vulgaire terre cuite. On l'a raclé, le malheureux, sous prétexte aussi de le restaurer. Il ne demandait que le respect et n'avait nul besoin d'être profané par une main indiscrète qui a prétendu le rajeunir. C'est non seulement lui enlever son charme impressionnant, mais le crime est plus grave. Si délicatement que coure la râpe sur les moulures, les fleurons ou les figurines des chapiteaux, elle en altère inévitablement la finesse de contour et l'énergie de caractère. Si cette mutilation se renouvelle, que restera-t-il de l'œuvre première ? De plus, cette raclure impitoyable, malheureusement fort à la mode, du moins, il y a quelques années, enlève aux sculptures et aux assises mêmes des murailles le revêtement protecteur, l'épiderme durci que lui avait laissé le cours des années, les écorche pour ainsi dire, et les livre sans défense aux coups des intempéries.

« Combien de monuments ont souffert des restaurations plus encore que des révolutions (1) ! »

(1) *Messager de Toulouse*, 7 novembre 1898.

Décembre 1898.

SOLESMES

La Sarthe coule au pied du monastère de Solesmes. Les coteaux sont bas et les pentes modérées. Çà et là de vieilles fermes, des parcs touffus, quelques prairies. Au loin, par delà les arches d'un grand viaduc, Sablé émergeant de la verdure, et, en amont, les maisons du village de Juigné. Le site, presque angevin, est d'une grande douceur. La terrasse du couvent, d'où l'on domine la Sarthe, est un champ de roses. « Les oiseaux chantent toute la journée, écrivait Louis Veuillot de Solesmes ; les moines à peu près de même, et la rivière ne se tait ni jour ni nuit. » Et ce sont bien là les seuls bruits de cette retraite charmante.

Le couvent se compose d'une vieille église abbatiale où sont de célèbres sculptures, d'un grand pavillon bâti au XVIIIe siècle par les moines de la congrégation de Saint-Maur et d'un immense monastère élevé en ces deux dernières années. Ce grand édifice de style roman se dresse sur le bord de la rivière. Il fait suite aux constructions d'autrefois; mais, grâce à d'habiles raccords et aux choix heureux des matériaux, le contraste s'efface et l'ensemble est harmonieux.

Ce monument nouveau est un chef-d'œuvre et je crois bien qu'il sera l'honneur de l'architecture de notre temps. Son auteur est un moine, le R. P. dom Mellet. Comme j'exprimais ma profonde admiration à l'un des bénédictins de Solesmes, celui-ci me répondit : « Mais le Révérend Père a été élève de l'École des Beaux-Arts! » Qui l'eût dit? Et quel malheur que, après avoir étudié rue Bonaparte, un grand nombre de nos architectes ne songent pas à se soumettre à la règle de saint Benoît!

La façade est simple, sévère, vraiment religieuse, sans aucun souvenir d'architecture militaire; elle n'a ni créneaux, ni mâchicoulis. Elle est percée de fenêtres peu nombreuses disposées avec une dyssymétrie charmante qui est le seul agrément de cet austère édifice. (Cet heureux mépris de la symétrie se retrouve dans toutes les parties du monastère.) La muraille flanquée d'une formidable tour carrée est superbe à contempler de la rive opposée de la Sarthe. Les soubassements ont quelque lourdeur; mais cet inconvénient disparaîtra quand on aura masqué par des verdures les assises nues et monotones.

A l'intérieur, l'impression est plus grandiose encore. Dans les escaliers, dans les galeries où sont les cellules des moines, dans le grand réfectoire aux tables massives, on est partout frappé de l'admirable appropriation du monument à ses fins. C'est une magnifique demeure de prière et de travail. L'architecte s'est humblement soumis à la règle de son Ordre, et c'est cette règle même qui a inspiré les plans et dressé les murailles. La construction tout entière respire la foi; elle défie les siècles; elle semble écraser les hommes qui l'habitent. Cependant, elle n'est ni sombre, ni mélancolique; ses ouvertures sont étroites; mais on a voulu qu'elles fussent placées pour la joie des yeux et permissent aux reclus de goûter toute la grâce de la nature, tout le charme de la douce et paisible vallée.

Surtout n'allez pas croire que le monastère de Solesmes soit une imitation servile des monuments les plus célèbres du moyen âge. Il est de style roman ; mais c'est bel et bien une œuvre originale et de prime-saut.

Cet édifice neuf, consacré à la vie monastique, est éclairé à l'électricité ; il est chauffé à la vapeur ; on va y installer un ascenseur. Dans ce logis très moderne, les moines de saint Benoît continuent leur vie de pénitence et d'ascétisme.

*
* *

Solesmes, c'est dom Guéranger. L'abbaye est pleine du souvenir de son grand fondateur. Vingt-quatre années après sa mort, celui-ci est encore l'âme vivante du monastère. Le bénédictin qui me fait visiter le couvent m'indique, avec un accent de vénération, où était la cellule de dom Guéranger. Dans la salle du Chapitre, voici son portrait. Dominant le cloître, voici son buste. Tout le monde connaît cette admirable figure que la gravure de Gaillard a rendue populaire. Elle rayonne d'intelligence et d'énergie, avec cette indéfinissable expression de spiritualité et de bonhomie qu'il faut bien appeler une expression « bénédictine » puisqu'on la retrouve toute pareille sur les visages des moines du XVIe siècle sculptés dans l'église et sur les visages des Pères, qui, hier, chantaient dans les stalles du chœur l'office de la Nativité de saint Jean.

Quand, le 11 juillet 1833, l'abbé Guéranger, quatre

autres ecclésiastiques et deux laïques se réunirent à Solesmes pour y restaurer l'ordre des bénédictins, le monastère était abandonné depuis quarante-deux ans. Ce fut dans une église dévastée que la petite troupe entonna le cantique d'Israël au retour de la captivité. Vers la même époque (28 septembre 1833), Lamennais écrivait à Montalembert : « Voici mon pronostic sur M. Guéranger et son entreprise : ou ils ne feront absolument rien, et alors leur œuvre s'éteindra d'elle-même ; ou ils essayeront de faire quelque chose, et alors ils seront détruits violemment. » Lamennais fut mauvais prophète.

L'œuvre a grandi, au delà même des espoirs de son fondateur. Les moines de Solesmes ont essaimé en France, en Allemagne, en Belgique. Les idées de dom Guéranger sont devenues celles de la communauté catholique. Après sa mort, l'ordre a continué de prospérer. Les persécutions sont venues ; mais elles ont passé. Et, aujourd'hui, un monastère grandiose et magnifique se dresse sur les bords de la Sarthe, attestant la vitalité miraculeuse de l'ordre de saint Benoît.

C'est que l'histoire de Solesmes se confond avec l'histoire du catholicisme au XIXe siècle. Dom Guéranger a poursuivi avec une ardeur inlassable une lutte de quarante années contre le jansénisme et le gallicanisme. Il a voulu effacer les dernières traces de l'hérésie janséniste en travaillant de toutes ses forces à la diffusion des dévotions nouvelles au Sacré-Cœur et à l'Immaculée-Conception. Mais son grand ennemi, ce fut le gallicanisme. Il a développé et défendu les idées que l'ami et le maître de sa jeunesse, Lamennais, avait prêchées jusqu'en 1830. Ses premiers écrits sont des articles sur la liturgie romaine parus en 1828 dans le *Mémorial catholique*, revue des lamennaisiens. La politique emporta Lamennais vers d'autres parages ; le clergé français, dont il avait rêvé l'affranchissement, s'éloigna de lui, et Rome, dont il avait voulu consacrer la toute-puissance, le condamna. Dom Guéranger continua, dans l'Église et avec l'Église, l'œuvre ébauchée par Lamennais. Il avait « une instruction ecclésiastique peu commune » (le jugement est de Lamennais lui-même) ; mais il avait aussi l'âme obéissante d'un moine. Il fut de ceux qui préparèrent la décision du Concile du Vatican en rendant éclatante pour tous la souveraine beauté de la liturgie romaine. Pie IX l'appelait « le restaurateur de la liturgie romaine en France ». Et ce fut bien là l'œuvre capitale de dom Guéranger dans l'évolution du catholicisme. Ses *Institutions liturgiques* ont convaincu le plus grand nombre des évêques ; son *Année liturgique* a persuadé les fidèles ; les diocèses de France ont peu à peu abandonné leurs livres et leur cérémonial particuliers. L'unité du culte romain a incliné les âmes à reconnaître l'omnipotence de Rome. Solesmes a été la citadelle de l'ultramontanisme français, — et en définitive, c'est l'ultramontanisme qui a vaincu.

*
* *

Solesmes est, en quelque sorte, une école de liturgie, non pas que les bénédictins *enseignent*, mais leurs offices sont, pour ainsi dire, des offices modèles. Nulle part, le culte catholique n'est célébré avec un pareil souci

de la beauté des rites. Les ornements ne sont ni
d'une richesse ni d'une magnificence extraordinaires.
Mais ce qui fait ici l'incomparable splendeur des cérémonies, c'est la gravité des officiants, l'harmonie des
évolutions, la piété des attitudes, un mystérieux pouvoir
qui meut les corps, ploie les reins, courbe les fronts,
voile les regards et infléchit les voix selon le rythme
mystérieux des méditations et des prières. Les symboles
les plus lointains de l'antique liturgie nous sont révélés
en toute clarté, tant sont expressifs les mouvements
simples presque familiers de ces moines qui consument
leurs jours à scruter le sens intime des paroles et des
gestes sacrés. Le culte est restitué en sa primitive ingénuité. Devant l'autel, l'orchestrique a repris sa place à
côté de sa sœur, la musique.

Je viens d'assister à un office grandiose. Le 24 juin,
jour de la Saint-Jean, six novices ont été reçus à la
Profession. On a souvent décrit ces sortes de cérémonies.
L'un des rites les plus connus est le simulacre d'ensevelissement auquel on soumet le nouveau religieux,
pour signifier qu'il est mort au monde, le drap noir
qu'on étend sur son corps prosterné, les flambeaux qu'on
allume et l'encensoir qu'on promène en silence ainsi
qu'autour d'un cercueil. (Rappelez-vous, dans *René*, la
prise de voile d'Amélie : « Pour mourir au monde, il fallait qu'elle passât par le tombeau, etc... ») Cependant,
cet appareil lugubre n'est point essentiel ; car, on l'a
omis à Solesmes.

C'est une longue suite d'admirables tableaux que
forment les marches, les agenouillements, les révérences,
les allées et venues des moines, des novices et des offi-

ciants; l'entrée de l'abbé dans l'église avec la *cappa magna*, dont un Père tient la lourde traîne; la procession des moines ramenant les novices du Chapitre et précédée de l'abbé, cette fois vêtu d'habits pontificaux, la mitre en tête et la crosse d'ivoire à la main; l'interrogatoire des novices; la signature des Professions sur l'autel; le défilé des six novices tenant chacun sur sa poitrine la Charte de la Profession et la promenant tout autour du chœur pour la montrer à l'abbé, aux ministres, aux moines, qui s'inclinent en silence; puis la Profession même, les profès, répétant, les bras étendus, d'une voix de plus en plus haute, le *Suscipe me, Domine*, et, enfin, le baiser de paix donné par tous les moines à leurs nouveaux frères. Et toutes ces évolutions sont accompagnées des chants merveilleux de la liturgie, chantés comme le voulait saint Benoît lui-même, « de telle manière que notre esprit soit d'accord avec notre voix ».

*
* *

Un grand mouvement musical est parti de Solesmes: il gagne la France; il gagne la chrétienté. Le plain-chant restauré est apparu, grâce aux disciples de dom Guéranger, comme la plus pure et la plus noble des musiques que les hommes aient jamais entendues. La résurrection de la cantilène grégorienne passionne aujourd'hui non seulement les catholiques, mais tous ceux qui sur cette terre sentent la beauté d'une mélodie.

Quand, après trois siècles d'humanisme, les poètes, les historiens, les rêveurs, et, à leur suite, les archéologues, découvrirent l'art et la littérature du moyen âge, ils célébrèrent la magnificence des antiques épopées et des vieilles cathédrales ; mais ils ignorèrent tout de la musique du passé. Il faut lire dans *le Génie du Christianisme* les pages admirables, mais bien déconcertantes, de Chateaubriand sur le chant grégorien.

Cependant dom Guéranger, dans ses études sur la liturgie, fut amené à s'occuper de la musique d'église, et il invita ses moines à fouiller les plus anciens manuscrits et à restituer aux chrétiens les cantilènes de Grégoire le Grand. Les moines retournèrent aux sources et retrouvèrent les textes de la musique primitive. De ces recherches sortirent les nouvelles éditions du *Graduel* et de *l'Antiphonaire* et le recueil de la *Paléographie musicale*. Mais il ne suffisait point de publier des livres exacts et conformes aux vieux manuscrits ; il fallait encore remettre en vigueur les vraies traditions d'exécution depuis longtemps abandonnées par les chantres de toutes les églises. Pour cette double tâche les érudits devaient être en même temps des musiciens. L'auteur de cette restauration qui exigeait un savoir profond et un goût sûr fut le R. P. dom Pothier. Si vous allez jamais à Solesmes, commencez par lire son petit livre sur *les Mélodies grégoriennes* : c'est l'œuvre d'un merveilleux artiste. Aujourd'hui, dom Pothier a quitté Solesmes pour devenir abbé de Saint-Wandrille. Mais son enseignement est vivace, et le R. P. dom Mocquereau, directeur de la *Paléographie musicale*, continue de faire des chants de Solesmes les plus beaux chants qui soient au monde. J'ai assisté à une leçon donnée par ce bénédictin aux enfants de la *Schola cantorum*, venus en pèlerinage à Solesmes, comme au sanctuaire même de la musique religieuse. Avec quel goût et quel amour ce moine s'appliquait à dévoiler à ses petits élèves la beauté mystérieuse des vieilles mélodies !

Il faut avoir assisté aux offices de Solesmes pour comprendre et toute la beauté du chant grégorien et la grandeur de la réforme bénédictine.

Le plain-chant de nos églises est informe, rugueux et barbare. Il n'a plus ni rythme, ni expression. La psalmodie est pitoyablement martelée. Les chantres hurlent et les enfants de chœur glapissent.

Ce qu'on entend à Saint-Pierre de Solesmes n'a nul rapport avec ce vacarme indistinct et monotone, bien fait pour pousser ceux qui le produisent et ceux qui l'écoutent à l'*acedia*, péché capital, au dire des théologiens, puisque c'est le dégoût des choses de Dieu. Tout ici devient clair, suave et mélodieux. Une prononciation fortement accentuée (le latin est prononcé à l'italienne) sauve la psalmodie de toute mièvrerie. Le rythme est libre, mais jamais indéterminé, puisqu'il obéit étroitement au sens du texte. La cantilène se déroule et ondule avec des inflexions très douces et très lentes, avec des nuances légères et fondues. Le chant sacré demeure expressif ; mais son expression est spirituelle. Il traduit en toute sérénité la joie, la confiance et l'humilité du moine agenouillé. Il est la transcription lyrique de la louange ou de la prière. Le souffle d'aucune passion humaine ne vient rider la surface transparente de la mélodie.....

Mais le miracle est peut-être plus surprenant et plus merveilleux encore au couvent de Sainte-Cécile. C'est un monastère de bénédictines fondé à Solesmes même par dom Guéranger et dont la prospérité est aujourd'hui prodigieuse. Là se révèle, en son suprême éclat, la beauté de la mélodie grégorienne.

A travers la grille du chœur on entrevoit de biais les robes noires, les guimpes blanches et les livres d'heures à tranches rouges de quelques moniales se détachant sur l'austère boiserie des stalles. On devine, par delà, d'autres robes, d'autres guimpes, et d'autres livres d'heures. Et le mystère de ce chœur invisible donne aux chants un accent lointain qui émeut et ravit. Puis l'allégresse pieuse et naïve des cantilènes grégoriennes est si bien rendue par des interprètes féminins ! Ces religieuses ont un timbre clair, presque enfantin, comme si les années, clémentes au visage pâle des nonnes, respectaient, avec la fraîcheur de leurs traits, la fraîcheur de leur voix. Tout est grâce et pureté. Les antiennes se déroulent doucement comme des fumées légères sorties d'un encensoir. Les vocalises des alleluias s'effeuillent comme des roses sous la brise. Les psaumes ont des murmures et des limpidités de ruisseau. Et, lorsque, les chants finis, les voix plus basses et plus rapides récitent un verset, on dirait le brusque passage d'un essaim bourdonnant au soleil...

.*.

Les deux transepts de l'église abbatiale de Saint-Pierre contiennent une série de groupes de sculpture connus sous le nom de *Saints de Solesmes*. Le monument du transept droit, *l'Ensevelissement du Christ*, est des dernières années du xve siècle. Les monuments du transept gauche (*la Mort*, *l'Assomption* et *la Sépulture de la Vierge*, les scènes de *l'Apocalypse*) sont de la première partie du XVIe ; l'un d'eux, Jésus, *Jésus parmi les docteurs*, doit être de la fin du XVIe ou du commencement du XVIIe.

On ne connaît pas d'une façon certaine le nom des auteurs de ces diverses sculptures. M. E. Cartier, dans une étude très intéressante, a cru pouvoir attribuer *l'Ensevelissement du Christ* à Michel Colombe et *l'Histoire de la Vierge* aux frères Vriendt Floris d'Anvers. Je suis incompétent pour discuter ces conjectures, qui, d'ailleurs, paraissent au premier abord assez vraisemblables. Mais ce qui n'échappera à personne, devant les *Saints de Solesmes*, c'est que cette suite d'images résume à merveille l'histoire d'un siècle de notre sculpture et que, nulle part mieux qu'ici, on ne saurait saisir la transition de la Renaissance française à la Renaissance italienne.

Qu'elle soit ou non l'œuvre de l'atelier de Michel Colombe, la Mise au tombeau de Jésus a encore presque tous les caractères de l'art français. Elle en garde le sobre réalisme et la vérité familière. L'exécution n'en est pas toujours d'une grande habileté. Le Nicodème est sculpté d'un ciseau un peu lourd. Le mouvement du disciple qui tient un vase de parfums appartient à la convention traditionnelle. Mais que les attitudes des saintes femmes, leur visage de pitié et leurs mains jointes sont attendrissants ! Le beau portrait énergiquement caractérisé que la figure du Joseph d'Arimathie ! Et quel naturel dans le geste des deux mains dont il soutient le linceul ! Le chef-d'œuvre, c'est cette Madeleine, assise à terre devant le tombeau, les deux coudes repliés sur les genoux, les doigts entrecroisés et les yeux clos pour la prière.

Le cadre est d'une architecture délicate, et la voûte surbaissée où sont nichés la tombe et les personnages est bordée de charmants rinceaux de feuillage et d'une broderie de petits arcs trilobés. Au-dessus du tombeau du Christ, on a placé les figures de David et d'Isaïe, déjà un peu italianisées. Un calvaire couronne ce monument de lignes simples et de proportions harmonieuses.

Mais, pendant que les imagiers travaillaient à Solesmes, il se passait un événement capital pour les destinées de l'art français. Charles VIII avait été en Italie et en avait ramené, en même temps qu'une troupe d'artistes italiens, « 97 000 livres pesant de tapisseries, librairies, peintures, pierre de marbre et de porphyre, et autres meubles ». C'était le goût italien qui envahissait la France. Et, de cette invasion, voici la trace à Solesmes même. Les pilastres qui se dressent des deux côtés de la Mise au tombeau sont chargés d'arabesques ; et alors même qu'on n'y lirait point le millésime de 1496, cette soudaine apparition du style italien suffirait à dater l'achèvement du monument.

Dans les sculptures du transept opposé, c'est la Renaissance italienne qui triomphe de toutes les traditions de l'art national. Français ou Flamands, les auteurs de ces groupes-là ont été à l'école de l'Italie ; ils y ont perdu leurs qualités natives ; à peine les retrouvent-ils dans quelques figures accessoires fortement individualisées, et qui sont, à n'en pas douter, des portraits de moines. Mais les architectures sont pompeuses et ornées à l'excès. Les poses des personnages sont tourmentées, faussées par des réminiscences de l'antique. L'harmonie des groupes est rompue, sauf dans *l'Ensevelissement de la Vierge* où la nécessité de donner un pendant, à l'admirable *Ensevelissement du Christ* a forcé les artistes à plus de goût et de mesure.

On voit ici en plein les deux grands vices de la Renaissance du xvie siècle. L'art est devenu éclectique : considérez cette étrange décoration où voisinent des arabesques raphaelesques et des motifs d'une imagination toute septentrionale comme des guirlandes funéraires et des têtes de mort. Mais, surtout, il est devenu individualiste : les divers artistes qui ont ici travaillé n'ont eu nul souci de l'unité du monument auquel ils collaboraient ; chacun a donné libre carrière à sa virtuosité ; d'où de cruelles disparates. Ajoutez l'irrémédiable divorce de l'architecture et de la sculpture, la première exagérant les dimensions et le luxe du cadre, la seconde encombrant d'images trop nombreuses les étroits espaces que lui a laissés la folle opulence de l'ornementation... C'est tout un chapitre d'histoire qu'on lit ainsi sur les murailles de Solesmes ; il est mélancolique ; car c'est le récit d'une grande décadence.

Cependant, après en avoir médité les tristes enseignements, il est doux de revenir se placer devant la Madeleine, merveille de noblesse, de grâce et de ferveur, belle comme une paysanne de Millet, et d'achever sa rêverie par une juste action de grâce au maître inconnu qui sculpta ce chef-d'œuvre.

* * *

J'ai mal rendu, — je le sens bien, — le charme de Solesmes. Ce charme est si complexe et si subtil ! On est ici sollicité par tant de rêveries ; on est ému par des beautés si diverses, par la magnificence des liturgies et des chants, par la sévère noblesse des édifices, par la grâce des vieilles sculptures, par la douceur de la campagne.

Sur tout cela est répandu comme un air d'allégresse. Il y a, dans l'atmosphère qu'on respire, quelque chose de libre et de léger qui met en fuite les idées préconçues du siècle sur les choses monastiques. Quand les moniales, défilant deux par deux, viennent s'agenouiller devant l'autel, puis se saluent avant d'aller prendre leurs places aux deux côtés du chœur, leur démarche et leurs mouvements, cadencés selon les rites, n'ont, pourtant, ni raideur ni excès de précision : c'est comme l'élan spontané de leur ferveur commune. Leurs voix, assouplies par une méthode uniforme, gardent, malgré tout, de délicates variétés d'accent. Le chant lui-même, le chant grégorien, tel que l'ont restitué les bénédictins, est une musique étrangement libre et c'est un de ses caractères essentiels que, affranchi de la *mesure*, il n'est plus soumis qu'à la loi large, spirituelle et vivante des *rythmes*. Et il y a encore je ne sais quoi de grégorien dans l'œuvre d'architecture accomplie par le R. P. Mellet, dans cette imposante et massive construction où, néanmoins, règne en souverain le caprice d'une imagination rebelle aux froides symétries.

Ces contrastes singuliers me seraient demeurés inexplicables si, à Solesmes même, on ne m'avait mis entre les mains la règle de Saint-Benoît, traduite par dom Guéranger. J'ai lu et j'ai compris. Rien de minutieux, rien de méthodique dans ce petit livre qui est un recueil de préceptes et non un code de discipline « Nous allons donc constituer, dit saint Benoît, une école où l'on apprenne le service du Seigneur. En l'instituant, nous espérons n'y rien établir de rigoureux, ni rien de trop pénible... » C'est la souplesse même de cette règle suprême qui se retrouve dans toute l'œuvre bénédictine, et qui lui donne une apparence d'aisance, de flexibilité, d'élégance.

Durant la cérémonie de la Profession, on dépose près de l'autel les habits monastiques du futur profès. Mais on couvre de fleurs la laine sombre et grossière. Et ces roses jetées sur la bure sont un merveilleux symbole. Voilà le charme grave et joyeux de Solesmes, lieu de renoncement et de pénitence, où s'épanouissent les roses de juin et les cantilènes divines.

Juin 1899.

MAINTENON

Il y a dans l'*Éducation sentimentale* un bref dialogue qui me revient à la mémoire chaque fois que je pénètre dans une demeure historique.

Frédéric et Rosanette visitaient le château de Fontainebleau. Devant le portrait de Diane de Poitiers en Diane Infernale, Frédéric « se mit à considérer tendrement Rosanette en lui demandant si elle n'aurait pas voulu être cette femme.

« — Quelle femme?

« — Diane de Poitiers!

« Il répéta :

« — Diane de Poitiers, la maîtresse de Henri II.

« Elle fit un petit : « Ah! » Ce fut tout.

« Son mutisme prouvait clairement qu'elle ne savait rien, ne comprenait pas, si bien que, par complaisance, il lui dit :

« — Tu t'ennuies peut-être?

« — Non, non, au contraire!

« Et, le menton levé, tout en promenant à l'entour un regard des plus vagues, Rosanette lâcha ce mot :

« — *Ça rappelle des souvenirs!*

« Cependant, on apercevait sur sa mine un effort, une intention de respect... »

Ça rappelle des souvenirs. Rosanette ne sait pas au

juste lesquels. Mais sa formule traduit — et avec quelle lumineuse simplicité ! — le charme des vieux châteaux et des vieux jardins où flotte l'exhalaison des siècles. Elle « bâille démesurément » en respirant ce vague parfum, parce qu'elle est dépourvue de littérature. Cependant, elle pressent et respecte les rêveries mélancoliques et distinguées des personnes qui savent l'histoire de France. Et d'ailleurs, si ces dernières voulaient, à leur tour, exprimer le plaisir qu'elles prennent à visiter des lieux historiques, je les défierais de trouver d'autres mots que ceux dont use Rosanette elle-même.

Ce plaisir-là est un des plus vifs que puisse se donner un flâneur qui aime le passé, mais dont l'imagination nonchalante exige, pour se mettre en branle, la vision des vieux décors et la suggestion des paysages. C'est aussi un de ceux qu'il peut se donner le plus facilement. La terre de France est tellement imprégnée d'histoire ! Partout « ça rappelle des souvenirs ».

C'est donc pour chercher des « souvenirs » que, par un clair et limpide après-midi d'octobre, j'ai visité Maintenon et son parc. J'avais auparavant relu la correspondance de Mme de Maintenon et feuilleté quelques lettres de Mme de Sévigné. Ma mémoire est un peu moins inculte que celle de Rosanette. Mais, tout de même, je suis épouvanté, le jour où je veux *rapprendre*, de m'apercevoir combien de choses j'ai désapprises, si jamais je les ai sues.

* * *

Le château de Maintenon date du xvie siècle. Depuis, il a été continué, agrandi, sans qu'on ait rigoureusement suivi le plan primitif. Il est de pierre et de brique, ouvragé et ciselé comme les joyaux de la Renaissance française. Ses deux ailes disparates se terminent l'une par un grand donjon de pierre, l'autre par une tour ronde en brique. Certaines parties ont été restaurées, d'autres ont conservé leur aspect de vétusté... Mais ici, comme partout ailleurs, le temps a fait son œuvre harmonieuse et, ce que les siècles n'ont point encore achevé, la douce lumière se charge de l'accomplir. Diversité des styles, discordances des diverses parties de la construction, lignes bizarres et brisées que dessinent sur le ciel les toitures inégales, les tourelles, les tours et le donjon, rien ne déconcerte, rien ne choque. Tout se fond en un ensemble robuste et élégant. Les contrastes mêmes, nés du hasard, paraissent la fantaisie préméditée d'un artiste qui conçut une œuvre à la fois imposante et gracieuse. L'artiste, c'est le soleil d'automne.

Devant le château, s'étend un grand parc qui offre aussi de singuliers contrastes. D'abord, de rectilignes parterres à la française. Puis, un long canal droit et uni entre deux berges gazonnées; c'est du Le Nôtre, du pur Le Nôtre. Mais, des deux côtés du canal, ces rigoureux dessins s'effacent et ce sont de vastes prairies grasses et humides, semées d'admirables bouquets d'arbres; Le Nôtre n'a jamais passé par là. La nature et le xviie siècle se sont maintenant réconciliés et le parc de Maintenon garde cette séduction propre à tant de vieux parcs français qui sont ennoblis par les vestiges majestueux de l'art versaillais.

Ce qui fait son originale beauté, c'est l'aqueduc en ruine qui le traverse dans toute sa largeur. Ces immenses arcades à demi écroulées, enveloppées de lierres et de vignes vierges, donnent au site une mélancolie solennelle. Ce sont les restes de l'aqueduc que Louis XIV avait entrepris de construire pour amener à Versailles les eaux de l'Eure, entreprise gigantesque qui fut parmi les plus désastreuses du règne. Les troupes employées à ce travail furent décimées par de terribles épidémies, dues à l'exhalaison des terres remuées. Dix mille hommes, dit-on, y trouvèrent la mort, et cinquante millions y furent dépensés. La guerre interrompit les travaux, en 1688, « sans qu'ils aient été repris depuis, dit Saint-Simon ; il n'en est resté que d'informes monuments qui éterniseront cette cruelle folie ». Et, en 1687, Racine, venu à Maintenon, décrivait à Boileau ces arcades « bâties pour l'éternité » ! Au XVIII° siècle, les architectes chargés de construire le château de Crécy pour Mme de Pompadour vinrent s'approvisionner de matériaux dans l'ancien domaine de Mme de Maintenon... Ces souvenirs divers sont un excellent thème de méditation sur les bords du grand canal immobile où se reflète le prodigieux décor romantique.

Dans l'intérieur du château, on est admis à visiter l'oratoire où sont d'élégantes boiseries du XVI° siècle ; — la chambre du roi, où sont réunies quelques peintures du XVII° siècle : un joli portrait de Mme de Maintenon jeune et un autre de Mme de Thiange, sœur de Mme de Montespan, — et enfin, l'appartement de Mme de Maintenon.

Ce qu'on appelle l'appartement de Mme de Maintenon se compose de deux pièces étroites, garnies de meubles du XVII° siècle : j'ignore si ce sont des originaux ou des reproductions. Deux portraits attirent tout de suite l'attention, l'un de Mme de Maintenon, l'autre de Charles X.

Le portrait de Mme de Maintenon est la copie du Mignard du Louvre. « Elle est habillée en sainte Françoise Romaine ; Mignard l'a embellie ; mais c'est sans fadeur, sans incarnat, sans blanc, sans l'air de la jeunesse ; et, sans toutes ces perfections, il nous fait voir un visage et une physionomie au-dessus de tout ce que l'on peut dire; des yeux animés, une grâce parfaite, point d'atours et, avec tout cela, aucun portrait ne tient au-dessus du sien. » (Lettre de Mme de Coulange à Mme de Sévigné, 29 octobre 1694.) Mme de Coulange ne compte point parmi les atours le manteau d'hermine, le manteau royal jeté sur les épaules de sainte Françoise Romaine : Louis XIV l'avait imposé au peintre et ce fut une des rares circonstances où il avoua presque officiellement le mystérieux mariage. Ce portrait, à la vérité, est une des meilleures toiles de Mignard. Mais, même sans le témoignage de Mme de Coulange, nous nous serions douté que l'artiste embellit son modèle. En 1694, Mme de Maintenon avait cinquante-neuf ans.

Quant au portrait de Charles X, il est là pour rappeler que, en 1830, le dernier des Bourbons fuyant de Rambouillet s'en vint ici « au milieu de la colonne funèbre qu'éclairait à peine la lune voilée » (Chateaubriand) et qu'il trouva, pour une nuit, asile dans la chambre de Mme de Maintenon.

*
* *

Ce fut le 27 décembre 1674 que Mme Scarron devint propriétaire du château et du domaine de Maintenon, moyennant deux cent cinquante mille livres. Louis XIV lui fit ce cadeau en reconnaissance des soins qu'elle donnait depuis cinq ans aux enfants de M{{me}} de Montespan. A cette époque la mission, d'abord secrète, de la gouvernante était devenue une sorte de charge officielle. Les bâtards avaient été reconnus en 1673. M{{me}} Scarron avait donc quitté la mystérieuse maison qu'elle habitait « au fin fond du faubourg Saint-Germain... quasi auprès de Vaugirard ». Elle paraissait à la cour. Mais elle avait mesuré les périls de sa position et elle songeait à se mettre à l'abri des coups de fortune et à se ménager un « établissement ».

Les lettres qu'elle adressait alors à son directeur, l'abbé Gobelin, étaient pleines du récit de ses appréhensions et de ses tristesses. Elle cherchait une terre où elle pût se retirer et mener la vie de solitude et de dévotion qui était alors dans ses vœux. Enfin, elle obtint de M{{me}} de Montespan et du roi le don de Maintenon, et, deux mois plus tard, elle fit part à son amie, M{{me}} de Coulange, de ses premières impressions de propriétaire :

« J'ai plus d'impatience de vous dire des nouvelles de Maintenon que vous n'en avez d'en apprendre. J'y ai été deux jours qui m'ont paru un moment; mon cœur y est attaché. N'admirez-vous pas qu'à mon âge je m'attache à ces choses-là comme un enfant? C'est une assez belle maison : un peu trop grande pour le train que j'y destine. Elle a de fort beaux dehors, des bois où M{{me}} de Sévigné rêverait à M{{me}} de Grignan fort à son aise. Je voudrais y demeurer; mais le temps n'est pas encore venu. »

Il ne vint jamais. M{{me}} de Maintenon, — le roi avait donné ce nom à la veuve de Scarron, — demeura à la cour pour y poursuivre son grand dessein : la conversion de Louis XIV. Non pas que ce projet fût dès lors clairement formé dans son esprit. Mais, peu à peu, elle vit sa faveur grandir, le roi se détacher de Mᵐᵉ de Montespan et tout conspirer pour assurer sa victoire, qui devait être celle de Dieu. Elle dut donc abandonner ses projets de retraite et rester à Versailles, sur le champ de bataille. Elle eut des heures de lassitude et de tristesse; mais, soutenue par l'orgueil et la dévotion, elle se remettait toujours à cette vie de cour qui, selon l'expression de La Bruyère, est un « jeu sérieux, mélancolique, qui applique ».

Il lui fallut d'abord se débattre contre les caprices, les colères et les jalousies de la Montespan. Car, entre les deux femmes, l'aversion était profonde : « C'est une aigreur, dit Mᵐᵉ de Sévigné, c'est une antipathie, c'est du blanc, c'est du noir. Vous demandez d'où vient cela? C'est que l'amie (Mᵐᵉ de Maintenon) est d'un orgueil qui la rend révoltée contre les ordres de l'autre. Elle n'aime pas à obéir. Elle veut bien être au père, mais pas à la mère. » Un instant, les prédications de Bourdaloue et les objurgations de Bossuet avaient déterminé le roi à rompre avec la Montespan (carême de 1675) et, avant de partir pour la campagne de Flandre, Louis XIV avait fait ses adieux à la favorite dans un cabinet vitré, sous les yeux de la cour. Mais, au retour du roi, l'œuvre des dévots s'effondra. La Montespan reprit son empire. « Quel triomphe à Versailles! quel orgueil redoublé! quel solide établissement! quelle duchesse de Valentinois! quel ragoût, même par les distractions et par l'absence! quelle reprise de possession! » (Personne n'a exprimé comme Mᵐᵉ de Sévigné le dramatique de ces spectacles de cour.) Après cette éclatante rentrée en grâce, on s'attendait à voir diminuer la faveur de Mme de Maintenon. Mais elle avait de la patience et de l'esprit. Sa modération et son bon sens charmaient le roi que lassaient les éclats passionnés de sa maîtresse, et qu'allaient bientôt troubler les effroyables révélations du procès de la Voisin. A la Montespan succéda, il est vrai, une favorite nouvelle : Mlle de Fontange. Mais celle-là était « belle comme un ange et bête comme un panier ». Elle était peu redoutable; son règne passa vite. Et Mme de Maintenon continua de faire connaître au roi « un pays nouveau qui lui était inconnu, qui est le commerce de l'amitié et de la conversation, sans contrainte et sans chicane ». Mais, encore, que d'efforts et de soucis jusqu'au jour du triomphe définitif, c'est-à-dire jusqu'au mariage secret !

Si l'on parcourt sa correspondance, on trouve bien peu de lettres datées de Maintenon. Durant les dix années qu'elle mit à conquérir et à fixer l'affection du roi, elle ne fit dans son château que de rares et brefs séjours. Louis XIV avait, il est vrai, chargé Le Nôtre « d'ajuster cette belle et laide terre ». Le domaine s'était agrandi par des acquisitions nouvelles. Mais sa fonction de gouvernante et, plus tard, lorsqu'elle fut dame d'atour de la Dauphine, la volonté de Louis XIV retinrent à la cour Mme de Maintenon.

La seule fois qu'elle demeura quelques mois à Maintenon, ce fut, semble-t-il, au printemps de 1779; Mme de Montespan, que le roi négligeait alors pour Mlle de Ludres, était venue demander asile à l'amie de son ami pour accoucher chez elle d'un sixième enfant, Mlle de Blois. Ce souvenir a d'ailleurs son prix, si l'on veut bien connaître la moralité particulière du xvii⁰ siècle. Observez, en effet, que cet enfant était deux fois adultérin, que Mme de Montespan délaissée ne pouvait que haïr Mme de Maintenon, plus en faveur que jamais, que, cinq ans plus tard, Mme de Maintenon devait épouser Louis XIV, et enfin que, malgré ces complaisances bizarres, Mme de Maintenon n'en avait pas moins la conscience la plus sûre et la plus vigilante sur tout ce qui touchait à l'honneur... Il est vraisemblable que d'autres découvriront, un jour, de terribles indélicatesses dans des actes que nous trouvons aujourd'hui les plus innocents. La casuistique évolue.

A partir de la fondation de Saint-Cyr, Mme de Maintenon s'occupa moins que jamais de son domaine. Sa vie était ailleurs, partagée entre le roi et la maison de Saint-Louis. Lorsque sa nièce épousa le duc d'Ayen, elle lui donna Maintenon, mais s'en réserva l'usufruit. Ce fut à Saint-Cyr cependant qu'elle se retira et mourut.

*
* *

Sous les grands arbres du parc, où déjà les verdures se tachent d'or pâle, dans la longue avenue qu'on nomme l'allée de Racine, parce que le poète y aurait médité *Athalie* (j'ignore si la tradition dit vrai), je me rappelle cette lettre à Mme de Coulange que je transcrivais tout à l'heure. « Mon cœur y est attaché », dit Mme de Maintenon. Mais plus j'y songe et moins il me semble que son cœur ait été jamais capable de s'attacher à la beauté des choses. Les « fort beaux dehors » de Maintenon lui plaisaient, parce que ce château était le gage de la faveur du roi, parce qu'après les misères de son enfance, après les années d'épreuves et d'anxiétés, elle sentait enfin que son « établissement » était fait. Mais il y a comme un accent d'ironie dans sa façon de vanter les « bois où Mme de Sévigné *rêverait* à Mme de Grignan fort à son aise ». Car jamais femme ne fut moins rêveuse et ne méprisa tant la rêverie que cette belle institutrice d'un sens droit, d'une raison ferme et d'une imagination pauvre.

Elle était très belle et le demeura jusque dans un âge avancé. Elle avait environ cinquante ans lorsque les Dames de Saint-Cyr traçaient d'elle ce merveilleux portrait : « Elle avait le son de voix le plus agréable, un ton affectueux, un front ouvert et riant, le geste le plus naturel de la plus belle main, des yeux de feu, les mouvements d'une taille libre si affectueuse et si régulière qu'elle effaçait les plus belles de la cour... Le premier coup d'œil était imposant et comme voilé de sévérité... Le sourire et la voix ouvraient le nuage... » (Cela vaut tous les Mignard.) La conversation était délicieuse : c'est Mme de Sévigné qui en témoigne et en un temps où son témoignage n'est point suspect, puisque rien ne faisait encore pressentir la prodigieuse destinée de Mme Scarron. Elle avait une grâce souveraine dans ses ajustements, bien que les étoffes de ses vêtements fussent toujours d'une extrême simplicité ; et cela ébahissait son confesseur, l'excellent et respectueux abbé Gobelin, qui lui disait : « Je vois tomber avec vous, quand vous vous mettez à genoux, une quantité d'étoffe à mes pieds qui a si bonne grâce que je trouve quelque chose de trop bien. »

Elle se savait irrésistiblement belle et son confesseur ne lui avait assurément rien appris en lui contant que ses robes les plus communes faisaient autour d'elle des plis d'une royale élégance. Elle n'avait donc aucune coquetterie.

Son honnêteté et sa vertu ne sauraient faire doute aujourd'hui pour personne. Bussy-Rabutin les a certifiées et il n'avait point coutume de délivrer pareil brevet sans de bonnes raisons. Mais, pour réfuter les calomnies de Saint-Simon, rien ne vaut la lecture des lettres de Mme de Maintenon. Elles sont d'un tour et d'un accent qui ne sauraient tromper.

La règle de toute sa conduite fut double. Elle fut vertueuse par dévotion et par souci de sa réputation. Le second sentiment était d'ailleurs chez elle beaucoup plus impérieux que le premier. Elle-même l'a confessé : « Je voudrais avoir fait pour Dieu ce que j'ai fait dans le monde pour conserver ma réputation. »

« Je voulais faire, dit-elle, un beau personnage. » Voilà ce qui explique tout : son ambition, sa prudence, sa modération et ses scrupules. Elle se soucie peu des avantages que lui pourrait donner son élévation ; elle ne recherche, ni les titres, ni les honneurs, ni les donations. Elle veut l'approbation des honnêtes gens ; elle veut la « bonne gloire », selon l'expression de Fénelon. Nous trouvons là, mêlées à des doses qu'il est impossible de mesurer, la passion toute cornélienne de l'honneur et l'appréhension beaucoup moins noble du qu'en dira-t-on. Mais si tel est bien son caractère, — et là-dessus, ses lettres lues, il est impossible de conserver un doute, — elle est incapable des faiblesses dont on l'accuse. « J'ai un désir de plaire et d'être estimée qui me met sur mes gardes contre toutes mes passions. » Cela est la vérité même, en bonne psychologie. Mais plus fine et plus pénétrante encore me paraît la remarque que fit, un jour, une femme d'esprit sur Mᵐᵉ de Maintenon : « Voici ce qui m'a passé encore par l'esprit... et qui m'a fait croire que tout le mal qu'on a dit est bien faux : c'est que, si elle eût eu quelque chose à se reprocher contre les mœurs, si elle avait eu des faiblesses d'une certaine nature, elle aurait eu moins à combattre contre la vaine gloire. L'humilité lui aurait été aussi naturelle qu'elle lui était étrangère, je dis dans le fond du cœur ; car à l'extérieur tout démentait cet orgueil secret dont elle se plaint à son directeur. Il fallait donc que ce fût une secrète estime d'elle-même. Or, comment eût-elle pu s'estimer, avec la droiture qu'elle avait, si elle ne s'était pas aperçue estimable, elle qui peint si bien dans ses conversations celles dont la réputation a été ternie par une mauvaise conduite... Je ne sais si ma réflexion est bonne ; mais elle m'a plu. » Ainsi écrivait au xviiiᵉ siècle Mᵐᵉ de Louvigny à La Beaumelle, premier historien de Mᵐᵉ de Maintenon. L'analyse est juste et délicate.

Un des griefs de Saint-Simon contre Mᵐᵉ de Maintenon, c'est l'usage qu'elle faisait de son crédit pour écarter certains prélats appartenant à la noblesse, leur préférant « la crasse ignorance des sulpiciens, leur platitude suprême... les barbes sales de Saint-Sulpice ». Or, le hasard m'a mis sous les yeux un exemplaire des lettres de Mᵐᵉ de Maintenon qui a appartenu à Scherer et que celui-ci a annoté au cours de sa lecture ; j'y trouve cette remarque crayonnée sur une page : « Ni jésuite, ni janséniste, mais sulpicienne. » On ne peut mieux définir la dévotion de Mᵐᵉ de Maintenon. Celle-ci eut la piété raisonnable, qui est la marque de Saint-Sulpice. De sa famille et de son enfance, elle avait conservé comme un reste de calvinisme: elle n'aimait point la messe et se plaisait au chant des psaumes. Cela devait l'éloigner des jésuites. D'autre part, le jansénisme avait un air d'indépendance, presque de révolte, qui devait déplaire à son intelligence éprise d'ordre. Elle fut d'une sage et irréprochable orthodoxie. Sa piété grave, tranquille, agissante, révèle une conscience sans orages et une imagination sans fièvre.

Elle eut donc un grand orgueil et peu de vanité, une grande dévotion et peu de ferveur. Elle eut en tout beaucoup de bon sens. Elle aima sa gloire passionnément et son Dieu sérieusement. Elle fut charitable comme le commandait la religion qu'elle pratiquait d'un cœur soumis. Mais on ne connaît d'elle ni un mouvement de sensibilité, ni un élan de tendresse. C'était une âme très haute, une intelligence très limpide, une volonté très droite. Sa sécheresse désespère...

Cette sulpicienne spirituelle, glaciale et ambitieuse a-t-elle jamais senti le charme des grands arbres de son parc? J'en doute.

13 octobre 1899.

PÉLERINAGES RACINIENS[1]

LA FERTÉ-MILON ET UZÈS.

Il est sans doute bizarre de commémorer la mort d'un grand homme et de marquer par des fêtes le retour d'un jour de deuil. Gardons-nous, cependant, de décourager les entrepreneurs d'anniversaires. Grâce à eux, les hommes et les choses du passé sont, de temps en temps, « d'actualité ». Le personnage ainsi glorifié devient un sujet de reportage et de conversation, dont, pendant quelques jours, on peut s'occuper sans trop de ridicule. Cela rafraîchit nos souvenirs de collège.

*
* *

Racine avait environ douze ans quand il quitta la Ferté-Milon, pour aller d'abord au collège de Beauvais, puis à Port-Royal des Champs. Il passa son enfance dans la maison de son aïeule paternelle, Marie des Moulins, femme de Jean Racine, contrôleur du grenier à sel ; il avait treize mois à la mort de sa mère et trois ans à la mort de son père. De ces premières années nous ne

[1] A propos du deuxième centenaire de la mort de Racine.

savons rien, sinon que la grand'mère aima l'orphelin plus qu'aucun de ses propres enfants, affection dont Racine garda le plus tendre souvenir. Plus tard, il revint souvent dans sa ville natale où sa sœur Marie était demeurée, et où elle s'était mariée avec Antoine Rivière. Les deux familles restèrent unies ; Racine s'occupait à Paris des intérêts de son beau-frère ; les Rivière adressaient aux Racine des alouettes et des fromages ; et quand les enfants de Racine étaient malades, on les envoyait se soigner, au grand air, chez leur tante. Et ce furent là tous les liens de Racine avec la Ferté-Milon.

Il est donc probable que presque rien dans cette ville n'évoquera le souvenir du poète. Cherchons cependant.

Au sortir de la station, une longue rue, une sorte de faubourg aux maisons basses, balançant au vent leurs enseignes naïves, conduit au pont de l'Ourcq. Sur la rive opposée, la vieille petite ville, avec ses vieilles petites maisons, escalade la pente abrupte d'une colline, couronnée par la ruine formidable du château fort. Çà et là, sur le bord de l'eau, des restes de murailles, des tours et des jardinets en terrasse, tout un paysage qui, avec les prairies et les peupliers de la vallée, se compose à ravir.

Une fois le pont passé, voici Racine. C'est une statue de David d'Angers. Elle est adossée à la mairie et s'encadre dans un portique. Racine porte une grande perruque et cela n'a rien de surprenant ; mais avec sa grande perruque, il est à moitié nu, retenant de la main un linge qui enveloppe le torse et fait des plis « harmonieux ». C'est Racine au bain. Près de lui s'élève un cippe où sont inscrits les noms de ses œuvres de théâtre, depuis *Athalie* jusqu'aux *Frères ennemis* dont le titre est à demi caché sous d'inévitables lauriers.

Je contemplais cette image académique, mais saugrenue, quand un paysan, portant un panier à son bras, s'est approché de moi et m'a tenu le discours suivant : « C'est Jean Racine, né en 1639, mort en 1699. Et vous lisez sur ce marbre la liste de ses pièces de théâtre. Il est né à la Ferté-Milon et j'ai chez moi des parchemins où l'on voit les noms des personnes de sa famille ; je possède aussi ses fonts baptismaux. Je suis comme qui dirait l'archiviste de la Ferté... La Comédie française viendra ici, le 23 avril... Racine a eu deux garçons et cinq demoiselles... Il y avait un cygne dans ses armes ; le cygne est le symbole de la pureté. Fénelon, évêque de Cambrai, a été comparé à un cygne. Fénelon, né en 1651 et mort en 1715, est l'auteur du *Télémaque* et des *Maximes des saints*. Ce dernier ouvrage l'a brouillé avec Jacques-Bénigne Bossuet, en latin Jacobus Benignus, évêque de Meaux, qui a fait des *Oraisons funèbres* et le *Discours sur l'histoire universelle*, que malheureusement il n'a pas pu achever... Je m'appelle Bourgeois Parent, et voici mon adresse. Et vous, comment vous appelez-vous ? Ne seriez-vous pas de la Comédie française ? » Tout cela débité d'une voix d'écolier qui sait imperturbablement sa leçon, avec des clins d'œil finauds et madrés... Je remercie ce passant de son érudition ; je lui avoue humblement que je ne suis pas de la Comédie française et je prends congé, non sans peine, de cet extraordinaire « racinien » qui a vraiment le génie de la transition, à la façon de Petit-Jean.

Dans quelle maison est né Racine ? La tradition la plus répandue est que sa mère vint faire ses couches rue de la Pescherie (aujourd'hui rue Saint-Vaast), numéro 3 ; là, logeaient les époux Sconin, père et mère de Mme Racine. La vieille maison a été démolie ; il n'en reste plus qu'un joli médaillon de pierre représentant *le Jugement de Pâris* et encastré au-dessus d'une porte dans le jardin de la maison nouvelle. Mais, dans la même rue, il existe un autre pavillon (n° 14) qui appartenait aux grands-parents paternels de Jean Racine : c'est là, selon d'autres conjectures, que serait né l'auteur d'*Athalie*. Et ces deux maisons ne sont point les seules à la Ferté qui se disputent l'honneur d'avoir vu naître Racine... Je ne me mêlerai point de rechercher qui a raison. On m'a conté que les gens de Montauban eurent naguère recours à un procédé fort ingénieux pour clore une querelle du même genre. On ignorait quelle était la maison natale d'Ingres ; il s'était établi entre divers propriétaires d'immeubles une furieuse controverse. On la termina par un referendum. Le suffrage universel donna son avis. Maintenant, la question est jugée.

Encore un monument au poète. Derrière le chevet de l'église, sur une petite place, en haut d'une colonne, est juché un vieux buste assez grossièrement réparé : au pied, on a placé une vulgaire borne-fontaine en fonte. Cela s'appelle la fontaine Racine. Décidément, la Ferté est un pauvre lieu de pèlerinage : peu de reliques et les images du saint ne sont point belles !

Heureusement, pour dédommager le pèlerin, il y a dans les deux églises de précieux vitraux du seizième siècle : ceux de Notre-Dame, malgré de tristes restaurations, sont d'un coloris brillant et d'un dessin libre. Le *Saint Hubert* est un bon tableau d'une précision presque germanique, et, au-dessus de l'autel de droite, les portraits des donateurs et de leurs enfants ont du naturel et de la grâce. Il y a surtout l'admirable façade du vieux château de Louis d'Orléans, énorme donjon crénelé, flanqué de tours et dont la nudité grandiose se rehausse de merveilleuses sculptures, hélas! mutilées. Ce sont, encadrées dans d'élégants rinceaux, des statues de preux armés, et, au-dessus de l'ogive de la grand'porte, le célèbre *Couronnement de la Vierge*, un des chefs-d'œuvre de la statuaire française. On en peut étudier le moulage au Trocadéro et admirer là tout à loisir la vérité des attitudes et la souplesse des draperies. Mais on ne saurait imaginer la beauté de cette composition si on ne l'a vue se détacher et comme rayonner sur la muraille farouche de la citadelle, colorée de l'or vert des mousses, tandis que les touffes de giroflées jaunes, poussées parmi les délicates ciselures du large cadre, donnent à tout le décor une exquise somptuosité.

Revenu sur la terrasse, qui, de l'autre côté du château, domine les maisons, les tours et les jardins du village, je me trouve en face des charpentes d'une grande tente que l'on est en train d'élever pour la représentation prochaine de la Comédie française, et me voici ramené du moyen âge à Racine.

Ces rapprochements-là ne nous surprennent plus, tant nous sommes maintenant accoutumés à nous promener dans l'histoire et dans la littérature, comme dans un grand magasin de bric-à-brac, nous arrêtant à tous les bibelots qui amusent notre goût éclectique. J'imagine, cependant, qu'un homme du XVIIe siècle, un contemporain de Racine, eût été stupéfait qu'on pût goûter les vers de *Bérénice* et, en même temps, être sensible au charme des vieilles images gothiques sculptées au mur de ce donjon barbare. Le temps a fait son œuvre; il a effacé les préjugés des siècles; il nous a permis d'apercevoir que le sculpteur du *Couronnement de la Vierge* et le poète de *Bérénice* ont été, après tout, les fils d'une même race et les servants d'un même idéal. Non, ce n'est pas une vaine rêverie. Il y a quelque chose de racinien dans les statues de la Ferté-Milon. Elles ont la pureté, la noblesse et l'élégance. Cette Vierge, agenouillée devant le trône du Seigneur, tandis que deux anges cérémonieusement relèvent la traîne de son manteau royal, n'a-t-elle pas l'attitude et la grâce touchante de l'Esther de Racine aux pieds d'Assuérus?

Au bord de cette terrasse, j'ai devant moi le délicieux paysage des coteaux de la vallée de l'Ourcq, et à mesure que je contemple les molles et belles ondulations que couvre la forêt de Retz, je suis de plus en plus frappé de l'harmonie de ce site charmant.

Je songe aux belles pages que Taine a placées en tête de son étude sur La Fontaine, et où il découvre dans le paysage français les qualités mêmes de l'esprit gaulois. Vous vous rappelez ce tableau du pays champenois : « Les montagnes étaient devenues collines; les bois n'étaient plus guère que des bosquets... De minces rivières serpentaient entre des bouquets d'aunes avec de gracieux sourires... Tout est moyen ici, tempéré, plutôt tourné vers la délicatesse que vers la force. » Comme tout cela est juste! le rapport est parfait entre le génie de La Fontaine et l'aspect de son pays natal. Dans la vallée de la Marne, si l'on suit une de ces longues routes qui filent, droites et blanches, entre deux rangées de peupliers frissonnants, c'est une déception de ne point voir les bêtes sortir des champs et venir causer sur le chemin.

Ces paysages français ont encore une autre sorte de beauté et, au pays de Racine, cette beauté est plus saisissante qu'ailleurs. Le dessin en est d'une grâce incomparable. Les lignes des divers plans s'y entrecroisent sans jamais se briser. Les ondulations se déroulent avec une lenteur caressante, presque musicale. Les collines qui environnent la Ferté-Milon ont vraiment la douceur d'un vers de *Bérénice*. Elles ont la flexibilité de rythme d'un chœur d'*Esther* :

> Tel qu'un ruisseau docile
> Obéit à la main qui détourne son cours,
> Et, laissant de ses eaux partager le secours,
> Va rendre tout un champ fertile ;
> Dieu, de nos volontés arbitre souverain,
> Le cœur des rois est ainsi dans ta main.

Il faut se redire ces vers sur la terrasse de la Ferté-Milon, au pied de laquelle la rivière de l'Ourcq coule, divisée, parmi les jardins et les prairies, et il faut suivre sur l'horizon la sinuosité élégante des coteaux modérés pour saisir l'accord mystérieux et subtil qui s'était établi, pour la vie, entre l'imagination de Racine et la douce campagne de son enfance.

Je n'ai point voulu quitter la ville de Racine sans avoir suivi le faubourg de Saint-Vaast jusqu'à la colline boisée où vinrent souvent prier les jansénistes réfugiés à la Ferté-Milon.

En 1638, les solitaires de Port-Royal avaient été

dispersés ; Lancelot s'était rendu à la Ferté-Milon chez les parents d'un de ses élèves, Nicolas Vitard (les Vitard étaient alliés à la famille Racine); puis M. Antoine Le Maître et M. de Séricourt étaient venus le rejoindre. Longtemps ils menèrent, dans la petite maison des Vitard, une vie de réclusion ; mais, dans l'été de 1639, ils se décidèrent quelquefois à sortir après souper. Ils allaient alors dans le bois voisin, « sur la montagne » qui domine la ville, et ils s'y entretenaient de *bonnes choses*. Ils ne parlaient jamais à personne ; mais lorsqu'à neuf heures ils rentraient, marchant l'un après l'autre et disant leur chapelet, les gens, assis aux portes, se levaient par respect et faisaient silence quand ils passaient. Il est facile aujourd'hui encore d'imaginer cette belle scène dans les petites rues de la Ferté ; le décor a si peu changé !

La *bonne odeur*, comme dit Lancelot, que répandaient les trois jansénistes, persista dans la petite ville. Et ce séjour des solitaires rapprocha la famille Racine de Port-Royal. La sœur de la grand'mère du poète était déjà cellérière à l'abbaye ; sa tante, plus tard, prendra le voile ; sa grand'mère finira sa vie à Port-Royal des Champs. Et le jeune Jean Racine (il ne vint au monde qu'après le départ des solitaires) aura pour maîtres Lancelot, Le Maître et Hamon... Plus tard, il sera le scandale de Port-Royal, il raillera ses maîtres. Mais leurs leçons, malgré tout, demeureront ineffaçables : et l'auteur des *Cantiques spirituels* voudra être enseveli au pied de la sépulture de M. Hamon.

A quoi tint la destinée du poète ? Peut-être *Esther* et *Athalie* n'auraient-elles jamais été écrites si ces trois solitaires, fuyant les persécutions, n'étaient un jour venus « janséniser » la Ferté et s'entretenir *de bonnes choses* sur la « montagne » ainsi qu'ils appelaient ce coteau du Valois aux pentes douces et ombreuses.

*
* *

C'est en novembre 1661 que Racine part pour Uzès. Il a vingt-deux ans. Après sa sortie de Port-Royal des Champs, il a fait son cours de logique au collège d'Harcourt ; puis il est venu loger chez son oncle Vitart, intendant du duc de Luynes. L'élève de Lancelot commence alors de s'émanciper. Il s'émancipe même si bien qu'un jour sa famille, inquiète, songe à un certain oncle Sconin, vicaire général et prieur des chanoines réformés de l'église cathédrale d'Uzès : ce chanoine pourra bien réserver quelque bénéfice à son neveu ; en attendant, il lui fera étudier la théologie et l'air d'Uzès vaudra mieux au jeune homme que celui de Paris. Bon gré mal gré, Racine va en Languedoc.

L'exil est cruel. Racine laisse derrière lui des amis qui lui sont chers, les compagnons de sa première liberté et les confidents de ses premiers essais : « J'ai été loup avec vous et les autres loups, vos compagnons, écrit-il à La Fontaine. » Mais le plus fâcheux, c'est d'aller vivre en une triste province, lorsqu'à Paris, déjà, l'on a la réputation d'un bel esprit, que l'on a écrit une ode approuvée par Chapelain lui-même, que Mlle Roste, comédienne du Marais, a trouvé fort belle une tragédie intitulée *Amasis*, et que la Beauchateau a daigné s'intéresser au plan d'une autre tragédie : *les Amours d'Oviae*. Il s'agit bien maintenant des *Amours d'Ovide* ! Il faut aller, comme le poète romain, vivre chez les Scythes !

Elles sont charmantes, dans leur grâce un peu maniérée, avec leurs effusions un peu cérémonieuses et leurs citations un peu pédantes, les lettres que Racine écrivait d'Uzès à ses amis de Paris. Je les ai relues naguère, assis sur un des bancs de cette belle promenade des Marronniers, où Racine, une année durant, vint, chaque jour, traîner son ennui. Depuis ce temps, la vieille ville n'a guère changé d'aspect et toute cette correspondance devient ici prodigieusement vivante.

Tout de suite, une impression prime les autres : c'est que Racine est profondément indifférent à ce qui, aujourd'hui, nous plaît et nous intéresse, dans ce site merveilleux, l'un des plus *pittoresques* qui soient dans le midi de la France.

Je suis venu de Nîmes à Uzès : le chemin traverse d'immenses *garrigues* rôties par le soleil, balayées par le mistral ; çà et là, des bois de chênes verts alternant avec des champs pierreux plantés de petits oliviers ; le Gardon coule au fond d'une gorge âpre et brûlée... Racine a fait la même route, et voici ce qu'il dit : « Le chemin est plus diabolique mille fois que celui des Diables à Nevers et la rue d'Enfer... »

Et le charme de l'arrivée à Uzès, le luxe des végétations qui débordent et retombent par-dessus les murailles blanches, la douceur de la lumière qui flotte au loin sur la brousse des coteaux rocailleux, la vallée profonde, fraîche, virgilienne, où serpente la rivière d'Eure, la vieille cité féodale dressée sur son rocher, la tour massive du château des ducs d'Uzès et son exquise façade, chef-d'œuvre de la Renaissance française, les arcades basses de la place aux Herbes, le campanile roman de l'ancienne cathédrale avec ses six galeries de colonnettes si délicatement étagées, de tout ce tableau qui a une grâce presque ombrienne, Racine n'a rien dit. Il écrit ceci à La Fontaine : « Pour la situation d'Uzès, vous saurez qu'elle est sur une montagne fort haute, et cette montagne n'est qu'un rocher continuel : si bien qu'en quelque temps qu'il fasse on peut aller à pied sec tout autour de la ville. » Et c'est tout.

Il n'est insensible ni à l'agrément du climat, ni à la profusion des fleurs ; il signale à ses amis que, au mois de mars, on trouve à Uzès « des roses nouvelles et des pois verts ». Mais les petites strophes où il essaye de décrire la beauté du ciel méridional sont terriblement spirituelles :

> Enfin, lorsque la nuit a déployé ses voiles
> La lune, au visage changeant,
> Paraît sur un trône d'argent,
> Tenant cercle avec les étoiles ;
> Le ciel est toujours clair tant que dure son cours,
> *Et nous avons des nuits plus belles que vos jours.*

Seul, ce dernier vers a déjà la sonorité douce et évocatrice de certains vers d'*Andromaque*, d'*Iphigénie*, où, grâce à la pure harmonie des syllabes, le poète devait rendre la miraculeuse transparence de la lumière grecque.

Il a beaucoup erré dans le grand parc touffu de l'évêché qui, aujourd'hui encore, couvre tout le flanc du rocher d'Uzès. Et voici ce que lui inspire ce lieu qu'on dirait fait à souhait pour la rêverie d'un poète :

> J'irai parmi les oliviers,
> Les chênes verts et les figuiers,
> Chercher quelque remède à mon inquiétude.
> Je chercherai la solitude,
> Et, ne pouvant être avec vous,
> Les lieux les plus affreux me seront les plus doux.

Les « lieux les plus affreux » ! c'est ainsi que Racine traite un paysage que, le plus sincèrement du monde, nous ne pouvons nous empêcher d'aimer...

On a cent fois souligné cette discordance d'imagination entre nous et les hommes du XVII° siècle. Mais elle ne m'a jamais paru aussi profonde qu'à Uzès, au moment où je relis les lettres de Racine. On donnera de justes raisons pour expliquer ici la froideur du poète : il était de la Ferté-Milon et la nature languedocienne, avec l'uniformité de sa couleur grise, avec la dureté impérieuse de ses lignes, répugnait à ses yeux de septentrional ; puis il était de méchante humeur, condamné à l'étude de la théologie et à la société des chanoines. Mais il n'en est pas moins vrai que Racine a pour exprimer son amour de la nature — et il aimait la nature autant et plus qu'aucun de ses contemporains — une discrétion, une réserve, une sécheresse qui nous déconcertent, nous que le romantisme a prédisposés à l'effusion continuelle de tous nos sentiments, de toutes nos impressions et de toutes nos rêveries.

Racine s'ennuie à Uzès. L'affaire pour laquelle il est venu n'avance pas. Sconin ne dispose d'aucun bénéfice. Les gens d'Uzès accueillent bien ce Parisien, qui est l'auteur d'une ode adressée au roi ; ils lui font la politesse de réclamer ses vers, et les poètes du cru lui soumettent leurs compositions ; mais leur société est morose. « Il ne faut qu'un quart d'heure de conversation pour vous faire haïr un homme, tant les âmes de cette ville sont méchantes et intéressées... Enfin, il n'y a ici personne pour moi. »

Dès son arrivée, il a tout de suite écrit à La Fontaine, que ces sortes de renseignements devaient intéresser : « Si le pays de soi avait un peu plus de délicatesse et que les rochers y fussent un peu moins fréquents, on le prendrait pour un vrai pays de Cythère. Toutes les femmes y sont éclatantes et s'y ajustent d'une façon qui leur est la plus naturelle du monde. Mais comme c'est la première chose dont on m'a dit de me donner de garde, je ne veux pas en parler davantage ; aussi bien ce serait profaner une maison de bénéficier, comme celle où je suis, que d'y faire de longs discours sur cette matière. *Domus mea domus orationis.* » D'ailleurs, le Chapitre veille sur la vertu du futur bénéficier. Un jour, celui-ci est allé à Nîmes pour voir le feu de joie allumé en l'honneur de la naissance du Dauphin : « Il y avait, dit-il, autour de moi, des visages qu'on voyait à la lueur des fusées... » Mais il n'a garde d'y penser, étant sous la surveillance d'un R. Père du Chapitre « qui n'aimait point à rire ».

Cinq mois après, il raconte à son ami l'abbé Vasseur qu'il a souvent rencontré, à l'église, une demoiselle fort bien faite et d'une taille avantageuse et qu'il en a « quelque idée assez tendre et assez approchante d'une inclination ». Mais l'aventure tourne court. Il aborde la jeune fille, lui parle, s'aperçoit qu'elle a sur le visage « de certaines bigarrures » et le voilà « délivré de quelque inquiétude ». — « Je m'étudie maintenant, ajouta-t-il, à vivre un peu plus raisonnablement. » Il n'y a pas grand mérite, s'il faut le croire. Car, un mois plus tard, il écrit au même abbé : « Otez trois ou quatre personnes qui sont belles assurément ; on ne voit guère que des beautés fort communes. » Il avait, on le voit, changé d'opinion sur les filles d'Uzès. Pourquoi? Il n'en dit rien dans ses lettres. Mais il n'est pas besoin d'une psychologie subtile pour en conjecturer la raison.

Si le cœur chôme, l'esprit est actif. Racine a sous la main peu de livres français ; mais saint Thomas d'Aquin n'est point sa seule lecture. Il lit des auteurs espagnols, des auteurs italiens, Virgile, Cicéron, Pétrone, Homère et Pindare. Si l'oncle Sconin doit un jour renvoyer à Paris son neveu sans lui avoir trouvé le bénéfice espéré, ces quelques mois d'exil n'auront pas été perdus pour le poète.

Veut-on mieux connaître la mine et les façons de Racine, étudiant en théologie, voici son portrait d'après nature : « Sa chevelure brune retombait sur un collet de batiste tout uni et n'ayant point de glands à ses deux bouts, un vrai collet d'ecclésiastique ; sa toilette était à l'avenant, c'est-à-dire d'une simplicité qui sentait la gêne ; l'habit noir était de drap, mais râpé ; le manteau mourait de vieillesse ; les bas étaient de grosse laine ; les souliers très forts ; il aimait beaucoup la marche et s'en allait souvent rêver à travers champs, pensant sans doute à autre chose qu'à la médiocrité de sa bourse (1). » Un

(1) Ces quelques lignes m'ont été communiquées par M. Lionel d'Albiousse, ancien juge au tribunal d'Uzès. Il les a recueillies en compulsant des pièces provenant des archives de l'ancien évêché.

jour, Sconin trouva cet habit trop râpé et se décida à commander pour son neveu un habit de drap d'Espagne « qui est fort beau et qui coûte vingt-trois livres ». Et Racine ajoute : « J'ai maintenant la mine d'un des meilleurs bourgeois de la ville. »

Racine logeait chez le vicaire général, et une tradition vraisemblable veut que ce logis ait été un certain pavillon Martine, qu'on appelle aujourd'hui le pavillon Racine. C'est une des anciennes tours des remparts démolis sous Louis XIII ; on l'a aménagée au xviie siècle en la couronnant d'un petit dôme et en la flanquant d'un portique. Depuis, on a badigeonné à la fresque les murailles et la voûte de l'unique salle du pavillon ; ces vilaines décorations doivent dater de la Restauration. L'embrasure de la fenêtre encadre un tableau merveilleux : par delà les vergers et les champs d'oliviers, la vallée d'Eure avec ses prairies, ses moulins et ses bois. (L'effroyable cheminée d'une fabrique de réglisse déshonore le fond de ce paysage.) A côté de la maison, un grand alizier magnifique étend ses larges branches ; *la Thébaïde* fut, dit-on, composée à l'ombre de cet arbre. Mais *la Thébaïde* fut-elle même commencée à Uzès ? C'est douteux.

Le spectacle qu'on voit de la fenêtre du pavillon Martine séduit tous les voyageurs qui passent à Uzès et plusieurs ont décrit le site que Racine avait eu sous les yeux. Sainte-Beuve, qui aimait beaucoup ces sortes de rapprochements, a reproduit une description un peu romantique de M. Jules de Saint-Félix, lequel, en 1840, visita Uzès ; il y a joint ces quelques lignes plus simples du poète Jean Reboul (25 juin 1855) : « C'est un paysage délicieux, entremêlé de moulins noyés dans des touffes d'arbres d'un vert qui n'avait pas encore été *foncé* par le soleil ni blanchi par la poussière. » Puis Sainte-Beuve a transcrit ce fragment d'une lettre de Racine du 13 juin 1662 : « La moisson est déjà fort avancée... Vous verriez un tas de moissonneurs rôtis du soleil qui travaillent comme des démons ; et, quand ils sont hors d'haleine, ils se jettent à terre au soleil même, dorment un *miserere* et se relèvent aussitôt. Pour moi, *je ne vois cela que de mes fenêtres* ; je ne pourrais être un moment dehors sans mourir... ; et, pour m'achever, je suis tout le jour étourdi d'une infinité de cigales, qui ne font que chanter de tous côtés, d'un chant le plus perçant et le plus importun du monde... »

Sainte-Beuve s'écrie là-dessus : « Comme tout cela est net, simple, bien dit, agréable, positif, vu à l'œil nu avant l'invention des lunettes ou lorgnons de couleur ! » Et, mettant la description des modernes à côté de la description de Racine, « c'est à croire, dit-il, que ce ne sont pas les mêmes fenêtres ! »

Il est, en effet, certain que, du balcon du pavillon Martine, on n'a jamais pu voir tant de moissonneurs. Les pentes de la vallée ne sont qu'oliviers et broussailles ; le fond n'est que bois et prairies. Mais Racine n'a point habité seulement dans ce pavillon ; ses lettres en font foi ; il se rendait souvent dans une maison que son oncle Sconin venait tout justement de faire bâtir à grands frais ; cette maison existe toujours ; c'est le château de Saint-Maximin.

Pour achever mon pèlerinage, je me suis rendu à Saint-Maximin. Le village, aux ruelles escarpées et aux toits plats, a je ne sais quel air sarrasin. Au milieu des masures de paysans, s'élève une grande maison à fronton

Louis XIV, élevée sur les débris de quelque vieux château fort. Elle est aujourd'hui presque démeublée, à demi abandonnée, et rien ne subsiste dans sa décoration qui rappelle le xviie siècle. Mais la paysanne qui me conduit pousse les persiennes d'une des grandes salles du premier étage. Devant moi, se déroule une immense plaine baignée de soleil, et qui, au jour de la moisson, sera peuplée de moissonneurs. On n'en peut douter, c'est bien d'ici que Racine a dessiné le tableau qui ravissait Sainte-Beuve. Et il n'est point surprenant que sa peinture diffère de celle de Reboul. Ce ne sont pas les mêmes fenêtres !

Et voilà toutes mes trouvailles ! J'ai recueilli dix lignes inédites d'un inconnu sur la figure et le costume de Racine à vingt-deux ans ; puis j'ai découvert que les moissonneurs décrits par Racine étaient des moissonneurs de Saint-Maximin-lès-Uzès. C'est là une modeste, une très modeste contribution à la biographie de l'auteur d'*Athalie*... Mais si je pouvais donner à quelque promeneur la pensée d'aller relire à Uzès les lettres de Racine, je n'aurais pas perdu ma peine ; ces lettres sont exquises, et cette vieille ville avec ses ruelles, ses ogives, ses donjons et ses terrasses, est admirable. Et puis, quand on aime un poète, tout est prétexte pour parler de lui et dire qu'on l'aime.

LE CENTENAIRE DE RACINE.

Ce fut la semaine de Racine : l'Église, la Comédie et l'Académie ont célébré la mémoire du poète.

Des palmes académiques et des croix du Mérite agricole

ont été distribuées en l'honneur de l'auteur d'*Esther*. C'est le côté burlesque de ces sortes de fêtes. « Le père embrassait son fils, le frère le frère, l'époux l'épouse. Plus d'un montrait avec orgueil son humble médaille, et sans doute, revenu chez lui, près de sa bonne ménagère, il l'aura suspendue en pleurant aux murs discrets de sa chaumine. » Ainsi s'exprimait l'immortel pharmacien dans le *Fanal de Rouen*. Il est pénible de rappeler ces choses à propos de l'anniversaire de Racine. Mais, après tout, on commence les fêtes publiques en faisant des aumônes aux pauvres, et l'on a raison. De même il est juste qu'on fasse largesse aux vanités. Racine, qui était un courtisan avisé, n'eût peut-être pas désapprouvé ce cérémonial.

Voici les impressions d'un « commémorant » qui a fait tous les pèlerinages, assisté à toutes les représentations et à tous les offices, écouté toutes les musiques et tous les discours.

*
* *

Cela n'a pas très bien commencé. M. le curé de Saint-Étienne-du-Mont avait eu l'excellente pensée de célébrer un office dans l'église où ont été inhumés les restes de Racine. Malheureusement la cérémonie ne fut point aussi « racinienne » qu'on l'eût souhaité.

Le spectacle de l'assistance était assez piquant. On voyait des comédiennes et des comédiens. Joad avait le recueillement simple et sublime ; l'Intimé, qui se savait à la messe, voulait tempérer sa naturelle pétulance, et Aricie souriait mélancoliquement en contemplant le jubé. Il y avait aussi des ecclésiastiques, des professeurs, des commentateurs, des annotateurs de Racine. Mais tous les regards des badauds allaient aux académiciens. Ceux-ci avaient revêtu leurs uniformes. On les avait priés de s'asseoir au banc d'œuvre d'où ils dominaient l'assemblée. Et, comme presque tous les académiciens présents à cette place étaient ceux qui font partie de la *Ligue de la Patrie française*, quelqu'un, près de moi, remarqua judicieusement : « Le banc d'œuvre après celui de la correctionnelle ! » Et le parterre se désignait les célébrités, devant que les cierges fussent allumés.

Durant la messe, on fit de la musique, de la bien mauvaise musique, et, ce qui est pis, de l'inconvenante musique. Ce fut d'abord un air d'opéra, un déplorable solo de basse sur des vers d'*Esther* ; puis on exécuta des fragments des chœurs d'*Athalie* de Mendelssohn. Jusqu'à quand durera cette abominable profanation ? Ce n'est pas assez d'accoupler, dans des représentations théâtrales, la noble et pure poésie de Racine avec les triviales mélodies de Mendelssohn. C'est maintenant jusque dans l'église que s'accomplit le sacrilège. Pour demeurer insensible au scandale de ces cantiques chrétiens chantés sur une musique aussi antichrétienne, il faut une singulière aberration du goût. En une telle circonstance, on aurait bien pu épargner à Racine l'affront de voisiner avec Mendelssohn.

C'était l'évêque d'Autun qui devait prendre la parole à cette cérémonie. La maladie l'en a empêché, et Mgr Touchet, évêque d'Orléans, l'a remplacé. Ce prélat est, dit-on, un des plus éloquents de l'épiscopat français ; et l'on m'assure que nous aurions tort de le juger d'après le discours prononcé vendredi dernier à Saint-

Étienne-du-Mont. Je veux le croire. L'orateur passa une partie de son temps à se justifier de parler de Racine dans la chaire chrétienne, et l'autre partie à s'excuser d'en parler devant des académiciens ; si bien qu'irrévérencieusement on ne pouvait s'empêcher de penser à l'Intimé :

> D'un côté le crédit du défunt m'épouvante ;
> Et de l'autre côté l'éloquence éclatante
> De maître Petit-Jean m'éblouit...

Maître Petit-Jean écoutait au banc d'œuvre ; il écoutait, un peu narquois, les compliments, les adjurations et les allusions. L'évêque voulut citer des vers de Racine. Mal lui en prit. La présence de l'Académie avait intimidé son éloquence. La présence de la Comédie intimida cette fois sa mémoire. Pour se faire pardonner ses vers faux, il allégua que ce n'était point sa profession de dire des alexandrins et que les comédiens s'en acquittaient mieux que lui. Là-dessus il se trompait : nos acteurs tragiques traitent la métrique avec une liberté toute épiscopale ; certains jours, à la Comédie française, il pleut des alexandrins de treize pieds.

*
* *

Il en a plu vendredi soir. On représentait, pour célébrer l'anniversaire de Racine, *Bérénice* et *les Plaideurs*. Jamais, je crois, de mémoire de spectateur, on n'a entendu en trois heures tant de vers faux. Les comédiens n'avaient point joué *Bérénice* depuis longtemps, et ils n'étaient pas sûrs d'eux-mêmes. C'était affligeant. Ajoutez que M. Albert Lambert roule les *r* avec un fracas intolérable et que M. Paul Mounet, dans Titus, esquive les difficultés de son rôle en le récitant d'une voix sombre et plate, sans inflexions, sans modulations. Mais c'était Mme Bartet qui faisait Bérénice, et cela sauvait tout. Le voilà, le vrai, l'admirable hommage à Racine ! Est-il plus belle façon de glorifier le poète que de faire revivre dans tout son charme, dans toute sa grâce, la plus douce et la plus tendre des filles de son génie? En son costume harmonieux, où la richesse et la singularité de quelques ornements marquent d'une façon discrète et délicate l'exotisme de la reine de Palestine, Mme Bartet est vraiment la princesse qu'une contemporaine de Racine peignait d'un mot : « Mon Dieu ! la jolie maîtresse ! » Oui, elle est cette « jolie maîtresse » et, dans l'explosion d'allégresse amoureuse où elle décrit l'apothéose de Titus couronné, et dans l'accès de vanité féminine où, après un premier émoi, sûre de ses charmes, elle met le trouble de Titus au compte de la jalousie, et dans les plaintes déchirantes de l'amante abandonnée, et, enfin, dans la suprême immolation, quand, d'une voix morte, elle annonce son départ aux deux princes et qu'alors éclate toute la beauté chrétienne de la tragédie; car écoutez bien le : « Tout est prêt. On m'attend », et vous apercevrez alors, par delà le décor de la Rome impériale, la muraille nue d'une cellule de carmélite. Et comme le timbre de cette voix est racinien ! Comme son accent est juste ! Comme, sans jamais chantonner ni psalmodier, elle respecte le rythme des vers et le contour mélodique des périodes !

On avait eu, ce soir-là, l'heureuse pensée de ne point représenter un de ces petits divertissements de collège appelés « à-propos », dont, en général, la niaiserie attriste les solennités de la Comédie française et où l'on prête inévitablement aux grands poètes du xvii° siècle le pur jargon du romantisme. Par malheur, tout en nous faisant grâce des anecdotes et des allégories que riment annuellement les jeunes poètes de l'administration des beaux-arts, on crut devoir exhumer, pour cette circonstance, le discours que prononça, en 1699, un certain M. du Trousset de Valincour, successeur de Racine à l'Académie française.

Ce du Trousset de Valincour, secrétaire des commandements du comte de Toulouse, secrétaire de la marine, était un protégé de Racine et lui devait sa fortune. Il hérita du siège du poète à l'Académie et plus tard de sa charge d'historiographe du roi. Son discours est l'honnête et plate composition d'un gentilhomme lettré. L'éloge qu'il fait des tragédies et des vertus de Racine est écrit d'un bon style correct et sans flamme...

Et voici M. Mounet-Sully, doyen de la Comédie française, qui s'approche de la rampe, par-devant le buste de Racine. Il est en habit noir, tient un papier à la main, et il lit, comme si c'était la prophétie de Joad... Ah! si M. du Trousset de Valincour avait entendu sa harangue déclamée sur ce ton-là, je vous assure que M. du Trousset de Valincour en fût demeuré stupide. Jamais ce bon académicien ne se serait douté que sa prose fût à ce point lyrique. Nous-mêmes qui connaissons de longue date l'incoercible frénésie de M. Mounet-Sully, nous sommes ébahis en écoutant ce pauvre petit discours académique mugi, rugi, ululé, gémi avec des accents tour à tour délicieux et sublimes, des frissons de pitié, des extases prophétiques et des sourires enfantins. Pourquoi cet admirable tragédien, si terrifiant, si attendrissant et parfois même si charmant, se déchaîne-t-il ainsi hors de propos? Et, d'ailleurs, quelle idée biscornue que de faire tenir le personnage de M. de Trousset de Valincour par le même acteur qui a coutume de représenter Othello, Œdipe et Rodrigue! Cette lecture tumultueuse d'un morceau insignifiant fut d'un comique irrésistible.

*
* *

La fête de la Ferté-Milon fut charmante. Le ciel était d'une clarté douce et limpide. Les vergers étaient fleuris. La petite ville s'était pavoisée et enguirlandée. Je vous ai déjà décrit le joli décor : le soleil et la brise d'avril lui donnaient une grâce souriante. Puis les cérémonies étaient bien ordonnées et dignes du poète.

Dans l'église Notre-Dame, les Chanteurs de Saint-Gervais firent entendre de vieilles musiques, les unes empruntées au répertoire religieux du XVI° siècle, les autres tirées de la partition de J.-B. Moreau pour *Esther*. Bien qu'écrits pour le théâtre de Saint-Cyr, ces beaux cantiques n'étaient point déplacés dans l'église. Pour célébrer Racine, il était juste de nous faire entendre ces airs touchants que lui-même a loués dans la préface d'*Esther*.

Il y a deux siècles, beaucoup d'amateurs partagèrent l'admiration de Racine pour la musique de Moreau. Ce fut d'abord Louis XIV qui pensionna le musicien en signe de satisfaction. Ce fut aussi Mme de Sévigné, qui, ayant assisté à la représentation du 16 février 1689, écrivait à sa fille : « Je ne puis vous dire l'excès de l'agrément de cette pièce. C'est une chose qui n'est pas aisée à représenter et qui ne sera jamais imitée. C'est un rapport de la musique, des vers, des chants, des personnes si parfait et si complet qu'on n'y souhaite rien... Tous les chants convenables aux paroles, qui sont tirées des *Psaumes* et de la *Sagesse* et mis dans le sujet, sont d'une beauté qu'on ne soutient pas sans larmes... » Il est vrai que, ce jour-là, Mme de Sévigné, comme elle le dit elle-même, était « en fortune » : le roi avait daigné lui demander son avis et approuver son admiration ; cela n'était point pour refroidir son enthousiasme ; Racine et Moreau bénéficiaient de la bonne grâce de Louis XIV.

La réputation de cette partition fut telle que Moreau n'hésita pas, quelques années plus tard, à accommoder sa musique pour une sorte d'oratorio : *le Peuple juif délivré par Esther*, dont les vers « pleins d'onction et d'esprit », dit le *Mercure* de 1697, étaient de la composition de M. de Banzy. Ce poète-là n'a point laissé de trace dans l'histoire littéraire du xviie siècle. Mais on continua longtemps encore de représenter l'*Esther* de Racine à Saint-Cyr et toujours avec la musique de Moreau. Le 12 novembre 1792, raconte Lavallée, l'historien de Saint-Cyr, mourut la dernière dame de Saint-Louis qui ait été enterrée à Saint-Cyr ; elle se nommait Catherine de Cockborne de Villeneuve ; elle avait soixante et onze ans ; dans le délire de ses derniers moments, cette pauvre religieuse chantait d'une voix sépulcrale les chœurs d'*Esther*, où les Israélites déplorent, dans une langue divine, les malheurs de leur patrie...

En écoutant les fragments exécutés dimanche à la

Ferté-Milon tout le monde a trouvé naturel le grand enthousiasme de Mme de Sévigné. La marquise avait raison. C'est un rapport parfait des chants et des vers. Cette musique est vraiment racinienne par la simplicité, la tendresse et l'élégance. C'est déjà presque la pure déclaration de Rameau. La lamentation des jeunes filles sur les malheurs de Sion est d'une tristesse poignante et bien peu de musiciens français ont trouvé une mélodie aussi naïvement expressive que l'exquise cantilène du final : *Il s'apaise, il pardonne...*

Après les chants, M. l'abbé Pierre Vignot monta en chaire et prononça un discours sur Racine. L'évêque qui prit ensuite la parole qualifia ce discours d' « ingénieux éloge ». Et sans doute l' « éloge » était fort « ingénieux »; mais il n'était point seulement ingénieux, car il contenait quelques vues originales sur Racine et son temps. La forme en était pénétrante et l'accent chaleureux.

Il pouvait être scabreux de célébrer Racine en chaire, si l'on sortait des généralités sur la poésie, la religion, la grandeur des lettres françaises, si l'on serrait d'un peu près l'œuvre et la biographie du poète. M. l'abbé Pierre Vignot n'a point biaisé pour tourner la difficulté; il l'a abordée de front, sans dissimuler que, si son entreprise surprenait quelques personnes, leur étonnement ne lui déplaisait pas. Cela était sensible à l'accent de toute sa harangue. Personne ne pouvait s'y tromper, pas même ceux dont il recherchait la surprise.

Il exposa donc le plus tranquillement du monde, que l'Église ne revendiquait Racine, ni à cause de ses vertus domestiques, ni à cause de son exactitude à remplir ses devoirs de chrétien, ni à cause d'*Esther* et d'*Athalie* dont « la poésie est plus hébraïque que chrétienne » (cela s'est dit souvent, mais je serais volontiers d'un avis tout à fait contraire), ni même à cause des *Cantiques spirituels*, qui ne sont que « d'admirables traductions ». (Les *Cantiques spirituels*, de simples traductions! Non, non, cent fois non!) Mais, d'après M. l'abbé Vignot, l'Église a le devoir de glorifier en Racine l'auteur d'*Andromaque* et de *Phèdre*, l' « empoisonneur public », selon le mot de Nicole.

Je sais tout ce qu'il y a de christianisme latent dans les tragédies grecques, romaines ou turques de Racine. Mais, tout de même, je crois que M. le curé de la Ferté-Milon n'aurait jamais songé à célébrer ni la naissance ni la mort de Racine si quelque maladie avait emporté le poète une vingtaine d'années plus tôt, en pleine *diablerie*, au moment de la représentation de *Phèdre*. Et alors M. l'abbé Vignot, lui-même, n'eût jamais songé à composer un panégyrique de Racine!... Cela eût été, d'ailleurs, très grand dommage. Car son discours est un admirable portrait de Racine, large et minutieux tout à la fois.

La journée de la Ferté s'acheva par une représentation que donnèrent les acteurs de la Comédie française sous une grande tente presque pareille à celle qui, dans les fêtes foraines, abrite les singes de Corvi. On y joua un acte des *Plaideurs*, un pauvre petit « à-propos » inoffensif et, enfin, deux actes de *Bérénice*. Tout comme à Paris, M. Albert Lambert roula les *r* ; c'est incurable; l'air même de la campagne est inefficace. Tout comme à Paris, M. Paul Mounet apparut lugubre et monocorde. Tout comme à Paris, Mme Bartet fut la grâce et la tendresse mêmes. Et c'est un amusant souvenir que celui de *Bérénice* à la foire.

*
* *

On connaît le beau vallon boisé au fond duquel fut, autrefois, l'abbaye de Port-Royal. Je ne vous le décrirai point une fois de plus. D'ailleurs, aujourd'hui, l'occasion serait mauvaise. Je viens de « pèleriner » dans l'humidité, sous la menace de l'averse, et le paysage se décolore et se brouille à nos yeux quand nous traînons à nos chaussures tant de boue, tant de boue, serait-ce même celle d'une terre trois fois sacrée. Surtout, il faut que ces sortes de pèlerinages soient solitaires pour conserver quelque charme. On ne visite pas Port-Royal « en bande », la bande fût-elle composée des hommes de lettres les plus éminents du temps présent. Car aux hommes de lettres se joignent inévitablement des personnes venues pour contempler les hommes de lettres; et, quand les hommes de lettres sont en retard, ces personnes-là égayent par des chansons les ruines des « saintes demeures du silence ».

Le président de la Chambre précédant l'Académie et la Sorbonne qui pataugent dans les guérets détrempés, c'est un spectacle à voir. Mais cela distrait l'imagination et l'embarrasse pour évoquer le passé. On nous a montré l'emplacement où furent ensevelis et M. Hamon et Jean Racine. Mais les fantômes ne se sont pas levés et nous n'avons point vu passer sur le chemin ce bon M. Hamon qui, toujours monté sur son âne, occupait ses mains à tricoter et priait sans relâche.

Heureusement, pour nous consoler de notre déconvenue, M. Jules Lemaître a fait un discours et a dit sur Port-Royal, sur le jansénisme de *Phèdre*, sur la bonté et la tendresse de Racine des paroles d'une beauté incomparable. On peut presque reprendre le mot de Mme de Sévigné, que je citais tout à l'heure à propos des chœurs d'*Esther*, et dire que le rapport des mots, du paysage et des personnes était si parfait et si complet qu'on n'y souhaitait rien. Pas une discordance. Les phrases ondulaient comme les coteaux. La souple pensée du critique s'était mise au rythme même du génie de Racine. Ce furent là d'exquises minutes. Lisez et relisez le discours. C'est une des plus belles pages, peut-être la plus belle, qu'un écrivain français ait jamais écrite à la gloire de Racine. Mais pour la bien goûter, il faut l'avoir entendu prononcer par M. Jules Lemaître, avec des gestes et des intonations modérés, au milieu du « désert » de Port-Royal.

Et, cependant, je serais tenté d'adresser un reproche à M. Jules Lemaître. Pourquoi n'a-t-il pas, en passant, donné un furtif souvenir à Sainte-Beuve? Une fête à Port-Royal, sans un mot sur l'historien de Port-Royal, sur le critique à qui, tous, nous devons d'avoir compris, aimé, admiré les héros du jansénisme! Ces saints et ces saintes du xviie siècle paraissaient peu faits pour émouvoir nos imaginations romantiques et intéresser nos intelligences superficielles. Ce fut le miracle de Sainte-Beuve de relever les ruines de Port-Royal en plein xixe siècle. Et puisqu'il s'agissait de Racine, n'est-ce pas Sainte-Beuve qui, le premier, montra le lien à jamais indissoluble formé entre Port-Royal et Racine, du jour où l'écolier avait pénétré dans la maison des Granges?

. . . .
Ou si, dans la sainte patrie,
Berceau de ses rêves touchants,
Il s'égarait par la prairie
Au fond de Port-Royal des Champs,
S'il revoyait du cloître austère
Les longs murs, l'étang solitaire,
Il pleurait comme un exilé.
. . . .

Avril 1899,

A TRAVERS L'EUROPE

MAJORQUE

LA SEMAINE SAINTE.

Dans la matinée du jeudi saint, par les rues étroites et montantes de Palma, les Palmesanes vont à la messe. Elles sont tout de noir vêtues.

Les dames ont la tête couverte d'une cape de satin, sur laquelle est piquée la traditionnelle mantille. Les femmes du peuple portent le *rebosillo*, cette exquise coiffure majorquine, à la fois guimpe et mantille, qui, d'un tulle léger semé de broderies et garni de dentelles, voile la nuque et le cou, laissant à découvert le sommet et le devant de la tête, où les cheveux, séparés par une grande raie de côté, se relèvent en bandeaux épais largement ondulés. Sous le *rebosillo* tombe une longue et lourde natte qui va et vient au gré de la démarche un peu lente des senoritas aux yeux noirs.

Leurs bras, ronds et fuselés au poignet, sont nus jusqu'au coude et cuivrés par le soleil. Elles portent passé dans un bras leur petit pliant d'église et enroulent à leur poignet un chapelet à grains noirs. Par petits groupes silencieux, elles se rendent à leur paroisse, faisant de gracieuses silhouettes sur les murs blancs de chaux qu'éclaire un brusque rayon de soleil, glissant entre les auvents de deux toits.

Des hommes, frileusement enveloppés dans leur ample manteau à doublure rouge, sortent des *patios* des maisons et hâtent le pas vers les églises.

Je me rends à la cathédrale de Palma où doit officier l'évêque.

La cathédrale se dresse sur une vaste terrasse qui domine la mer. C'est une grande église gothique dont les teintes ambrées contrastent, sous l'azur du ciel, avec la blancheur aveuglante des maisons de la ville qui se pressent derrière elle. On l'a restaurée gauchement, on lui a adjoint une façade sans grandeur ni style. Mais par ses immenses proportions et surtout par sa merveilleuse situation, elle reste imposante et grandiose. A l'intérieur, de hauts piliers droits et nus s'élancent d'un jet jusqu'à la voûte qui est d'une noble hardiesse. Beaucoup de fenêtres et de rosaces ont été bouchées au sud et à l'ouest, à cause, dit-on, de la violence des vents de mer. Aussi la nef est-elle plongée dans une demi-obscurité.

Au centre de la cathédrale, le chœur est enfermé comme une forteresse dans une haute muraille, percée à chaque extrémité d'une porte grillée. Et la face de cette muraille, qui regarde le maître-autel, forme une sorte de jubé qu'encadrent deux admirables chaires de marbre sculptées.

Sous un dais rouge, sur son trône épiscopal, l'évêque est entouré de son clergé. C'est un gros homme, court, rouge, aux paupières tombantes, qui, sous les lourds vêtements blancs dont il est comme accablé, semble une idole indienne.

Les diacres, les bedeaux et les servants circulent sans cesse entre l'autel et le chœur. C'est là, en effet, qu'est groupé le chapitre. Par la porte, on aperçoit sur le fond sombre des stalles de bois sculptées, des prêtres enveloppés de pourpre et des chanoines engoncés dans des fourrures. Tout le temps de la messe, passent et repassent les encensoirs fumants et les chasubles brodées. Ces lentes évolutions dans la pénombre de la cathédrale et les génuflexions dont elles sont à chaque moment coupées, donnent au rite catholique une extraordinaire solennité.

L'*Ayuntiamento* (c'est le conseil municipal) assiste à la messe épiscopale. Les conseillers sont en habit noir. Leurs seuls insignes sont une écharpe aux couleurs d'Espagne et une canne de jonc à laquelle s'enroule un lacet de cuir. Ils se rendent à la cathédrale précédés de leurs deux massiers.

Ceux-ci sont habillés de velours ; leur manteau s'ouvre sur la poitrine où deux larges revers encadrent les armes brodées de la cité. Ce riche costume était, dit-on, jadis celui des magistrats municipaux. Mais Philippe V, pour punir Majorque insurgée, ordonna que par dérision ces habits deviendraient la livrée des massiers et des alguazils, et deux siècles ont passé sans que personne ait jamais songé à effacer la trace de l'affront que fit aux gens de Palma le petit-fils de Louis XIV. La masse d'argent sur l'épaule, les massiers se tiennent au pied de l'autel, tandis que, au moment de la communion, après le clergé de la cathédrale, tous les membres de l'*Ayuntiamento* reçoivent l'hostie des mains de l'évêque. Au sortir de l'office, j'étais, je l'avoue, un peu déçu. Sans doute les senoritas, agenouillées devant leurs petits pliants, étaient charmantes ; la pompe de la cérémonie était merveilleuse ; le spectacle d'un conseil municipal communiant surprend un peu le Parisien le moins prompt à l'étonnement. Mais je m'étais assez sottement promis des débauches de « couleur locale ». En somme, la grand'messe de Palma ressemblait à toutes les grand'-messes. Je fis part de ma déconvenue à l'un de mes amis majorquins, que je rencontrai devant le portail de la cathédrale. Il se contenta de me répondre en souriant : « Trouvez-vous à cinq heures devant l'église de la Sangre. C'est de là que part la procession. »

A partir de trois heures, toutes les rues de Palma se peuplent d'hommes costumés en pénitents. Ils sont enveloppés dans un grand froc de serge verte, grise ou noire, serré à la taille par une cordelière ; ils ont la tête voilée et surmontée d'un immense capuchon pointu. Tous sont gantés. D'une main ils tiennent un cierge et un mouchoir de dentelle, de l'autre un « attribut » de la Passion de Jésus-Christ. C'est ainsi que les uns portent une petite échelle, les autres une éponge, d'autres une croix, un bâton, une lanterne. Certains portent même un petit calvaire en carton, voilé d'un crêpe. Il y a des pénitents de tout âge, car les enfants sont admis dans la procession. Ils sont enfroqués et encapuchonnés comme leurs pères et ils ont, eux aussi, chacun son cierge et son « attribut », mais de plus petite dimension. Tout le monde peut figurer dans le cortège, costumé de la sorte, mais à condition d'avoir une autorisation que délivrent les curés des diverses paroisses. Chacun passe dans sa cordelière le petit papier jaune qui lui sert de laisser-passer. On a dû prendre cette précaution pour écarter les farceurs qui se faufilaient dans les rangs de la procession.

Pénitents, militaires, fidèles et badauds se dirigent vers l'église de la Sangre (église du sang), située tout au bout de la ville, non loin des remparts, sur une éminence d'où l'on domine un quartier de Palma. De la place de la Sangre on aperçoit de toutes parts, sur les terrasses des maisons blanches qui émergent parmi les palmiers, des femmes en *rebosillos* guettant la sortie de la procession.

A côté de l'église se dresse une vaste construction moderne qu'on appelle la maison de Miséricorde : c'est un asile pour les enfants pauvres, tenu par les sœurs de Saint-Vincent de Paul. Dans la cour de cette maison, où doit se préparer et se former le cortège, les bannières gisent, échouées le long des murs; les pénitents, grands et petits, ont, en attendant l'heure du défilé, relevé leur voile et rejeté leur capuchon en arrière ; les uns fument, les autres dansent ; les grands ressemblent à des astrologues forains, et les petits, avec leurs yeux étincelants et leurs cils de velours, ont l'air d'un pensionnat arabe qui se préparerait à jouer *le Malade imaginaire*. Ces coulisses de la procession ont le pittoresque d'une entrée de bal masqué.

A cinq heures et demie, le défilé commence. Mes amis m'ont fait pénétrer dans la maison de Miséricorde. Les sœurs nous ont accueillis avec une charmante bonne grâce ; elles nous ont ouvert une de leurs fenêtres. La procession débouche de l'église en face de nous. Cinq cavaliers de la garde civile, montés sur de beaux chevaux blancs, écartent la foule pour faire place au cortège. Ils portent le tricorne et l'habit à la française avec un large plastron rouge à boutons d'argent. Les *tamburero*s de la ville, coiffés de larges bérets à crevés, ouvrent la marche, conduits par le *tamburero mayor* vêtu comme un suisse d'église, sa canne sur l'épaule. Ils font des roulements funèbres. Derrière eux sont portées deux grandes bannières peintes, où sont représentés, pêle-mêle, tous les « attributs » de la Passion. On dirait des rébus.

Puis commence la file interminable des capuchons pointus et des cierges allumés. Les pénitents s'avancent sur deux rangs, très lentement. Parmi eux, pour régler la marche, vont et viennent les ordonnateurs de la procession qui sont tête nue, en longues robes grises, avec des ceintures à grosses boucles d'argent et des collerettes blanches.

De temps à autre passent des statues peintes portées par des prêtres. Elles racontent les divers épisodes de la Passion. C'est Jésus au jardin des Oliviers, Jésus flagellé, Jésus portant sa croix. Ces figures sont grossières, mais expressives. Puis voici la *Mater dolorosa*, magnifiquement vêtue d'une robe de velours grenat, qu'une dame pieuse de Palma a naguère fait venir de Paris.

Des fanfares, échelonnées de place en place dans le cortège, jouent des marches funèbres. Des soldats romains, — en costume de tragédie, — la visière de leur casque baissée, frappent en cadence le sol de leurs lances. Ce sont les bourreaux de Jésus-Christ.

Des prêtres qui psalmodient le *Miserere* précèdent l'image du Crucifié. Les ecclésiastiques les plus robustes de Palma sont chargés de porter à tour de rôle la lourde croix où le Christ est attaché. Un dais rouge à crépines d'or l'abrite, et un immense crêpe la voile tout entière. Entre les lanternes allumées, c'est une apparition tragique. Sur son passage, la foule silencieuse se jette à genoux.

Et derrière la croix, longtemps encore, continue la procession : chaque régiment de la garnison, chaque administration publique a envoyé sa délégation. Les membres de l'*Ayuntiamento* et de la députation provinciale sont tous là, un cierge à la main, précédés de leurs admirables massiers et de leurs alguazils. Une fanfare militaire termine le cortège.

L'impression carnavalesque que m'avaient fait éprouver les apprêts de la procession s'est lentement effacée. Ce long défilé funèbre est imposant dans la belle ordonnance du départ. Puis les sœurs à cornette blanche, qui sont près de moi, contemplent avec tant d'émotion la pieuse mascarade !

La nuit tombe. La procession à pas lents s'allonge par la ville ; elle gravit et descend les ruelles raboteuses ; elle traverse les églises qui s'ouvrent sur son passage et où l'attendent les autels illuminés et les foules prosternées ; elle déroule sa double file de lumières vacillantes sous les grands platanes de la Rambla, entre deux haies de peuple, et tout le long du chemin les pénitents galants offrent aux senoritas de leur connaissance les dragées dont ils ont garni leurs poches. Le capuchon pointu s'arrête : l'éponge de la Passion passe un instant dans la main qui déjà porte le cierge ; l'autre main fouille sous le froc, présente quelques bonbons à la senorita en *rebosillo* qui sourit de ses beaux yeux noirs et croque les dragées ; le pénitent passe ; la croix apparaît ; dévotement, la senorita tombe à genoux.

Vers neuf heures et demie, je me trouvais à la fenêtre d'une maison voisine de la cathédrale. La procession venait de traverser la nef sombre de l'église métropolitaine. C'était sa dernière étape avant de revenir à la Sangre. J'eus alors sous les yeux un spectacle tout à fait étrange.

Il y a plus de quatre heures que les gens de la procession sont en route. Ils sont très fatigués. Les tambours ne battent plus. Les cierges s'éteignent. Des pénitents s'attardent à demander du feu à leurs voisins : cela fait des trous dans le cortège. Les poches sont vides : plus de dragées aux senoritas. Ceux qui ont eu la bonne idée de prendre comme « attribut » un bâton ou une échelle s'en aident pour marcher. Certains relèvent sans scrupule le masque d'étoffe sous lequel ils étouffent. Les images saintes vacillent sur les épaules des porteurs. Les musiciens soufflent au hasard dans leurs instruments. Les chantres sont épuisés. Les petits pénitents en bas âge sont fourbus et s'accrochent, pour se faire remorquer, à la cordelière d'un grand pénitent. Les ordonnateurs de la procession, aussi las que les autres, poussent mollement la foule en désordre. C'est, à la lueur des cierges et des lanternes, une débandade fantastique. Les membres de l'*Ayuntiamento* ont le cierge bas et la mine mélancolique. Seuls, les petits soldats espagnols continuent de marcher en ordre et au pas.

Enfin, clopin-clopant, la procession revient à la Sangre. Les pénitents se dispersent. Dans la nuit limpide et bleue, le long des murailles, glissent des fantômes pointus à la démarche exténuée, et bientôt, l'on n'entend plus dans Palma que la voix nasillarde du *sereno* qui va, sa lanterne à la main, annonçant les heures par une cantilène monotone, semblable à un chant de muezzin.

* * *

Palma est une ville silencieuse. Dans les rues étroites et populeuses, où les passants marchent d'un pas de flânerie, point de rixes, point de cris; point de tumulte, même au marché; les seuls bruits qu'on entende sont de loin en loin le roulement d'une *galera* isolée ou l'aboiement d'un de ces grands lévriers d'Iviça, dont l'allure lente et dédaigneuse témoigne qu'aux Baléares les bêtes comme les hommes ont gardé du sang africain dans les veines.

Aussi est-ce une grande surprise pour le promeneur quand, le vendredi saint, il entend la tranquille cité retentir d'un tapage extraordinaire. C'est de toutes parts un effroyable concert de bêlements. Palma se transforme en une immense bergerie. Chaque famille vient d'acheter son mouton pour l'immolation pascale.

La foire aux moutons se tient en dehors de la ville, à la porte San-Antonio, au pied des remparts que vient battre de ses ondes vertes la plaine fertile. Il y a à cette place de vastes hangars, à demi ruinés, que supportent de petites colonnes de pierre trapues. Là, autour des tables de bois, quelques vieux philosophes déguenillés de Palma viennent chaque jour causer et boire pour quelques centimes les gros vins d'Inca, que n'a pas encore frappés l'octroi de la ville, — tandis que des femmes, courbées sur la margelle d'un grand lavoir, psalmodient d'interminables complaintes.

Durant la semaine sainte, les vieux bergers, vêtus de peaux de bêtes, descendent de la montagne et amènent leurs troupeaux de moutons à la porte San-Antonio. Avec leur accoutrement biblique et leurs visages labourés de rides, on dirait les bergers d'une Nativité peinte par Ribera.

Chaque habitant de Palma, accompagné de ses enfants, vient acheter son mouton. Les uns l'emportent dans leurs bras, les autres sur leur dos; d'autres lui attachent une corde au cou et le tirent derrière eux; et c'est, tout le jour, sous les ogives de la vieille porte noircie par les feux du corps de garde, un défilé de moutons bêlants et d'enfants gambadant. Puis chacun attache son mouton devant sa porte. Des gamins parcourent les rues, vendant des poignées d'herbe fraîche pour nourrir les victimes, et, en attendant l'heure du sacrifice, les enfants font exécuter aux bêtes terrifiées de folles cabrioles.

C'est le samedi qu'a lieu le massacre général. Les moutons sont égorgés dans l'intérieur des maisons. Les bêlements s'éteignent. De la chair des victimes on farcit des sortes de pâtés à la croûte mince, des succulentes *empanadas* relevées de piment dont la famille se régalera pour fêter la Résurrection.

*
* *

Ce fut encore dans la cathédrale que j'assistai aux offices du vendredi saint.

Dans l'après-midi, on exécuta le *Stabat* d'Haydn. Instrumentistes et chanteurs n'étaient pas bien d'accord.

Un enfant à l'organe nasillard faisait la partie de soprano et vocalisait avec plus d'ardeur que d'agilité. D'ailleurs dans cette nef immense, dont la sévérité était rendue plus farouche encore par le lugubre appareil de la semaine sainte, l'élégance un peu grêle de la musique d'Haydn détonnait. Sous ces hautes voûtes sombres, les ritournelles des violons en mouvement de menuet étaient sans grâce. La vieille cathédrale espagnole n'est point le temple qui convient pour ce *Stabat*, qu'on rêverait plutôt d'entendre dans la chapelle rococo d'une petite cour d'Allemagne.

Après le *Stabat*, c'est jusqu'à la nuit une succession de prières et d'hymnes funèbres.

A mesure que le jour décline, la foule grandit dans l'église. Seuls les bas côtés restent libres et les rangées de pliants bordent un large chemin qui fait le tour de la cathédrale. La nef est pleine de peuple.

Quand la nuit est venue, brusquement, au fond de la nef éclate un vacarme terrible. Ce sont des clameurs d'effroi, puis un formidable tapage de bois, de pierre et de métal heurtés ensemble. On dirait que la voûte s'effondre. J'interroge non sans inquiétude mes compagnons, qui m'expliquent que ce tintamarre représente la douleur du monde à la mort de Jésus-Christ. En effet, la grande croix qu'on avait dressée devant le maître-autel est abattue. Le clergé en détache l'image du Sauveur qui y était attachée. Le corps du Christ est enveloppé dans un linceul noir

Tous les prêtres se mettent alors lentement en marche avec des cierges allumés. Des voix graves psalmodient les prières des morts, tandis que la *Mater dolorosa*, dont on porte la statue, semble mener le deuil de son fils supplicié. Des ecclésiastiques portent sur leurs épaules une civière où repose la dépouille du Christ, et derrière eux s'avance, tout seul, l'évêque, enveloppé dans une grande chape violette, un cierge à la main. Enfin, à une certaine distance, suivent les officiers et les notables de Palma.

Au milieu de la foule agenouillée, le cortège funèbre fait le tour de la nef et se dirige vers une chapelle latérale tendue de rouge et qui seule est illuminée dans la cathédrale obscure. C'est le tombeau. Un sarcophage est placé devant l'autel. Les porteurs gravissent les degrés et le corps du Christ est enseveli en présence de l'évêque. Rien ne peut rendre la grandeur sinistre de ce spectacle.

*
* *

Le lendemain, je quittai Palma pour une promenade de quelques jours dans les montagnes de l'île.

La joie de la campagne douce et verte où, parmi les délicats amandiers et les oliviers monstrueux au feuillage d'argent mat, les pommiers et les pêchers font des bouquets blancs et roses, m'a vite fait oublier les épouvantes des cérémonies du vendredi saint. Dans un gai village aux toits plats, qui s'appelle Camari, tout blanc au milieu de la verdure sombre des orangers, j'attends, à la porte de la *posada*, que les mules soient harnachées. Il est midi. Soudain retentissent de tous côtés des coups de fusil, répercutés par les rochers qui dominent Camari.

L'hôtesse apparaît dans la salle de la *posada* et, avec une hachette de cuisine, frappe à coups redoublés sur la table, en criant de toutes ses forces : « **Viva Dios!**

Viva Dios ! » et dans toutes les maisons on entend le même tapage joyeux : « Viva Dios ! Viva Dios ! » C'est que Jésus vient de ressusciter et chacun doit faire le plus de bruit qu'il peut pour célébrer la bonne nouvelle.

Ainsi finit à Majorque la commémoration de la Passion de Notre-Seigneur Jésus-Christ.

Mars 1891.

SOUVENIRS DE MAJORQUE.

Il y a deux jours, une brève dépêche annonçait que le feu venait de détruire l'Hôtel de Ville de Palma, capitale de Majorque, et elle ajoutait : « Avec tous les trésors de l'art arabe. » Cette dernière mention est une fantaisie du télégraphe ; car, à Palma, il n'y a de trésors de l'art arabe ni à l'Hôtel de Ville ni ailleurs. Mais la destruction de la *Casa consistorial* n'en est pas moins un grand malheur. Ce palais du xvi° siècle avait une jolie façade dans le style de la Renaissance florentine, toute chargée de sculptures élégantes ; et de belles chimères, se voilant le visage de leurs mains, formaient cariatides pour soutenir le large auvent d'une opulente toiture de bois massif, ornée d'admirables caissons en rosaces. Lorsque je me trouvais à Palma, en 1891, on s'occupait de restaurer l'intérieur de l'édifice. J'ignore où en était ce travail quand survint l'incendie. Mais en Espagne les restaurations de ce genre durent encore plus longtemps qu'ailleurs. Et il est assez probable que le feu n'a dévoré qu'une façade.

A la lecture de cette dépêche, tous les souvenirs

de quelques semaines de printemps passées à flâner par les rues de Palma et la campagne de Majorque se sont pressés dans ma mémoire...

Je revois Palma, la ville douce, nonchalante, à demi orientale, Palma avec ses ruelles raboteuses et fraîches sous la saillie des auvents démesurés, ses terrasses blanches dominées par les grands platanes des promenades, sa rade d'azur, les *patios* élégants de ses vieilles demeures seigneuriales, sa cathédrale grandiose, son exquise *Lonja* dont les voûtes légères reposent sur de longues colonnes élancées semblables à des troncs de palmiers qui s'épanouiraient en ogives ; Palma avec la souriante bonne humeur des Palmesans flâneurs et l'éclatante beauté des Palmesanes en *rebosillo* de dentelle...

Oh ! le joli pays que cette île de Majorque ! Elle a toutes les séductions. Elle embaume la mer autour de ses rivages et, la nuit, sur le pont du vapeur de Barcelone, on la devine avant de l'avoir aperçue, aux parfums qui flottent dans la brise, venus des champs de jacinthes et des forêts d'orangers. Le dessin de ses montagnes est harmonieux comme celui des montagnes de l'Attique. Ses oliviers monstrueux sont plus grandioses et plus tragiques que ceux de Corfou. Un peu de la lumière de la Grèce vibre dans son atmosphère. Et, au printemps, quand l'onde verte des plaines fertiles vient battre les îlots blancs et roses des vergers en fleurs, Majorque fait penser aux plus charmantes des campagnes de France... Cette île est un microcosme de beauté. Car elle a toutes les grandeurs et toutes les grâces.

Mais le plus charmant de Majorque, c'est encore les

Majorquins. Les honnêtes gens ! doux, paresseux, nonchalants et fiers ! De vrais Arabes ! mais des Arabes *conscients* et jouissant en philosophes de leur philosophique bonheur. « C'est ici un très bon endroit pour attendre doucement l'heure de la mort », me disait un jour un procureur de Palma, M. Obrador y ben Assar, que j'avais trouvé quelques minutes auparavant en train de composer une « petite comédie satirique ». Une autre fois, comme je demandais à un Palmesan qui m'émerveillait par la finesse de son goût : « Puisqu'on peut découvrir encore chez les paysans de Majorque quelques vieilles faïences hispano-mauresques, pourquoi ne cherchez-vous point à en faire une collection ? » — « Il ne faut pas collectionner, me répondit-il gravement. Cela rend fou. » La pêche à la ligne est le grand divertissement de ces sages. Ne les croyez point pour cela des ignorants. Ils lisent, ils causent. Aucune nouveauté d'art et de science ne leur est étrangère. Mais ils se gardent de toute velléité de passion, bien décidés à ne pas gâter par de vaines agitations la douceur d'attendre l'heure de la mort.

Et ils sont accueillants, obligeants, hospitaliers ! Georges Sand a prétendu le contraire. Mais elle avait tant scandalisé les Majorquins par ses allures masculines, par son intimité affichée avec Chopin et par sa robuste inintelligence des mœurs et des caractères !

Comme ils sont très vains des richesses et des beautés de leur pays, ils se font avec empressement les guides de l'étranger ; ils le promènent, ils le renseignent avec une grâce charmante. Ils tiennent, l'un d'eux me le disait, à ce que leur île, si peu visitée, ait du moins une bonne réputation dans le monde. Puis accompagner un voyageur dans ses promenades est encore, pour soi-même, un moyen de flâner. Et Majorque, c'est le délicieux royaume de flânerie...

Ce n'est point seulement à Palma qu'on peut goûter le charme de ces soudaines et charmantes amitiés. Partout, la bienvenue rit dans tous les yeux.

A Pollenza, petite ville exquise située tout au nord de l'île, au pied des hautes montagnes, parmi les torrents et les vergers, je n'oublierai jamais quel aimable accueil je reçus ! Que de fois j'ai fait le projet de retourner là-bas pour dire à José Bestar, modèle des aubergistes, que j'ai pieusement gardé le souvenir de ses soupes majorquines, — au jeune Jaimé Bestar, son fils, que je me rappelle la délicate attention qu'il eut de me jouer *la Marseillaise* sur un vieux piano fourbu quand il sut ma nationalité, — à Nicolas de Castro y Porto, respectable instituteur, que je n'ai pas oublié sa « laïque » de Pollenza, cette « laïque » où, pour enseigner le français aux petits Majorquins, une dame berlinoise leur fait commenter une estampe de M. Jean Béraud qui représente une Parisienne montant dans son coupé, — et à cet ex-maire de Pollenza, alors révoqué par Canovas pour la fougue de son libéralisme, que je ne lui en veux pas de ses implacables conversations politiques, le soir, dans la salle de l'auberge ! Ce dernier personnage était pourtant terrible avec sa manie de porter des toasts « à monseu Constanss et à monseu Clémenceau, cé deux grandé figoures dou grandé Parlementte de la grandé Répoublique frannnçaise ! », tandis que les jolies filles de Pollenza dansaient la *jota mallorquina*, accompagnée par deux guitaristes aveugles. Et toutes ces amitiés compromettantes dans le parti libéral n'empêchaient pas l'excellent curé, dom Sebastiano, de m'inviter à suivre la procession de San Isidro et à boire ensuite l'*aniçao* avec les membres de son clergé et les porte-bannière de la procession... Je dois pourtant reconnaître que cela me nuisit dans l'esprit des progressistes...

4 mars 1894.

EN ENGADINE

RASTAPOLIS.

A huit heures et demie du soir, dans le vestibule de l'hôtel, plein de lumière, des hommes en smoking et des femmes en toilettes élégantes causent, renversés dans les grands fauteuils d'osier. La porte s'ouvre. Légèrement ahurie, une escouade de nouveaux venus pénètre dans ce milieu correct. Leurs visages sont défaits et leurs yeux battus ; ils viennent de passer douze heures dans les lourdes voitures de la poste fédérale. Leurs vêtements sont blancs de poussière, de l'abominable poussière des routes de l'Engadine. On dirait des meuniers harassés. Ils défilent, un peu penauds, sous les regards railleurs des gens bien vêtus, qui ont suspendu leur conversation. Et le lendemain, les mêmes, renversés dans les grands fauteuils d'osier, contempleront en souriant la pitoyable procession des nouveaux débarqués...

Ces gens-là, ce sont les « déprimés » et les « névrosées » des cinq parties du monde, à qui l'on a ordonné l' « altitude ». Ce sont surtout les cosmopolites opulents qui, par calcul ou résignation, vont docilement aux villégiatures distinguées que la mode impose. L'hiver, c'est la Riviera ; l'été, c'est l'Engadine. La vallée, de Samaden à la Maloja, est le Chanaan de ces nomades et Saint-Moritz est la capitale de Chanaan. Dans le plus beau pays du monde, sur le bord du lac aux contours harmonieux, au milieu des montagnes qu'escaladent les sombres verdures des pins et des mélèzes et que baigne une lumière presque grecque, ils ont fondé Rastapolis.

Toutes les races, toutes les nations, toutes les tribus sont ici représentées. C'est une belle carte d'échantillons ethnographiques. On voit, pêle-mêle, des noirs, des blancs et des jaunes. Les banquiers de Chicago coudoient les Présidents déchus des Républiques sud-américaines. Francfort et Odessa voisinent à la table d'hôte. J'ai vu des fez sur les glaciers. Et l'autre jour, symbolique incohérence, dans une barque du lac de Saint-Moritz, on pouvait apercevoir un pauvre petit nègre d'une douzaine d'années costumé en matelot, muni d'un alpenstock et accompagné d'une gouvernante allemande en robe émeraude... La « liste des étrangers » est d'une variété stupéfiante : un écolier pourrait y apprendre sa géographie. C'est le Bottin du cosmopolitisme.

Cette cohue bariolée offre un beau spectacle au moment où elle accomplit les rites de la vie balnéaire. Il faut la voir traîner aux devantures des petites boutiques où sont entassées, avec le bric-à-brac spécial des villes d'eaux, les cargaisons d'ivoire, de corail, d'écaille qui, chaque année, vont et viennent de San-Remo à l'Engadine. Mais où l'on peut l'admirer mieux encore, c'est sous les galeries du Kurhaus ou du Stahlbad aux heures solennelles où il convient de boire en musique. C'est là qu'on peut contempler les beaux marquis italiens à cravates cramoisies, les fonctionnaires bulgares fleuris d'œillets énormes, les pasteurs anglicans qui viennent avaler leur verre d'eau un alpenstock à la main, les vieilles Francfortoises semblables à Jézabel, les ex-forbans sans nationalité précise, au visage morne de vieux pirates fatigués, à qui le souvenir de leurs flibusteries n'a laissé ni joie, ni orgueil, ni remords, et aussi les petits corsaires de second rang, le dos un peu voûté, les yeux un peu chassieux, tous abondamment décorés de la Légion d'honneur. C'est là que s'étalent les terribles inélégances d'un luxe formidable et sans goût dont on est à peine consolé par la rapide vision de quelque jeune Anglaise, éclatante de vie et de beauté en sa toilette blanche, ou par la fine silhouette de quelque Parisienne emprisonnée dans sa petite robe de drap simple et savante.

Si les Rastapolitains ne sont pas beaux, Rastapolis est une triste cité. Elle déshonore un site que la nature a fait exquis. C'est sur la rive du petit lac un rendez-vous d'hôtels immenses et lugubres comme des casernes. La végétation, si riche et si puissante sur les flancs de la montagne, se refuse à croître dans les pauvres et arides jardins qui entourent ces caravansérails. Un lamentable casino de planches, pareil à une gare provisoire, contraste de la manière la plus comique avec une église romane de pierre grise qui, de l'autre côté du torrent, dresse sa tour mélancolique et saugrenue. Entre les bâtisses des grandes auberges, s'étendent de larges terrains vagues, égayés par des chantiers de construction, à moins qu'ils ne servent au séchage des lessives. Quand le soleil luit, Saint-Moritz apparaît tout pavoisé de draps et de chemises que fait flotter le vent incessant qui souffle de la Maloja.

Tout cela est d'une insigne laideur. Et pourtant la lumière est à la fois si pure et si vibrante, les formes des monts sont si nobles et si parfaites, il y a tant de paix et tant de douceur dans l'air parfumé, les lacs et les forêts s'unissent si délicieusement pour enseigner l'indulgence et conseiller l'oubli des vaines ironies qu'on pardonne sans peine à Rastapolis ses hôtes, ses lessives, ses maçonneries. Et quand, couché sur l'herbe des bois, on contemple, à travers la fine ramure des mélèzes, l'azur du ciel et des lacs, on demeure sans colère, si, brusquement, viennent s'interposer, défilant sur le sentier voisin, les ombrelles multicolores des petites Rastapolitaines.

PONTRESINA.

A Pontresina, qui n'est qu'à une heure de Saint-Moritz, le décor et la figuration changent brusquement. Ces deux campements d'été sont très dissemblables. Pontresina n'est peuplé que d'Allemands : c'est une ville allemande où règnent les mœurs de l'Allemagne.

La table d'hôte, dans un hôtel de Pontresina, est divertissante comme un numéro des *Fliegende Blätter* ; c'est toute l'Allemagne, celle du Nord et celle du Sud, celle des fonctionnaires et celle des marchands, l'Allemagne familière, sentimentale et comique, qui vit dans les croquis d'Oberländer et de Kirchner, les professeurs ratiocinants et botanisants, les *ober* — n'importe quoi graves et cordiaux, les moutards albinos costumés en Tyroliens, les belles dames souriantes aux corsages follement bouffants et qui, le dimanche, pour se faire plus belles encore, rehaussent leurs toilettes de passementeries multicolores et d'ineffables petits pompons, cohue de braves gens loquaces et inélégants.

Pour les Allemands, il n'y a point d'exil. Là où le hasard les mène, ils ont vite fait de reprendre leur existence coutumière. Aussi, qui a séjourné à Pontresina connaît à fond les mœurs de n'importe quelle petite ville d'Allemagne.

Regardez, à quatre heures, la procession qui, par les sentiers du bois, se rend vers une triste guinguette appelée le *Chalet-sans-souci*. Ces gens vont accomplir une chose grave entre toutes : ils vont prendre le café au lait. Les familles s'attablent. Les dames discutent avec animation les mérites du café, puis ceux du lait, puis ceux du pain, puis ceux du beurre. On est au *Hofgarten*.

Après le repas du soir, un tour de flânerie, sans façon, dans la rue, l'unique rue de Pontresina : les dames sont en cheveux. Et tout le monde rentre à la brasserie. On y boit de la bière de Munich. Si la veillée se prolonge, on y prend quelques *delicatessen*. Là, on se fait toutes sortes de révérences : on se salue avant de s'asseoir : *Erlauben...* ; on se salue avant de boire : *Prosit...* Les enfants, lorsqu'ils ont été bien sages, boivent à même le *Glassbier* paternel... Et, à onze heures, la famille Buchholz va se coucher...

Une des gaietés de Pontresina, c'est l'Alpiniste. Au milieu de tous ces êtres pacifiques, celui-là promène avec superbe son harnachement terrible. On le rencontre à toutes les heures du jour, son alpenstock à la main. Il a des touffes d'*Edelweiss* piquées à son feutre vert. Il se rend chez le coiffeur, armé de son piolet. Le soir, il tient de grands conciliabules avec les guides, qu'on voit toujours groupés à la même place ; il a pour leur parler l'air familier et entendu d'un bon *afficionado* madrilène causant avec les toreros au coin de la *calle de Sevilla*. Il connaît par leurs noms tous les pics du massif du Bernina et consulte sans relâche son baromètre. Le plus souvent, il remet l'ascension à un autre jour, et on le voit filer à bicyclette sur les routes poudreuses, à moins qu'il n'aille simplement s'asseoir sur un banc, à dix minutes de Pontresina, pour lire consciencieusement son Bædeker à l'ombre des mélèzes. Et comme il a raison, le faux Alpiniste !

Je ne sais aucun lieu de repos et de rêverie plus séduisant que le bois de Pontresina, où les délicates verdures des mélèzes laissent découvrir, à chaque détour des sentiers, le plus beau ciel qui soit au monde. De temps en temps, quelques pins plus sombres donnent un peu de mystère à la claire forêt, et leurs aiguilles couvrent les rochers d'un tapis fauve. Il y a dans l'air des parfums, du silence et de la paix. On entend à peine le bruit des torrents. La fraîcheur des grands glaciers, chassée par la brise à travers les bois, tempère l'ardeur des après-midi, dont on serait mal défendu par les ramures trop légères. Mais c'est au mois de juillet que l'enchantement est le plus merveilleux : alors, de toutes parts, parmi les herbes et les mousses, fleurissent les grandes gentianes jaunes et s'étalent les touffes éclatantes des roses des Alpes. C'est alors surtout qu'il est bon de flâner longuement sur les bancs que la sollicitude du *Kurverein* a disséminés le long de tous les sentiers du bois de Pontresina, bancs hospitaliers, mais autour desquels traînent parfois trop de vieux numéros abandonnés de la *Kölnische Zeitung*.

LES CHAMEAUX DE LA MALOJA.

La merveille de l'Engadine, c'est la route de Saint-Moritz à la Maloja. Elle longe la série des lacs, qui, jusqu'au col, forment le fond de la haute vallée, lacs exquis dont les rives ont des courbes élégantes et dont les eaux profondes, tour à tour bleues, vertes ou lilas, se colorent à chaque heure du jour d'un reflet nouveau. Les derniers mélèzes de la forêt y trempent leurs racines tordues.

Dans le ciel, les montagnes profilent leurs crêtes abruptes : c'est l'Alpe, rude et formidable, mais vêtue d'une lumière digne du ciel de Palerme. Quelque chose d'italien flotte dans l'atmosphère. Les noms harmonieux des lieux qu'on traverse achèvent de donner de la douceur à ces sites dont le dessin est dur. C'est Silvaplana dont les blanches maisons souhaitent la bienvenue au passant avec des devises latines et dont le lac réfléchit des futaies de mélèzes solennels comme des piliers de cathédrale. C'est Sils-Maria, si gentiment blotti dans un réduit de verdure, et dont les fenêtres aux grillages délicats débordent de fleurs... Et à mesure qu'on approche de la Maloja et que les montagnes se dénudent davantage, la lumière se fait plus pure et plus vibrante. Déjà, de l'autre côté du col, les cimes apparaissent noyées dans une brume bleue.

Le col, qui est à la même hauteur que l'Engadine, ouvre brusquement sa large échancrure. Sur l'autre versant, qui tombe à pic, on entrevoit, comme au pied d'une muraille, la vallé d'Italie. Parmi les passages des Alpes, il en est de plus grandioses, mais il n'en est pas où se mêlent, avec plus de charme, la sévérité alpestre et la douceur italienne.

Là, comme ailleurs, les hommes ont fait de grands efforts pour diminuer la naturelle beauté des choses. Ils n'y sont pas tout à fait parvenus. Mais il ne faut pas désespérer de leur stupide acharnement. Un original a eu l'idée baroque de construire sur une hauteur qui domine la passe une sorte de chalet suisse flanqué d'une grosse tour carrée. Il y a aussi une « hostellerie » en bois qui fait songer de la façon la plus déplorable aux cabarets « littéraires » de Montmartre. Le pire est le Kursaal, établissement gigantesque, dont la laideur est encore capable d'exaspérer, même quand on vient de contempler les conceptions sinistres des aubergistes de Saint-Moritz.

Sa masse est obstruante. Du dehors on dirait une caserne destinée à loger toute une brigade. Si l'on pénètre dans cette étrange construction, l'impression change : on se croirait dans un ministère. Si l'on entre dans la salle à manger, dont les plafonds peints reposent sur des colonnes corinthiennes dorées, nouvel étonnement : c'est le buffet d'une grande gare de chemin de fer où se croiseraient tous les rapides de l'Europe. Dans ce hall luxueux, inélégant et sombre, grouille la plus extravagante des cohues cosmopolites. Mieux encore qu'à Saint-Moritz, c'est ici qu'on peut contempler des exemplaires de toutes les races, de toutes les professions, de toutes les oisivetés, de toutes les maladies, de tous les brigandages.

Heureusement, ni toutes ces choses ni tous ces gens ne peuvent faire que le site soit moins grandiose et la lumière moins limpide. Je me rappelle un délicieux après-midi d'août, passé sur la terrasse de l'hôtel, le dos tourné à l'affreuse bâtisse. Nous étions quelques-uns que le hasard avait réunis là, et tous, nous avions le même éblouissement joyeux devant la splendeur de ce tableau d'Orient. Car, ce jour-là, sous un soleil éclatant, le lac de Sils était insolemment bleu, au milieu des montagnes nues et brûlées.

Des montreurs d'animaux savants qui conduisaient par les routes deux singes et deux chameaux s'arrêtèrent un instant devant l'hôtel. La silhouette des chameaux se profilant sur le paysage compléta alors notre illusion. Et l'un de nous s'écria : « C'est le lac de Tibériade ! C'est la Galilée ! C'est Jérusalem ! » Et son enthousiasme était si grand qu'il n'aperçut point le sourire d'une Parisienne, laquelle, à ces mots, regarda les visages qui nous environnaient, en murmurant : « Oh ! oui. C'est Jérusalem. »

Juillet-août 1895.

MUNICH

LE CHARME DE MUNICH.

Pour ceux qui, pressés de voir les merveilles de la Pinacothèque, n'ont fait que traverser Munich, le charme de cette ville est inexplicable. Mais, si l'on demeure ici quelque temps, il est impossible de se soustraire à la séduction de cette cité de flânerie et de repos.

On a beaucoup raillé, — et la raillerie était facile, — cette grande ville neuve remplie de monuments hétéroclites, pastiches de tous les arts et de tous les siècles. On a plaisanté l'extraordinaire bric-à-brac qui encombre ses rues et ses places publiques: pinacothèques, glyptothèques, propylées, palais italiens, églises gothiques, arcs de triomphe romains, basiliques byzantines, chapelles rococo, maisons de la Renaissance allemande, etc... A la vérité, il n'est guère ici de monument qui ne soit bâti « sur le modèle » de quelque édifice célèbre. C'est le rendez-vous de tous les styles. Et ces constructions neuves, élevées dans un temps et dans un pays où l'on est économe, tomberaient vite en ruines si on ne les restaurait et récrépissait sans cesse. Ajoutez à cela que les anciens quartiers, sauf l'admirable place de l'Hôtel-de-

Ville, sont sans caractère, que les rues des quartiers neufs sont désespérément larges et droites, que l'on bâtit de toutes parts d'énormes immeubles de rapport d'une architecture lourde et froide et que la perspective de la plus belle des voies de Munich, la Maximilianstrasse, est fermée par la masse inutile et colossale du *Maximilianeum*. Voilà, pour les gens prompts à juger et à formuler leurs jugements, une ville d'une laideur terrible, exaspérante. Et pourtant elle est séduisante entre toutes. Vanité de l'esthétique !

Cet assemblage de monuments discordants serait peut-être ailleurs révoltant. Il ne fait ici qu'amuser le regard et divertir l'imagination. Si l'on consent à ne pas prendre ce décor au sérieux, c'est un délice de laisser son imagination vaguer au gré des souvenirs que les architectes ont plus ou moins gauchement évoqués au coin de toutes les places. Se promener à travers Munich, c'est alors se donner le plaisir de revivre d'autres voyages et d'éveiller en soi la vision des œuvres originales pastichées par les artistes bavarois. Elle est misérable et sordide, la copie de *la Loggia dei Lanzi* qu'on voit près de la Résidence ; l'affreux monument qu'on a élevé sous la voûte à la gloire de l'armée bavaroise ne remplace qu'imparfaitement *l'Enlèvement des Sabines*, et le *Tilly* de Schwanthaler n'est pas le *Persée* de Benvenuto... Mais cette triste reproduction suffit pourtant à évoquer le miracle de l'élégance florentine... Les Propylées sous lesquels passe la Brienerstrasse n'ont guère que le nom de commun avec les portiques dont les débris jonchent l'Acropole ; mais leur vue peut faire surgir dans notre mémoire l'image d'Athènes...

Et c'est ainsi qu'avec toutes ses restitutions plus ou moins maladroites Munich incline doucement à des rêveries diverses ceux qui ont la sagesse de laisser leur imagination badauder, sans trop esthétiser.

Cette sagesse-là, tout la rend ici facile ; car tout conspire à calmer les impatients et à pacifier les ironiques. Cette ville est enveloppée de jardins magnifiques et de parcs touffus qui invitent à de douces promenades, et on y respire comme un air de campagne. Elles sont délicieuses, les rives de l'Isar, ce large torrent qui a encore la fraîcheur, la couleur et l'élan des eaux des Alpes. Puis, dans les musées, il y a des chefs-d'œuvre, bien authentiques, ceux-là, et si ingénieusement disposés, si bien éclairés qu'on les peut contempler sans fatigue. Mais, par-dessus tout, le charme de Munich, c'est son éternelle *Gemüthlichkeit*. Dans cette ville sans fièvre, la vie circule d'un mouvement tranquille et mesuré. Les visages et les gestes trahissent une sorte de fatalisme souriant. Tout s'accomplit en son temps, à l'heure fixée, — mais jamais en avance. Regardez passer dans les larges rues les petits tramways bleus : ce n'est pas la multitude des voitures qui les peut retarder ; mais ils ont le temps. Dans la brasserie, regardez la *Kellnerin* qui, sans se presser, chemine parmi les tables : elle finira toujours par apporter ce que vous lui avez commandé ; elle n'oublie jamais ; mais à quoi bon se hâter ?

Tout cela exaspère d'abord l'étranger. Mais celui-ci sent vite la vanité de la révolte, et, quelques verres de bière aidant, il a bientôt fait de goûter à son tour la douceur de cette vie facile, cordiale et indulgente. Et dans sa reconnaissance pour la ville aimable qui lui a enseigné la sagesse et donné le repos, il trouve les Propylées moins saugrenus.

LE SOUVENIR DE LOUIS II.

Il y a huit ans que Louis II est mort, noyé dans le lac de Starnberg, et il semble que sans cesse grandit la popularité de sa mémoire. Ce prince étrange était déjà entré, vivant, dans la légende. On ne le voyait pas ; on le connaissait à peine ; on contait de lui des choses folles et mystérieuses. Sa mort, plus mystérieuse encore que sa vie, fut comme la dernière strophe d'une ballade. Huit années seulement ! et déjà l'histoire de ce monarque fantasque et mélancolique a la séduction des vieux contes.

Pour surprendre l'aveu ingénu des rêves et des hallucinations de Louis II, chaque année d'innombrables pèlerins vont visiter Linderhof, Neuschwanstein, Herrenchiemsee ; car ces châteaux sont pour ainsi dire des confessions. Peut-être est-on parfois tenté de sourire de ces bâtisses un peu extravagantes, de souligner par de faciles ironies ce qui dans leur fantaisie incohérente et souvent mesquine choque notre goût de la logique et du cossu. Mais si l'on revient dans ces demeures qui trahissent si bien la magnificence du goût et la pauvreté des ressources du roi de Bavière, on se prend à aimer cette âme à la fois complexe et naïve que hantaient tour à tour l'image de Louis XIV et celle de Lohengrin, âme vraiment royale et enfantine qui se contentait de décors et de machineries de théâtre pour évoquer les splendeurs du xviie siècle ou se donner l'illusion de l'Allemagne légendaire. Et on est saisi d'une grande pitié pour le pauvre roi qui ne put voir achevée la burg de Neuschwanstein, son chef-d'œuvre, et un chef-d'œuvre !

Puis Louis II fut l'ami et le protecteur de Richard Wagner. Si l'on a lu la correspondance de ce dernier, on sait à quelle désespérance il en était venu, lorsque le roi lui tendit fraternellement la main. Nous ne pouvons être ingrats envers le souverain à qui nous devons Bayreuth. Et cela encore explique comment les hommes à qui Wagner a apporté la joie d'un art nouveau conservent pieusement la mémoire de Louis II.

Le plus surprenant est que le souvenir du roi n'est pas seulement cher aux rêveurs et aux artistes. De son vivant, Louis II s'occupait assez peu de ses sujets et de son royaume ; sa popularité était alors médiocre. Aujourd'hui elle est éclatante. Dans presque toutes les auberges de Bavière, vous trouverez encore ces petites images où on a allégoriquement représenté la mystérieuse catastrophe de 1886. Dans l'une d'elles on voit Louis II assis sous un arbre du parc de Berg, tandis que, sur le lac, dans un nuage, s'avance Lohengrin traîné par son cygne. Le héros appelle le roi. Qui sait? de toutes les versions qu'on a données de la catastrophe, celle-là n'est peut-être pas la plus invraisemblable. Reconnaissons pourtant qu'elle n'est pas la plus accréditée dans le peuple: celui-ci en est toujours aux soupçons qui sont nés le lendemain de la mort du roi. Il y a encore en Bavière et surtout dans la Bavière du Sud, beaucoup de gens pour croire et dire que Louis II a été noyé par ses ennemis. Quels ennemis? Là-dessus, on se tait.

Dans ces derniers temps les factions politiques ont

voulu exploiter à leur profit ce sentiment populaire. Et au parti qu'elles en tirent on peut juger combien ce sentiment est profond.

Les montagnards du sud de la Bavière étaient attachés à la personne de Louis II. Lorsqu'en 1886 le Conseil des ministres décida d'interner le roi, son premier soin fut de l'enlever du château de Neuschwanstein qui est à l'entrée de la montagne pour le ramener plus près de Munich; on redoutait, non sans raison, un soulèvement à Füssen et dans l'Ammergau. Depuis lors, dans toutes ces contrées, l'impopularité du prince-régent est incroyable. A la vérité on explique cet état d'esprit par des raisons qui n'ont rien de sentimental. On dit que Louis II, séjournant de préférence dans le sud de la Bavière, y dépensait beaucoup d'argent pour toutes ses fantaisies et que les paysans en recueillaient le profit. On ajoute que le prince-régent vient uniquement dans cette partie du royaume pour y chasser et que le gibier de ses chasses cause de grands dommages aux propriétés privées. Quoi qu'il en soit, il y a dans la Haute-Bavière une certaine agitation qui va toujours grandissant.

A la fin du mois d'août, on a inauguré à Murnau un monument élevé par souscription à la mémoire de Louis II. Chaque souscripteur versait 10 pfennigs. On a de la sorte réuni 45000 marks. Le monument est un assez beau buste placé dans un encadrement mesquin de rochers artificiels. Le roi regarde vers le sud et fait face aux montagnes qui apparaissent au lointain, dans la direction de Partenkirchen, comme une haut muraille abrupte, par delà les grandes prairies doucement vallonnées. Le jour de l'inauguration le joli village de Murnau fut envahi par une foule immense de paysans. On prononça de grands discours pour attester la fidélité des Bavarois à la Maison de Wittelsbach. Mais le soir dans les auberges, autour des cruches de bière, on tint de si violents propos contre le prince-régent qu'une instruction fut ouverte. Quinze jours plus tard, à Garmisch, on démolissait un buste du prince-régent et, depuis, cet exemple a été suivi dans un village situé aux portes de Munich.

Qu'y a-t-il au fond de ces petites manifestations? Cela est difficile à distinguer pour un étranger qui n'a même pas la ressource de causer avec les paysans bavarois, lesquels parlent un dialecte à peu près inintelligible. Mais des articles de journaux, des discours prononcés à Murnau, des conversations que j'ai eues avec des Munichois, il m'a semblé ressortir que le peuple est surtout attaché à la mémoire de Louis II, parce qu'il voit dans celui-ci le *dernier* des rois de Bavière. Il exprime ainsi que le prince-régent lui paraît trop docile aux suggestions impériales. Personne assurément ne songe ici à protester contre la constitution fédérale de l'Allemagne. Là-dessus l'opinion est unanime. Il n'y a pas, il n'y aura jamais de séparatistes en Bavière. Seulement on regrette parfois l'ancienne indépendance. On trouve importunes et maladroites certaines exigences et surtout certaines railleries venues de Berlin. On s'en venge, comme on peut, par des plaisanteries, ou bien en lisant les articles antiprussiens du docteur Siegl, ou bien même en démolissant des bustes. On s'en venge surtout en célébrant la mémoire de Louis II, qui peu à peu apparaîtra comme le dernier des princes de l'Allemagne romantique.

L'*OCTOBERFEST*.

L'*Octoberfest*, c'est la foire de Munich. Elle se tient dans une immense prairie, la *Theresienwiese*, située au sud-ouest de la ville, au pied de la gigantesque statue de la *Bavaria* du triste Schwanthaler.

On y trouve toutes les réjouissances qui sont ordinaires dans ces sortes de fêtes. Il y a des saltimbanques, des musées de cire, des balançoires, des chevaux de bois, des femmes géantes, des cirques et même un village nègre. Au pied de sept ou huit simili-palmiers quelques simili-Cafres grelottent sous la bise aigre et les averses glacées de l'automne bavarois. En outre, pendant la durée de l'*Octoberfest*, on organise un concours d'animaux, des courses de chevaux, des courses de vélocipèdes, des concours de tireurs, etc... Tout cela n'est pas très original. Et, si ce n'était l'allure lente et presque silencieuse des promeneurs de la *Theresienwiese*, on pourrait se croire à la foire de la place du Trône.

Mais quand on a traversé les longues avenues formées par les baraques des saltimbanques, soudain le coup d'œil change. Le spectacle devient *echt münchnerich*. Au centre de la prairie, toutes les brasseries de Munich ont dressé des tentes ou élevé des baraquements pittoresques, pavoisés de drapeaux et décorés de verdure. Avec leurs tables innombrables elles forment un vaste cercle. De toutes parts des orchestres de cuivres mugissent des valses, tandis que des milliers et des milliers de buveurs absorbent des milliers et des milliers de litres de bière. e longs chariots traînés par d'énormes chevaux viennent sans cesse renouveler la provision de ces brasseries improvisées.

Si un vrai Munichois boit beaucoup, il boit rarement sans manger. On y a pourvu. En dehors du cercle des brasseries, un autre cercle concentrique est formé par les marchands de nourriture. Là sont rangés les fabricants de *delicatessen*, c'est-à-dire les charcutiers, qui font et cuisent en plein vent les cent variétés de la saucisse allemande : *Regensburger Würste, Dünn geselchte Würste, Nürberger Bratwürst, Weisswürmste, Bockwürste, Wollwürste, Bratwürste*, etc. Puis les marchands de harengs et de salaisons, les rôtisseurs de poulets, les rôtisseurs de porcs, les rôtisseurs d'oies, les rôtisseurs de poissons. Ces derniers embrochent chaque poisson sur une baguette fichée en terre et légèrement inclinée ; les rangées de merlans s'entrecroisent et se dorent lentement à la chaleur des braises éparses sur le sol. La foule se presse devant toutes ces rôtisseries et semble se mettre en appétit rien qu'à humer les fumées. On voit des gens occupés à choisir leur morceau avec un admirable sérieux. Certains ont quitté la brasserie en emportant à la main leur cruche de bière, leur *mass*, et se promènent longtemps devant les petites boutiques, examinant les victuailles avec l'attention d'antiquaires penchés sur une collection de médailles, — jusqu'à ce qu'ils aient enfin trouvé la *Würst* qui convient exactement à l'heure de la journée et au nombre de cruches déjà bues.

Toutes les classes de la société sont ici confondues. Les élégants de Munich coudoient les paysans de la montagne. Devant le *mass* tous les Munichois sont égaux. Il semble que la bière, — cette bière fraîche, savoureuse et pacifiante, — mette de la fraternité parmi les hommes.

Un Allemand, qui n'est pas Bavarois, m'assure cependant qu'après ces ripailles et ces beuveries à demi-silencieuses ces gens placides ont parfois de brefs et terribles accès de violence. Un Munichois que j'ai interrogé là-dessus m'a répondu : « Il y a parmi nous tant d'Allemands du Nord ! »

Le grand jour de l'*Octoberfest* est le dimanche où le prince-régent distribue les récompenses aux propriétaires des animaux primés au concours. Ce jour-là pas un habitant de Munich ne reste chez soi. Tout le monde est à la *Theresienwiese*. Les gens de la campagne viennent en foule à la ville.

Tout autour de la prairie on a ménagé une piste pour les courses et en face de la *Bavaria* on a dressé une tente aux couleurs bavaroises destinée à abriter la cour et le corps diplomatique. De l'autre côté de la piste s'élèvent de grandes tribunes où le public est admis. De cette place, le coup d'œil de la *Theresienwiese* est charmant avec le grouillement de la foule immense au-dessus de laquelle s'entrecroisent les guirlandes de verdure et flottent les oriflammes accrochées aux mâts innombrables qui semblent hérisser la plaine. On voudrait un rayon de soleil. C'est l'averse qui commence. Personne ne quitte sa place. Tous les parapluies s'ouvrent ensemble : c'est à l'infini une grande houle noire, une grande mer d'encre. La pluie cesse bientôt. Mais quel froid !

Les voitures de la cour défilent sur la piste amenant le prince Luitpold, les princes et les princesses de la maison royale avec leur suite. Le corps diplomatique est, lui aussi, présent à la cérémonie. Les équipages de la cour sont élégants et bien attelés. Mais les « locati » de Munich ne sont pas beaux. Beaucoup de cochers portent à leurs chapeaux un large carton sur lequel est inscrit un numéro. C'est une précaution pour que l'ordre des préséances ne soit pas troublé.

Dans la tribune où je me trouve placé, mon voisin veut bien m'indiquer les noms des personnages considérables qui prennent place sous la tente officielle. Comme je lui avoue que je trouve un peu tièdes les *hoch!* du populaire : « Ah ! monsieur, me dit-il, c'est que le prince Alphonse n'est pas là ! » Le prince Alphonse est un neveu du prince-régent qui a épousé, il y a quatre ans, une princesse de la maison d'Orléans. Les Munichois l'adorent. Puis, en l'acclamant très fort, ils pensent rendre encore plus significative la froideur qu'ils témoignent à d'autres princes moins populaires...

Le régent se place à l'entrée de la tente. C'est un vieillard vigoureux, au regard droit et clair. Sa figure est labourée de rides profondes. Son rôle de souverain paraît le divertir médiocrement. J'en fais la remarque à mon voisin, qui me répond simplement : « Il perd une journée de chasse. »

Le défilé commence. Chevaux, bœufs, taureaux et vaches sont amenés à la file devant le prince qui distribue des petits drapeaux aux propriétaires, tandis qu'un monsieur lit le palmarès d'une voix de stentor. De temps en temps une bête récalcitrante cherche à se sauver des mains de son conducteur, et cela agite la foule d'une gaieté cordiale et bon enfant.

Quand le propriétaire de la dernière vache a reçu le dernier drapeau, un singulier cortège débouche sur la piste. Ce sont des délégations des paysans de la Haute-Bavière. Chaque groupe est précédé d'un écriteau où est inscrit le nom de sa bourgade. Les femmes portent le costume bien connu des Tyroliennes : la jupe ronde et courte, la guimpe plissée et le chapeau de feutre noir entouré de ganses d'argent et orné de fleurs artificielles. Les hommes sont tout de vert vêtus, avec des cnémides en tricot vert ; à leur feutre vert ils accrochent des plumes, des fleurs, des chardons et tous ont sur le dos, tenu par deux bretelles, le sac de route en toile verte. Lorsqu'ils passent devant le régent, ces paysans expriment leur allégresse par une mimique désordonnée. Ils lancent leurs chapeaux en l'air et exécutent les gambades de leur danse nationale en poussant des you-you aigus et prolongés, comme font les derviches. (Mon voisin me prévient que dans les fêtes officielles il faut un peu se défier de la sincérité de pareilles manifestations. Je m'en doutais.) Le régent invite quelques paysans et quelques paysannes qui lui ont apporté des fleurs à prendre place sous la tente de la cour. Le mélange des costumes tyroliens et des uniformes militaires ou diplomatiques fait un tableau assez divertissant.

Derrière les paysans marche une troupe déguisée et précédée de trompettes. Ceux-là ont les accoutrements les plus moyenâgeux. Il y a des hérauts d'armes, des pages, des lansquenets, etc... Ils portent des drapeaux et des bannières peintes. Eux aussi vont se ranger dans la tribune officielle... tandis que sur la piste apparaissent des jockeys ; car il y a encore une course de chevaux suivie d'une distribution de petits drapeaux aux vainqueurs.

La fête officielle est finie. La cour remonte dans ses équipages. Les diplomates grelottant regagnent leurs voitures. La foule se disperse dans les brasseries. Les cruches se remplissent. Les rôtisseries fument. Les saucisses grésillent. Et le soir, très tard, dans les rues de Munich, on rencontre des pochards, doux et graves, qui comptent sur leurs doigts le nombre de litres qu'ils ont absorbés sur la *Theresienwiese*.

Il faut aller à l'*Octoberfest*, si l'on veut bien connaître l'âme houblonneuse et démocratique de la Bavière.

NAPOLÉONISME.

Le succès de *Madame Sans-Gêne* en Allemagne est extraordinaire. On donne cette comédie dans toutes les villes, sur toutes les scènes. Les meilleures actrices tiennent à jouer le rôle de la maréchale Lefebvre. On annonce que l'empereur, devant passer à Darmstadt, a demandé qu'on représentât pour lui *Madame Sans-Gêne* sur le théâtre de la cour. A Munich cette pièce fait fureur et lorsqu'elle paraît sur l'affiche, la salle du théâtre de la Résidence, souvent à moitié vide, est pleine de l'orchestre au cintre. Ici comme à Paris, les critiques dramatiques ont démontré par les arguments les plus judicieux que cette pièce n'était après tout qu'un assez médiocre vaudeville. Mais le public s'en moque.

J'ai assisté à l'une de ces représentations. Les comédiens interprètent l'ouvrage de M. Sardou avec beaucoup d'esprit et de mouvement. L'artiste qui fait Madame Sans-Gêne ne rappelle que de loin Mme Réjane; mais elle a de la grâce et du naturel. Possart, qui joue Napoléon, se donne beaucoup de mal pour restituer les attitudes et les gestes traditionnels de l'Empereur; mais il découvre trop ingénument la joie qu'éprouve tout acteur à représenter un tel personnage. Le prologue est mis en scène avec plus d'art qu'au Vaudeville. Mais, hélas! que les dames de la cour impériale sont laides!

Le public paraît beaucoup se divertir. J'ai vu représenter ici plusieurs autres pièces de théâtre. J'avais été frappé du flegme et de l'impassibilité des spectateurs. Mais *Madame Sans-Gêne* les transporte. Ce sont de longs et bruyants éclats de rire; et dans les brefs entr'actes que d'interjections! A la fin du prologue cependant, il y eut un silence glacial: la toile tombe sur le chant de *la Marseillaise* et, dans la crainte de paraître applaudir l'hymne révolutionnaire et français, on se tait et on ne rappelle pas les comédiens. Mais durant le reste de la soirée les bravos ne cessent pas.

Parmi toutes les appréciations enthousiastes que j'entendais s'entrecroiser à la sortie du théâtre, parmi les *famos! wunderhübsch! wunderschön!* deux mots revenaient très souvent: *elegant* et *historisch!* Je causai ensuite avec quelques personnes et je m'aperçus que ces deux mots-là caractérisent à merveille le genre de plaisir que des Allemands prennent à une représentation de *Madame Sans-Gêne*.

Elégant! c'est-à-dire pour des Munichois quelque chose de léger, de pétillant et d'un peu pervers; c'est ce je ne sais quoi de charmant et d'osé que communique à l'œuvre de M. Sardou le talent de Mme Réjane pour qui elle fut spécialement écrite; c'est ce délicat parfum de

Paris que ne perçoivent plus toujours nos sens blasés, mais qui est singulièrement grisant dans l'atmosphère d'une salle bavaroise. *Historisch !* surtout *historisch !* voilà le grand mérite de *Madame Sans-Gêne*. Les Allemands adorent les drames ou les comédies historiques ; *le Verre d'eau* et *Bertrand et Raton* n'ont pas quitté le répertoire de leurs théâtres. C'est qu'ils savent très bien l'histoire et surtout l'histoire de France, et ils aiment à faire l'épreuve publique de leurs connaissances dans une salle de spectacle. Je devais m'en apercevoir à la représentation de *Madame Sans-Gêne*. Vous vous rappelez le mot de Napoléon parlant de Louis XVI (je ne sais si M. Sardou l'a inventé ou emprunté à quelques mémoires) : « Mon oncle. » Se défiant de l'érudition de ses contemporains, M. Sardou a fait expliquer par l'Empereur les raisons de cette appellation légitime mais imprévue. Au Vaudeville, le commentaire n'est pas superflu et le public interloqué ne rit qu'après explication. Ici toute la salle comprend du premier coup et la joie des spectateurs est un peu celle d'un écolier qui a saisi à demi-mot la question de son examinateur et se hâte de faire « une bonne réponse ».

Il faut ajouter que le napoléonisme sévit à Munich, comme il sévissait l'an dernier à Paris. Les marchands de curiosités (et ils sont innombrables) n'exposent que des meubles, des estampes et des miniatures du Premier Empire. Les montres de leurs magasins sont remplies de candélabres massifs que supportent des Victoires laurées et d'énormes pendules où s'accoudent des Saphos de bronze. Le bric-à-brac Louis XV et Louis XVI est en baisse. On ne demande que de l'Empire. Aux vitrines des libraires, on ne voit que les ouvrages de M. Masson, de M. Lévy, de M. Houssaye sur l'Empereur. L'inévitable *Lourdes* parvient à peine à se glisser parmi tant de littérature napoléonienne... Et cela encore explique le succès de *Madame Sans-Gêne*.

Comme je m'étonnais un peu de cette invasion du napoléonisme, un Munichois me fit observer que, sans doute, l'influence de la mode française était pour quelque chose dans cette recrudescence du goût de l'Empire, mais que l'histoire et la personne de Napoléon n'avaient jamais cessé de passionner les Allemands. « Ainsi, au théâtre, ajouta-t-il, nous ne vous avions pas attendus pour mettre en scène le personnage de Napoléon. Depuis quelques années, on a composé ici un grand nombre de drames dont il est le héros. Les directeurs de théâtre ont retrouvé dans leurs magasins tous les accessoires de *Madame Sans-Gêne*. » Pour me prouver son dire, il me remit trois drames napoléoniens (et ce ne sont pas les seuls), joués sur les scènes allemandes dans ces dix dernières années : *Malheur aux vaincus* de Richard Voss, *Joséphine Bonaparte* de Karl von Heigel, et *Destinée* de Karl Bleibtreu. J'ai lu ces trois ouvrages et je crois qu'ils pourraient servir de point de départ à une intéressante étude sur le napoléonisme dans l'Allemagne moderne. Mais je veux seulement en indiquer le sujet et le caractère.

Malheur aux vaincus est un mélodrame assez banal. C'est le retour de l'île d'Elbe. En mettant le pied sur la terre française, Napoléon se trouve en face d'un officier royaliste qui veut l'assassiner. Ce royaliste est le fils naturel de l'Empereur et ignore le secret de sa naissance. Dans une longue scène assez déclamatoire, il se laisse subjuguer par le génie de Napoléon et devient le plus dévoué des serviteurs de l'Empereur. Le dernier acte se passe à Rochefort, avant l'embarquement Napoléon a des hallucinations et ses derniers fidèles croient sa raison perdue. Dans son délire il profère sur lui-même des tirades qui eussent intéressé Lanfrey. Mais il se ressaisit au moment du départ pour dire des paroles historiques.

La *Joséphine Bonaparte* de Karl von Heigel est une suite de tableaux d'histoire. Les trois premiers actes se passent en 1804, d'abord aux Tuileries (mise en scène d'historiettes contées par Mme de Rémusat; Napoléon et Mlle George; jalousie de Joséphine...), — puis à Vincennes (arrestation du duc d'Enghien;... supplications de Joséphine et d'Hortense pour détourner Napoléon du crime), — enfin, de nouveau aux Tuileries (Joséphine impératrice, le Sacre). Le quatrième acte se déroule en 1809. (Napoléon annonce à Joséphine sa résolution de divorcer). Le drame se termine à Fontainebleau en 1814 par la scène de l'abdication. — Le principal personnage de l'œuvre est Joséphine. Elle représente en quelque sorte la conscience de Napoléon. C'est malgré ses prières qu'il décide la mort du duc d'Enghien. C'est sur ses instances qu'il se résout à signer son abdication. Karl von Heigel a fait un effort intéressant pour rendre toutes les complexités du caractère de Napoléon. Mais ce souci de la vérité historique refroidit le drame. Puis il y a çà et là de fâcheux excès de romantisme. Joséphine appelle l'Empereur: « Mon aigle! »

Le drame de Karl Bleibtreu, *Destinée*, n'est pas sans analogie avec celui de Karl von Heigel, du moins sous le rapport de la composition. La première partie se passe à Paris en 1796. L'auteur y a représenté en trois actes la première rencontre de Joséphine et de Bonaparte, la journée du 13 vendémiaire, le mariage de Bonaparte et son départ pour l'armée d'Italie. Le quatrième acte (1809), c'est le divorce, et le cinquième (1815), c'est la dernière visite de Napoléon à la Malmaison. Ce drame est rempli d'inexactitudes historiques, — ce qui d'ailleurs me paraît importer assez peu au théâtre. Mais il est ingénieusement construit. Le titre en indique nettement l'idée fataliste. Napoléon y apparaît comme un esclave docile de sa *destinée*; il marche les yeux fixés sur son étoile; une voix mystérieuse et toute-puissante le conseille et le mène. Évidemment cette conception simplifie la tâche du psychologue. Mais elle donne à certaines scènes une grande force tragique...

En lisant l'œuvre de Bleibtreu, je me rappelais l'étrange propos que tint Napoléon à Erfurth et que Gœthe rapporte dans ses *Annales* :

« Il en vint aux pièces fatalistes et il les désapprouva. Elles avaient appartenu à un temps de ténèbres : « Que « nous veut-on aujourd'hui avec le destin? disait-il. Le « destin, c'est la politique. »

Septembre-octobre 1894.

CARLSBAD

Ils boivent. — Dès six heures du matin, ils vont et viennent lentement sous les colonnades, les *Kurgäste*, et ils accomplissent le premier rite de la journée qui est de boire de l'eau chaude. Ils boivent sous les interminables portiques corinthiens du *Mühlbrunn*. Ils boivent sous le grand hall de fer où bouillonne et jaillit le *Sprudel*. Ils boivent sous les colonnades de bois du *Marktbrunn*. Ils boivent sous la rotonde du *Schlossbrunn*. Ils boivent partout.

C'est une immense cohue où tous les peuples et toutes les races sont confondus. L'Orient y coudoie l'Occident. C'est un vivant musée d'ethnographie. Pêle-mêle : de vives et rapides Américaines en costume de tennis ; quelques Françaises en culottes de bicyclistes ; de vieux généraux russes aux moustaches féroces ; d'alertes Viennoises portant à la main un stick léger dont la poignée est fleurie de roses ; de petites actrices allemandes étalant les élégances agressives de la meilleure faiseuse de Magdebourg ; des Français qu'on reconnaît à ces deux signes qu'ils sont décorés de la Légion d'honneur et qu'ils portent des chapeaux dits paillassons ; des juifs polonais, vermineux et bibliques, dans leurs immenses caftans, le visage encadré de petites boucles de cheveux ; une Égyptienne dont les traits fins et douloureux s'enveloppent à demi dans une cape de soie rose pâle ; des nègres mélancoliques à qui les maladies de foie ont donné une couleur indéfinissable ; des officiers autrichiens à la démarche souple et nerveuse ; une vieille Arménienne, royalement belle, dont les voiles blancs, retenus par un cercle d'or, retombent sur d'admirables robes de soie brochée ; et des Chiliens, et des Cosaques, et des Levantins, et des rabbins, et des capucins !

Tous ces êtres, venus des quatre coins du monde, se dévisagent, cherchant à découvrir au passage chacun la nationalité ou la maladie de son voisin. Les obèses jalousent les maigres ou bien contemplent avec confiance ceux qui passent près d'eux et dont les vêtements flottants, devenus trop larges, attestent l'efficacité de la cure. On cause, on se dit ses espérances ou ses déceptions. On vante sa source. On vante son médecin. Même, tout en délayant du sel du Sprudel dans un verre de *Felsenquelle*, on flirte sous les colonnades : et le flirt n'exclut pas un échange de confidences affectueuses et intimes sur les résultats quotidiens du traitement.

A certaines heures, la foule est si grande que, avant d'arriver à la source où les *Brunnenmædchen* rempliront leurs verres, les buveurs forment une longue file qui s'avance, s'arrête, hésite et piétine, comme un troupeau résigné. Cela s'appelle ici la « marche des oies ». Tous les mouvements de cette multitude sont rythmés par la musique de la *Kurkapelle*. Car, dès l'aurore, les orchestres commencent de jouer, exécutant d'abord un choral religieux que suivent des valses et encore des valses.

Dans ce mélange des races, au milieu de la confusion

de tous les idiomes humains, il n'est point besoin d'être un observateur bien sagace pour établir tout de suite une grande classification et distinguer ceux qui boivent dans une tasse et ceux qui boivent dans un verre.

La tasse, c'est la tradition ; la faïence, c'est le vieux jeu. Il est d'ailleurs atroce, ce vieux jeu. Figurez-vous, munie d'une anse, l'une de ces tasses énormes où l'on verse le « petit noir » dans certaines auberges de Normandie. Les plus simples n'ont pour ornement que le mot : Carlsbad, avec le chiffre de l'année. Mais, souvent, elles sont rehaussées de guirlandes de fleurs et de devises. On peut même posséder sur sa tasse le portrait de son médecin.

Au contraire, le verre, c'est le nouveau jeu. Les individualistes boivent dans un verre. Certains transigent en buvant dans un verre gravé. Mais plus le verre est simple, plus le buveur affirme son mépris de la foule. Et cela est déjà un premier indice psychologique.

Mais voici le plus important. Comment porter son verre ou sa tasse ? Le vrai *Kurgast*, le *Kurgast* sérieux et conservateur accroche sa tasse par un porte-mousqueton à une courroie qu'il met en bandoulière et qu'il ne quitte jamais. Au restaurant, dans la forêt, au théâtre, on le rencontre toujours avec sa faïence en sautoir. Et que de nuances encore dans la façon de porter ce harnachement ! Les uns ramènent leur tasse sur leur abdomen, avec une ostentation provocante, et la manient glorieusement ; c'est la cartouchière du palikare. Les autres la rejettent en arrière, semblant s'excuser d'être un peu ridicules ; mais « c'est si commode » ! Il y a enfin les distraits, dont la tasse flottante va se cogner aux passants et aux murailles.

Ni la religion, ni la patrie, ni la race n'ont ici aucune influence. Même parmi les juifs polonais il y a le parti de la tasse et le parti du verre. Il y a des nègres qui tiennent leur tasse à la main, tandis que d'autres la portent en bandoulière. On voit donc tout de suite que ces choses intéressent le fond même de l'humanité et c'est là un beau thème de méditations morales, pendant que la *Kurkapelle* exécute des valses viennoises.

Autre aperçu philosophique. Carlsbad est une ville allemande ; ses habitants ne parlent que l'allemand ; on n'y découvrirait pas dix enseignes en langue tchèque. Aussi est-on soumis ici à une discipline toute germanique. Or, tout le monde, sans une velléité de rébellion, se conforme aux règles édictées. On voit des Russes s'éloigner des colonnades pour cracher là seulement où il est permis de cracher ; et cela est admirable. Il est interdit de fumer dans le voisinage des sources pour ne pas incommoder les malades : pas un Français n'allume sa cigarette. Et, — sauf quelques juifs polonais qui cherchent à ruser, — chacun prend docilement son rang dans la procession des buveurs. Tous souffrants, tous dociles.

※

Ils prennent le café au lait. — Ayant absorbé sa dose d'eau chaude, chaque *Kurgast* s'en va chez le boulanger, choisit le petit pain qui convient à son genre de maladie, le croustillant *Zwieback* ou l'onctueux *Mandelbrot*, et fait envelopper sa provision dans un petit sac de papier rouge.

La foule des petits sacs de papier rouge se disperse dans

les cafés de la ville ou des environs, et alors commencent les orgies de café au lait.

Ils sont charmants ces cafés de Carlsbad, avec leurs innombrables petites tables, habillées de nappes multicolores et autour desquelles circulent avec leurs plateaux les blondes *Kellnerinen*. Soyons véridiques : la *Kellnerin* de Carlsbad n'est pas jolie. Mais pour vous apporter votre journal ou votre *Kapuziner*, pour vous interroger sur votre santé, pour vous renseigner sur les hôtes illustres qui fréquentent son café, elle a un si gentil sourire de bonne humeur! Chacune a sa clientèle qui lui appartient. Quand une fois on a été servi par une *Kellnerin*, il serait inconvenant de s'adresser à l'une de ses camarades. Aussitôt assis, chaque client est signalé soit à *Resi*, soit à *Toni*, et *Resi* ou *Toni* vient savoir ce que désire son « baron ». Pour quelques kreutzers de plus, on vous donnera même de « l'Excellence ». Et entre *Resi* et *Toni* il n'y a jamais de chamaillerie, à moins que le client de *Toni* n'exige le même journal que le client de *Resi*. C'est alors la *Zeitungskrieg*.

* *

Ils flânent. — Ils flânent sur le Kiessweg : c'est le chemin qui suit la vallée de la Tepl. Ils se montrent les « célébrités » : un ministre russe, qu'on reconnaît à son nez cassé; M. Clémenceau en veston de flanelle blanche, se battant le dos avec sa canne; des grands-ducs; des millionnaires américains; un roi qui n'est, il est vrai, que de Serbie, mais qui n'en surexcite pas moins la curiosité des badauds. « Der Kœnig! Der Kœnig! » me dit, avec un immense respect, un Allemand assis près de moi sur le même banc. « Der Kœnig ! » et le flot des promeneurs s'arrête pour dévisager un jeune homme à la face insolente et fatiguée. Et mon voisin de banc qui sait la politique européenne m'assure que le roi de Serbie s'est rencontré à Carlsbad avec un fils du prince de Monténégro et qu'il pourrait bien, à la suite de cette entrevue, épouser une princesse monténégrine... J'écoute avec déférence cet homme qui pénètre les projets des cours ; mais, le soir, je lis dans un journal que l'ex-roi Milan continue de rédiger et de distribuer des pamphlets contre le prince de Monténégro. Alors ?

Ils flânent sur l'Alte Wiese. C'est là que sont les « beaux magasins ». Peu de bric-à-brac : je n'ai vu à Carlsbad ni Gobelins à vendre ni Fra Angelico. Mais aux devantures toute la pacotille viennoise : cadres, portefeuilles, statuettes, etc... tous ces menus objets qu'on appelle en Allemagne : *Galanteriewaaren*. Puis les industries locales : les fabriques de boîtes et de presse-papiers en pétrifications du Sprudel (c'est monstrueux) et les cristalleries où quelques pièces d'une forme élégante sont déparées par la vulgarité et la lourdeur du décor. Enfin de toutes parts des cartes postales, ce fléau de l'Allemagne : cartes postales ornées de paysages, cartes postales à l'effigie des souverains, des actrices ou des médecins, cartes postales d'actualité, cartes postales humoristiques, cartes postales poétiques, cartes postales carrées, cartes postales rondes, cartes postales musicales et cartes postales obscènes. On peut voir ces dernières candidement étalées sous les regards des passants. Et dans une ville où chaque matin la *Kurkapelle* inaugure son concert par un choral religieux, l'exhibition de ces vignettes ignobles est un peu imprévue.

Quand il a bien contemplé les vitrines des marchands, une des distractions du *Kurgast* est de se peser. De tous les côtés, des balances invitent le passant à constater les conséquences de sa cure. Un vieux monsieur fort aimable procède à l'opération et écrit le poids sur un bulletin qu'il remet cérémonieusement à son client. Des visages rayonnent. Des visages expriment un grand découragement.

C'est encore un bon divertissement que de se promener le nez en l'air en lisant le nom des maisons. Car, à Carlsbad, chaque maison porte un nom soit d'animal (le Chameau, la Truite, la Grenouille, etc.), soit de divinité (Vulcain, Vénus, Minerve), soit d'empereur, soit de musicien, soit de ville, soit de plante (le Cactus, l'Indigo, etc.). Il y a aussi des noms de fantaisie (la Rose bleue, le Cœur blanc, etc.) ou bien encore des appellations religieuses (Œil de Dieu, Salutation angélique, etc.). Il faut recommander ce passe-temps surtout aux personnes qui ne savent pas l'allemand et désirent l'apprendre. Une promenade dans les rues de Carlsbad, un dictionnaire à la main, est profitable.

*
* *

Ils dînent. — Les restaurants sont nombreux. L'enseigne annonce toujours qu'on sert une nourriture conforme au traitement. Le traitement est divers; les menus sont variés. La carte est immense, pareille à un journal.

Il faut voir les *Kurgäste* parcourir cette énumération interminable. Ils s'arrêtent avec convoitise sur le nom d'un plat défendu et retombent, tristes mais résignés, sur les monotones nourritures que le médecin a prescrites.

Parfois, un geste de révolte, un brusque « tant pis ! » La tentation a été trop forte. L'ordonnance a été enfreinte. On a dédaigné la compote à la saccharine ! L'*Oberkellner* assiste, impassible, à ces tragédies. A peine a-t-il un sourire pour enregistrer les victoires ou les défaillances.

*
* *

Ils se promènent. — Une admirable forêt de hêtres et de sapins enveloppe Carlsbad. Elle est sillonnée de routes et de sentiers soignés comme les avenues d'un parc. Une armée de balayeurs y ratisse les feuilles mortes. Ces chemins sont d'une agaçante propreté et des écriteaux vexatoires interdisent de sortir des allées. Mais, une fois la règle acceptée, il est impossible de ne pas goûter le charme de ces grands bois où l'ombre est épaisse, où la promenade est facile, et où, à chaque pli de la colline, à travers la variété des feuillages, se renouvellent des jeux de lumière imprévus et délicats.

Chaque route, chaque sentier a son nom. La municipalité de Carlsbad a fait hommage d'un chemin ou d'une colline aux empereurs, impératrices, princes ou princesses qui ont fait ici un séjour. Ainsi les personnes que le spectacle des bois n'incline point aux rêveries peuvent se donner, en se promenant, l'illusion de feuilleter l'Amanach de Gotha. C'est instructif.

Les inscriptions abondent dans la forêt. On voit accrochés à tous les rochers des espèces d'*ex-voto* sur lesquels des *Kurgäste* plus ou moins illustres ont tenu à consigner leur admiration ou leur reconnaissance pour Carlsbad. Ces plaques commémoratives sont rédigées dans toutes les langues de l'Europe. Certaines sont en prose; d'autres, les plus nombreuses, sont en vers. Et mon excellent ami, M. K..., professeur de philologie byzantine, regrette qu'on ne songe point à composer un *Corpus inscriptionum carlsbadianarum*.

Un Français qui, modestement, a signé A. de F..., se trouvait à Carlsbad en 1798. Sur un grand rocher, qui s'appelle le rocher du Parnasse, il a placardé une poésie de sa façon :

> O toi, divin Sproudel! ô fontaine sacrée!
> Riche présent du ciel! ô source renommée!

Puis ce sont de touchants adieux aux oiseaux, à la rivière, aux rochers, aux vallons délicieux,

> .....dans lesquels la nature
> Paye l'homme des soins qu'il donne à la culture.

Et il les remercie d'avoir offert à sa tristesse des « asiles propices ». Car il était venu à Carlsbad,

> Nourrissant dans son sein de cuisants souvenirs...

Et, ajoute-t-il,

> Tous les jours, je venais ici, sur ce gazon,
> Des caprices du sort méditer les leçons...

Qui était cet A. de F... qui faisait, en 1798, à Carlsbad, des vers plats, mais où déjà l'on surprend l'accent d'une neurasthénie presque romantique ?

*
* *

Ils prennent de nouveau le café au lait. — Ils se divisent alors en deux grandes catégories, ceux qui prennent le café au lait en musique et ceux qui le prennent sans musique.

Les premiers envahissent les cafés situés dans le voisinage de la ville. Là, autour de petites tables habillées de nappes multicolores, ils écoutent, bien sages, de belles symphonies. Les servantes devenues moins bavardes se gardent de circuler pendant l'exécution des morceaux. Le silence n'est plus troublé que par le bruit des petites cuillères. Les orchestres, composés de musiciens de la contrée, sont, pour la plupart, excellents. C'est, en effet, un dicton allemand que tout Bohémien naît voleur ou musicien, selon qu'il vient au monde, la main fermée ou la main ouverte. Portons au compte des préjugés ethniques la première partie du dicton, ou bien admettons que tous les Bohémiens naissent la main ouverte. Ce sont, en tout cas, de remarquables exécutants.

Les *Kurgäste* moins mélomanes gagnent les cafés de la forêt. Chaque point de vue a sa « restauration ». Ces établissements champêtres évoquent invinciblement le souvenir des guinguettes des environs de Paris. Au Veitsberg une grande tour en bois au pied de laquelle gisent des bouteilles vides achève l'illusion en rappelant à s'y méprendre un « Robinson » de banlieue. Mais cette illusion est courte. Voici le mirage dissipé : les parfums salubres de la grande forêt passent dans un souffle de brise ; la *Kellnerin* pose gentiment sur la nappe rouge les grands verres où resplendit l'or clair de la bière de Pilsen ; une vieille Bohémienne pince tristement de la harpe ; un couple bavarois rédige des cartes postales pour toute sa parenté.

*
* *

Ils soupent et ils vont se coucher. — A dix heures les portes des maisons sont closes. Les représentations du théâtre, qui commencent à six heures et demie, sont toujours terminées à neuf heures. D'ailleurs, on ne joue guère ici que des opérettes viennoises et des vaudevilles français, — seules œuvres d'art qui, paraît-il, conviennent au traitement. Maintenant les rues sont désertes. L'ordre et la vertu règnent à Carlsbad.

Cette existence différente de celle que l'on mène dans les villes d'eaux de France n'est pas sans charme. La variété des types dont se compose la cohue internationale fait un spectacle divertissant. La présence des Américaines, des Viennoises et de quelques rares Parisiennes corrige ce qu'a de trop inélégant cette multitude bizarrement fagotée. Puis le mauvais goût des bâtisses, le mauvais goût des étalages, le mauvais goût des toilettes, tous les mauvais goûts coalisés deviennent ici moins injurieux, tant les choses et les gens ont de bonne grâce. La forêt est si belle et les petites *Kellnerinen* sont si prévenantes! Et lorsque, par-dessus le marché, on a reçu du vieux monsieur qui pèse, l'assurance d'un notable progrès, il serait impossible d'être de méchante humeur... s'il ne fallait chaque matin, en ouvrant les journaux de Vienne, y trouver les télégrammes, les abominables télégrammes de Paris, deux fois douloureux à lire parmi tous ces étrangers qui nous interrogent et à qui nous ne savons plus que répondre.

Au retour d'une promenade, vers sept heures du soir, devant un café de la vallée de la Tepl, une des servantes vient à moi et d'une voix étranglée : « Notre impératrice a été assassinée ! » Elle ne sait rien de plus. Je me hâte vers Carlsbad. Là, de toutes parts, la nouvelle se confirme. Ce matin, la ville était pavoisée à cause d'une fête donnée en l'honneur d'un société scolaire. Partout on enlève les drapeaux. La représentation du théâtre a été suspendue. Sur les places, des groupes lisent la tragique dépêche affichée aux boutiques des libraires. Une grande consternation est sur tous les visages. Des officiers pleurent. Et de toutes les bouches sort le même cri de pitié : « Le pauvre empereur ! »

Le lendemain matin, la ville entière est en deuil. Au-dessus de l'hôpital militaire flotte un grand drapeau noir. La *Kurkapelle* a sur son programme remplacé les valses par des morceaux mieux appropriés à la tristesse de tous, — témoignage de douleur que nous jugerions un peu puéril, nous qui jouissons toujours de la musique en purs dilettantes, mais qui est naturel chez un peuple accoutumé à mêler la musique à toutes les émotions de sa vie sentimentale.

C'est sur cette lugubre impression que j'ai quitté la ville hospitalière, sa forêt accueillante et ses foules bariolées.

Août-septembre 1898.

AMSTERDAM

LA RUE.

Un des charmes d'Amsterdam, c'est sa vie nocturne. A six heures, tout le monde dîne ; puis les maisons se vident ; le peuple et les bourgeois s'en vont par les rues ; la foule grouille jusqu'à une heure assez avancée de la nuit dans la ville où tintent les carillons des tours et les clochettes des innombrables tramways. C'est l'animation d'une cité méridionale. On se croirait à Barcelone. Les voix sans doute sont moins sonores et les gestes plus mesurés ; mais c'est la même cohue flânant pour le charmant plaisir de la flânerie. Qu'il pleuve, qu'il vente ou qu'il gèle, rien ne fait renoncer les gens d'Amsterdam à leur promenade du soir et, sous l'averse, on les voit déambuler toujours du même pas, s'arrêter aux devantures des mêmes magasins, abrités sous leurs parapluies ruisselants.

Faisons comme eux, errons au hasard : le spectacle est d'une prodigieuse variété et l'œil s'amuse à chaque détour de la rue.

Près du port, en face d'un cabaret dont les quinquets éclairent la ruelle étroite et sordide, des matelots à moitié ivres et deux filles vêtues de percaline rose dansent un quadrille paisible, presque solennel ; un cuisinier nègre joue de l'accordéon et sa bonne face de caoutchouc se déforme et grimace suivant le rythme de sa musique. Au bout de la ruelle, comme un morceau de miroir brisé, la lagune noire reflète des éclats de lune.

Plus loin, la place d'un marché ; sous des auvents de toile rapiécée qui claquent à la brise, ce sont les marchands de moules : tous les juifs du quartier (c'est le samedi soir) sont venus pour rompre le jeûne ; des torches fumeuses éclairent la scène, projetant des lueurs qui vacillent sur les tignasses crépues et les bouches grandes ouvertes où s'engloutissent des moules, et encore des moules.

Un tumulte de pianos mécaniques, des bribes de chansons, des appels mystérieux, des raies de lumière passant soudain par les portes entr'ouvertes, c'est la rue des *Nes*. Les policemen casqués de cuir bouilli vont gravement de long en large, modérant le zèle des personnes qui invitent les passants à pénétrer dans les musicos et les bouges. La rue est hospitalière ; la police est cordiale, et tout cela se passe au cœur de la ville, à deux minutes du Dam. La Hollande est la terre de la tolérance.

Revenons à la *Kalverstrat*. Les voitures n'ont point le droit d'y passer ; aussi est-ce là que se retrouvent tous les flâneurs et que la foule se donne le spectacle qu'elle aime par-dessus tout, le spectacle de la foule. Les salles des cafés qui bordent les trottoirs ne sont point éclairées ; les buveurs, plongés dans l'obscurité, ne perdent rien du coup d'œil de la rue et les passants défilent dans la pleine lumière devant ces observateurs invisibles.

Il faut les bien regarder, ces passants à l'allure vive,

alerte et dégagée, pour apprécier toute la niaiserie de nos traditionnels préjugés. Un Hollandais, selon la légende chère à nos vaudevillistes, romanciers et humoristes, est un homme obèse, lourd, lent et dont les cheveux sont couleur de filasse. Si peu qu'on ait voyagé en Hollande, on est forcé de reconnaître que beaucoup d'hommes, ici, sont bruns; que presque tous sont sveltes et qu'ils ont la belle et sûre démarche des Anglais. Le Hollandais a eu raison de son tempérament lymphatique à force d'hygiène et de sport. Il est, comme la Hollande elle-même, un chef-d'œuvre de la volonté. Quant aux Hollandaises, voyez passer ces jeunes filles et ces fillettes rieuses, libres et rapides, au regard droit et assuré, sans effronterie, sans timidité : elles sont charmantes.

Les devantures des magasins flamboient : des étoffes anglaises, et encore des étoffes anglaises, comme en France; des meubles anglais et encore des meubles anglais, toujours comme en France; quelques bric-à-brac très cossus; des faïences modernes fabriquées à Rozenburg ou à Utrecht, dont les formes sont heureuses et le décor agréable. (Le fléau des industries viennoises semble sévir ici moins cruellement que dans le reste de l'Europe.) Puis de petites crèmeries qu'on appelle Melk Salon, où l'on boit du lait pur, de l'exquis chocolat, et où l'on mange des gaufres et des pâtisseries estimables. Enfin de belles et étincelantes boutiques, où l'on vend des salaisons, des poissons, des monceaux de crevettes tout épluchées, et des fromages à croûte jaune, et des fromages à croûte rouge.

En contemplant ces « têtes de mort » amoncelées, un

souvenir hante ma mémoire, le souvenir d'une matinée passée à Alkmar, il y a quelques années.

Alkmar a l'attrait indicible des petites villes hollandaises, attrait auquel on ne saurait résister à moins de haïr la couleur et le silence. C'est là que chaque vendredi se tient un des principaux marchés de fromages de la contrée. Les fromages sont charriés sur une place au pied d'un délicieux monument de la Renaissance hollandaise qui abrite le poids public. Partout le sol est couvert de ces boules d'or clair pareilles à d'énormes oranges. A chaque balance du poids public, désignée par une couleur différente, sont attachés des porteurs dont cette couleur devient l'insigne : des hommes vêtus des pieds à la tête de rouge, de bleu, de jaune, de violet, circulent portant les fromages sur de larges brancards. Devant le marché, le long du canal, sont amarrés des bateaux et, par des longues rigoles en bois qui partent du quai, les grosses oranges roulent indéfiniment, emplissant peu à peu de lumière et de gaieté la coque sombre des chalands. Les tons de ce tableau mouvant sont d'une incroyable richesse dans l'air transparent qui flotte sur la terre de Hollande.

L'EXPOSITION DE REMBRANDT.

Les belles heures, riches d'enseignements et de méditations, que les heures passées dans ce musée improvisé ! Tous les tableaux n'y sont peut-être ni des Rembrandt ni des chefs-d'œuvre ; mais cependant il y a assez de toiles authentiques et admirables pour nous faire mieux aimer et comprendre le génie de l'artiste le plus émouvant qui fût jamais! Sans doute, les œuvres capitales de Rembrandt sont aujourd'hui à tout jamais fixées dans les grands musées d'Europe, à Dresde, à Saint-Pétersbourg, à Cassel, à Paris. Aucun de ces musées n'a envoyé ses richesses à Amsterdam ; et même les musées d'État hollandais se sont abstenus. Mais, parmi les toiles prêtées par les collectionneurs, que de sublimes portraits, que d'œuvres propres à révéler les aspects divers du génie de Rembrandt! Les trois chefs-d'œuvre qui appartiennent à la ville d'Amsterdam, *la Fiancée juive*, *la Ronde de nuit* et *les Syndics*, grâce à la manière dont ils sont ici éclairés, prennent un surcroît de beauté. Des reproductions viennent au secours de notre mémoire et éveillent le souvenir des toiles vues ailleurs, en même temps qu'une merveilleuse collection de dessins commente les peintures. Enfin, à quelques pas de l'exposition, le cabinet des estampes du musée royal avec ses admirables séries d'eaux-fortes nous invite à étudier le graveur auprès du peintre. Bref, ici l'on vit en Rembrandt.

A Amsterdam, presque comme à Bayreuth, on a, en ces jours, le sentiment d'être un pèlerin, prêt à la dévotion, prêt au fanatisme. On ignorera toujours la plus grande, la plus pure et la plus salutaire des joies artistiques, si l'on n'a point une fois subi cette prise de possession, si l'on n'a point considéré l'artiste qu'on aime comme un génie unique au-dessus de l'humanité et à qui on sacrifie sans justice tous ses enthousiasmes passés... pendant quelques jours, pendant quelques heures.

J'évitais donc à Amsterdam de m'arrêter devant aucun tableau qui ne fût de Rembrandt pour ne point briser le charme, pour ne point comparer. Je m'interdis d'aller à Harlem pour y revoir les Franz Hals. Au musée royal, j'allai droit au portrait de vieille femme, le seul Rembrandt qui soit demeuré dans la galerie, et je hâtai le pas à travers les autres salles.

Pourquoi ai-je été moins sage dans la maison Six? Après avoir contemplé le portrait du bourgmestre et celui de sa femme, j'aurais dû m'en aller. J'ai suivi les autres visiteurs au premier étage. Déjà, dans l'escalier, je savais que je trahissais Rembrandt en cédant au désir de revoir les deux chefs-d'œuvre de Vermeer, qui m'appelaient là-haut. Je les ai revus et, ensuite, revenu dans le salon du rez-de-chaussée, je n'ai plus regardé avec les mêmes yeux le portrait de Six. Lendemain, au musée de la Haye, j'ai longuement admiré la *Vue de Delft* du même Vermeer et moins longuement, je crois, *la Présentation au temple* de Rembrandt.

Vermeer, c'est la vérité, c'est la nature, c'est la clarté du jour, c'est l'air que nous respirons. Aucun n'a rendu avec une pareille simplicité la lumière du ciel et la lumière des intérieurs. Celui-là n'use ni d'artifices, ni de contrastes. De tous les maîtres hollandais nul n'observe les choses d'un œil plus tranquille et ne les traduit d'un pinceau plus habile, nul ne réunit comme lui la naïveté du regard et la virtuosité de la main. Il est un grand réaliste; mais en même temps il choisit l'heure, le moment, le rayon, le geste avec un goût raffiné et un souci délicieux de la beauté. Même, faut-il dire qu'il les choisit? La souveraine aisance de la composition, la maîtrise de l'exécution, l'infaillible fidélité du coloris, tout concourt chez lui à faire oublier l'art et l'artiste. Jamais on ne nous a donné plus forte et plus captivante l'illusion du réel... Et je ne pouvais me lasser de regarder *la Laitière* de la collection Six et d'admirer le jeu simple et caressant de la pure lumière qui, filtrée par les vitres, vient frôler le visage blond et illuminer le corsage jaune, de ce jaune franc et éclatant qu'on retrouve dans tous les Vermeer et qui en est la miraculeuse signature.

Quand on s'est laissé reprendre par cet art de paix et de vérité, si ensuite on veut revenir à Rembrandt, le sursaut est brusque. D'un monde d'harmonie, d'équilibre et de bonheur, on tombe en plein drame. Après les joies paisibles de la bonne et indulgente lumière du ciel, les tragédies du clair obscur. Après le spectacle de la vie simple, simplement vécue, simplement rendue, l'éblouissement de la féerie la plus extraordinaire qu'ait jamais rêvée une imagination humaine.

Le contraste est violent, trop violent : il trouble notre plaisir, il inquiète presque notre jugement ; il nous fait trop sentir l'étrangeté des travestissements dont sont affublés les personnages de Rembrandt ainsi que des héros de théâtre, la véhémente folie des coups de lumière venus on ne sait d'où, le surnaturel de cette immense apocalypse... Mais nous voici de nouveau devant *la Ronde*, devant *les Syndics* et, de nouveau, le génie est le plus fort.

Ce contraste nous a du moins fait entrevoir à quel point Rembrandt fut étranger à sa race et à son milieu. Taine a confessé que Rembrandt était hors de sa nation et hors de son siècle, « par une structure d'œil particulière et par une sauvagerie extraordinaire de génie », et il a seulement découvert en lui « les instincts communs qui relient les races germaniques et conduisent au sentiment moderne », découverte un peu vague et par laquelle il essaye de masquer ici l'insuffisance de sa théorie. Vermeer et Rembrandt ont vécu à peu près dans le même temps, l'un à Delft et l'autre à Amsterdam, et ils sont aux deux pôles de la peinture : voilà le fait, et la théorie s'écroule parce qu'elle se heurte au génie, à l'irréductible génie... Je sais bien qu'un critique, — c'est Thoré, je crois, — a soutenu que Vermeer a été l'élève de Rembrandt. S'il en a fourni quelque preuve, j'imagine qu'il ne l'a point tirée de la comparaison de leurs œuvres.

Novembre 1898.

KREUZNACH

Kreuznach est la ville d'eaux classique. Il y a des *Kuranlagen* où l'on se promène parfois à l'ombre et parfois au soleil ; il y a des *Kurwaaren*, bijoux, écharpes, verreries et souvenirs qu'on vend dans des boutiques en planches ; il y a un *Kurtheater* où l'on représente des opéras, des comédies, des drames et des farces ; il y a un *Kurhaus* où l'on danse et où on lit les gazettes ; il y a une *Kurkapelle* qui joue trois fois par jour des musiques diverses ; il y a enfin des *Kurgäste* qui boivent, se baignent, et potinent... La seule différence que j'aie constatée au passage entre les mœurs de Kreuznach et celles des autres villes d'eaux, c'est la coutume qu'ont ici les *Kurgäste* d'aller s'asseoir devant des tas de fagots mouillés. La vallée de la Nahe, au-dessus de Kreuznach, est coupée par d'immenses échafaudages où sont rangés des fagots. L'eau salée des sources est amenée par des pompes au sommet des échafaudages, et, de là, ruisselle sur les brindilles de bois où elle laisse en passant une partie de son sel. Des bancs sont disposés de place en place, face à la muraille de fagots, et il est salutaire de venir respirer les exhalaisons de la saline. Le traitement est, paraît-il, miraculeux. Mais il faut voir le spectacle mélancolique de tous ces pauvres gens assis, le nez sur des bourrées humides !

Après m'avoir fait admirer les *Kuranlagen*, les *Kurgäste* et les amas de fagots humides, un de mes amis me proposa de visiter le cimetière de la ville de Kreuznach. Car, à côté de Kreuznach, établissement de bains, où l'on ne meurt point, il y a Kreuznach, ville où l'on meurt comme ailleurs. (Kreuznach-ville a un vieux pont et de vieilles maisons, tout ce qu'il faut pour occuper les *Kurgäste* qui pratiquent l'aquarelle.)

Le cimetière de Kreuznach est un merveilleux jardin où les tombes disparaissent sous les lierres et sous les fleurs. Les sépultures ne sont point serrées les unes contre les autres. Chacune a son jardinet, ses arbres et ses roses, enfermés dans une grille. Des allées minuscules sont dessinées autour de petites plates-bandes ; dans chaque enclos, il y a un fauteuil ou un banc de fer comme on en voit dans les squares ; et ces sièges, disséminés dans la verdure, nous rendent encore plus vive l'impression que nous pénétrons ici dans un lieu de promenade et de flânerie : on s'étonne de ne point entendre la *Kapelle*, l'inévitable *Kapelle*.

Dans une des avenues du cimetière se dresse un monument en forme de pyramide tronquée, surmonté d'une sorte de trophée composé d'un sabre, d'un canon et d'un casque de carabinier. Il date de 1842 et il a été élevé *Aux habitants de Kreuznach qui ont servi sous les drapeaux de Napoléon*. On a beau savoir, par toutes sortes de témoignages, que les souvenirs du premier Empire sont demeurés vivaces dans le pays rhénan, on a beau connaître les *lieder* de Henri Heine, on n'en éprouve pas moins une certaine émotion devant ce monument élevé en terre allemande aux fils de l'Allemagne qui ont servi le vainqueur d'Iéna. Et ne croyez point à une admiration aujourd'hui éteinte, à un culte maintenant délaissé. Beaucoup des inscriptions que porte le monument ont été fraîchement redorées.

Sur les quatre faces de la pyramide tronquée sont consignés les noms de tous ces serviteurs de l'Empire, et pour chacun l'on indique son arme et son grade. L'orthographe de ces inscriptions témoigne que l'enthousiasme napoléonien n'était point incompatible avec l'ignorance de la langue française. Il y eut des habitants de Kreuznach dans tous les grades de l'armée impériale. Voici « le maréchal de camp, baron de Wald-Erbach Guérin, commandeur de la Légion-d'Honneur et chevalier de Saint-Louis, mort en 1841 », puis un « corporal de voltigeurs de la Garde », un « corporal de canonniers de marine », un « lancier de la garde du roi de Naples », un « trompette du roi de Wurtemberg », un « grenadier », un « houssard », un « dragon », un « sapeur de génie », etc... C'est toute la Grande Armée qui se relève pour la revue nocturne.

Les derniers figurants de l'épopée qui sont morts à Kreuznach sont : Moritz Bernard, « grenadier à cheval de la Vieille Garde », mort le 8 février 1870 ; Horadi aîné, mort le 11 juillet 1872, et Lang Henri, « grenadier du 85ᵉ régiment de ligne, 1ʳᵉ compagnie », né le 31 décembre 1791, mort le 20 octobre 1878. Ces deux derniers ont donc vu la guerre de 1870 !

D'ailleurs, nous continuons notre promenade à travers le cimetière et arrivons dans un petit jardinet réservé aux morts de la guerre franco-allemande. Là une *Germania* couronnée de chêne, une palme à la main, se dresse sur un socle qui porte ces mots : « Aux fils de la ville qui ont trouvé la mort pour la patrie dans la guerre de 1870-71, ainsi qu'aux guerriers allemands morts dans les hôpitaux d'ici, Kreuznach reconnaissant. » En face du monument, quelques sépultures et une grande table de pierre où sont rappelés les noms des fils de la ville tombés pour la patrie allemande. Or, plusieurs de ces mêmes noms figuraient sur le monument aux soldats de Napoléon Ier.

Là, les aïeux. Ici les petits-fils. Il y a de la gloire pour tout le monde.

Le louable désir d'honorer les morts conduit les peuples à des incohérences d'une forte ironie.

Août 1899.

FRIEDRICHSDORF

Je me suis rappelé avoir lu, il y a une quinzaine d'années, quelques pages de J.-J. Weiss sur Friedrichsdorf. C'était un joli tableau de cette colonie de réfugiés huguenots qui, venus de France dans le Taunus après la révocation de l'édit de Nantes, reçurent du landgrave Frédéric II, Frédéric à la Jambe d'argent, une large hospitalité et fondèrent un village où aujourd'hui encore on parle la langue française. Weiss, après avoir décrit cette petite communauté calviniste, avait annoncé que son originalité allait s'effaçant, que la germanisation marchait grand train et que bientôt on n'entendrait plus le français à Friedrichsdorf.

Une demi-heure de chemin de fer de Francfort à Hombourg, un quart d'heure de Hombourg à Friedrichsdorf, et je débarque dans un grand bourg propre et fleuri, à la lisière de la forêt du Taunus, d'où l'on domine l'immense plaine de Francfort. Les maisons aux toits de tuile rouge sont entourées de jardins et de vergers. Les champs sont partout plantés de pommiers. Ce sont sans doute ces pommiers-là qui firent dire à Michelet, lorsqu'il visita Friedrichsdorf, qu'il crut y retrouver la Normandie. Mais, pommiers à part, le paysage est bien germanique avec ses lignes un peu dures et le contraste violent de la plaine desséchée et de la forêt profonde dont sont revêtues les collines.

C'est le dimanche matin. Les rues sont désertes. Les boutiques sont closes. J'examine les enseignes. Presque toutes portent des noms français : Foucar, Achard, Garnier, Privat. Les auberges ont double enseigne, l'une en allemand, l'autre en français. Je vois quelques vieillards occupés à jardiner ; par les fenêtres ouvertes j'en aperçois d'autres qui se rasent avant d'aller à l'église : je me plais à leur découvrir un certain air français. Mais je me méfie de mes intuitions ethniques.

Je sors du village pour gagner un parc minuscule où les habitants de Friedrichsdorf ont élevé un monument au landgrave Frédéric II, leur bienfaiteur. L'inscription est en français ; le monument date de 1873. Près de là, une petite fontaine est surmontée d'une plaque de pierre où on lit : *Fontaine Daniel*; mais il me semble que les caractères s'effacent. Est-ce un signe ? Je vais le savoir, car les cloches sonnent pour appeler les fidèles à l'église...

Un jeune pasteur est en chaire. D'une voix claire, avec une remarquable pureté de langage, il lit les prières en français. Puis l'assistance entonne un cantique français ; les voix sont sonores et ne trahissent aucun accent étranger. Le pasteur prêche et ses auditeurs attentifs ne semblent pas perdre un mot de son discours. En retrouvant brusquement le parler de France dans cette bourgade allemande, on se sent pris d'une singulière émotion. On prête peu d'attention aux prières et aux chants ; mais leur sonorité s'empare de l'imagination, la caresse et la grise. On regarde les visages de ces hommes ; on les reconnaît ; on les a vus « chez soi ». On est vraiment en

France et on s'abandonne à l'illusion de cette rêverie jusqu'au moment où le pasteur prie et invite l'assistance à prier pour « notre empereur et roi ».

Je regarde les gens de Friedrichsdorf sortir de l'église. Décidément, j'ai eu raison de me méfier de mes intuitions ethniques. Le type français a évidemment persisté chez quelques vieillards ; mais les jeunes gens ont la tournure germanique et rien ne distingue des autres Allemandes du Taunus les femmes et les filles de la communauté française.

Encore une fugitive évocation de la France : un pensionnat défile dans la rue au pas cadencé ; ce sont les élèves d'un collège renommé établi, depuis 1836, à Friedrichsdorf, par un habitant du nom de Garnier ; ils portent le képi et la tunique de nos « potaches ».

Toutes ces impressions sont bien vagues et je ne sais toujours pas jusqu'à quel point au juste se sont accomplies les prédictions de J.-J. Weiss. Pour me renseigner, je vais frapper à la porte du pasteur, M. Emmanuel Christen, celui dont j'ai tout à l'heure écouté la prédication.

M. le pasteur Christen est Suisse, comme le furent, depuis plus d'un siècle, tous les pasteurs de Friedrichsdorf. La communauté n'accepterait point la présence d'un Allemand et, d'autre part, aucun pasteur français, surtout depuis trente ans, ne saurait abandonner sa nationalité pour venir exercer ici son ministère. Dans le jardin de son presbytère, M. Christen me donne le plaisir d'une longue et charmante causerie ; car il sait comme personne la chronique de Friedrichsdorf, celle d'autrefois et celle d'aujourd'hui. Voici, à peu près, ce que j'en ai retenu :

La langue française est loin d'être abandonnée par les habitants de Friedrichsdorf. La communauté huguenote se compose de six cent vingt personnes. Sur ce nombre, il y en a cinq cent vingt qui comprennent et parlent le français. Cet attachement à la langue du pays d'origine est très puissant parce qu'il part d'un sentiment religieux, c'est la volonté de lire la Bible dans le livre même où les aïeux l'ont lue. Presque tous les gens de Friedrichsdorf qui renoncent à parler le français renoncent presque en même temps à fréquenter l'église. Aujourd'hui, sur deux instituteurs, il y en a un qui enseigne en français; l'école possède une bibliothèque de livres français. Telle est maintenant la situation ; la communauté, ou du moins le plus grand nombre des membres de la communauté, reste *religieusement* fidèle à la langue de ses ancêtres.

Lui restera-t-elle toujours fidèle? C'est peu vraisemblable.

La petite colonie huguenote a longtemps vécu isolée, mais depuis plus d'un demi-siècle, elle s'allie aux nombreuses familles allemandes qui ont émigré à Friedrichsdorf. Elle-même se disperse chaque jour à travers le monde entier. Les jeunes filles trouvent aisément des places d'institutrices, parce qu'elles parlent couramment l'allemand et le français. Les jeunes gens vont chercher fortune au loin ; car les industries que les réfugiés avaient installées à Friedrichsdorf (tissage et teinturerie) n'ont point conservé la même prospérité que dans le siècle passé.

Mais la grande, la vraie raison qui rend la germanisation inévitable, c'est que la petite communauté française de Friedrichsdorf subira, comme toutes les autres communautés françaises de l'Allemagne (elles y pullulèrent après la révocation de l'édit de Nantes), l'influence de sa nationalité nouvelle. J'écris à dessein : nationalité nouvelle. Car, jusqu'en 1866, ces anciens Français n'eurent aucune espèce de nationalité.

Depuis leur arrivée dans les États de Frédéric à la Jambe d'argent, ils n'étaient plus Français, bien qu'à vrai dire, durant les guerres de la Révolution, ils aient invoqué leur origine pour échapper aux taxes et aux réquisitions. Ils n'étaient point davantage Allemands. Ils étaient les sujets du landgrave de Hesse-Hombourg, et cela leur donnait une nationalité à peu près aussi sérieuse que peut l'être aujourd'hui la nationalité monégasque. Mais après la guerre austro-allemande, la Hesse-Hombourg fut annexée à l'État prussien. Puis la France déclara la guerre à la Prusse. Si les vieux huguenots de Friedrichsdorf entendaient encore parfois, au fond de leur cœur, le lointain murmure de la race, ils durent ce jour-là le faire taire pour jamais. Ils sont devenus, dès lors, les très fidèles sujets de l'empereur. Il y a dans leur église une plaque de marbre où sont inscrits les noms de tous ceux d'entre eux qui prirent part à la campagne de France. C'est la première inscription *allemande* qui ait été apposée dans leur temple, et cela est significatif; car c'est depuis 1870 qu'en réalité l'Allemagne est devenue leur patrie et que l'allemand est devenu leur langue *nationale*.

Un jour, cet îlot de langue française sera donc submergé; la force des choses vaincra l'admirable ténacité des vieux huguenots. En attendant, c'est un spectacle émouvant que celui de cette petite communauté défendant avec une pieuse énergie sa langue traditionnelle contre le temps et contre la logique.

Août 1899.

WEIMAR

« Le 28 août 1749, au coup de midi, je vins au monde à Francfort-sur-le-Mein... » Telles sont les premières lignes des *Mémoires* de Gœthe.

Le 28 août 1899, l'Allemagne va célébrer par de grandes fêtes le cent cinquantième anniversaire de la naissance du plus illustre de ses poètes. Chaque ville fouille les œuvres et la correspondance de Gœthe pour y découvrir quelque prétexte de s'associer à cette commémoration d'une façon particulière. Dans les théâtres, on prépare des séries de représentations, des « cycles », comme l'on dit ici, où seront passées en revue toutes les pièces de Gœthe. Il y a bien çà et là, dans ce concert d'enthousiasme, quelques notes discordantes. A Breslau, par exemple, les étudiants ont protesté contre de telles fêtes, alléguant que Gœthe n'avait jamais montré aucun patriotisme et qu'il était toujours demeuré indifférent à la cause allemande. Le nationalisme artistique fait proférer de grandes sottises à Breslau comme ailleurs... Mais, à tout prendre, du Rhin à la Vistule, Gœthe sera célébré comme il convient. Et devant cet élan de tout un peuple pour saluer la mémoire d'un écrivain auquel il doit beaucoup de gloire, je ne puis sans mélancolie penser aux honneurs si rares et si mesquins que la France rend à ses poètes et à ses artistes d'autrefois...

Je viens de passer quelques jours à Weimar, et, tout en « gœthisant » sous les admirables ombrages du parc, j'ai pris quelques notes. Ces menues impressions auront, du moins, le mérite de l'actualité.

*
* *

Weimar est appelé par les Allemands la ville des poètes, et ses places sont peuplées des statues de ses hôtes. Mais Weimar est, avant tout, la cité de Gœthe. Ni Wieland, ni Herder, ni Schiller ne se sont en quelque sorte identifiés avec la petite ville. Puis, ceux-là sont des poètes allemands, purement allemands; ils n'auront jamais sur nous l'ascendant que Gœthe a pris peu à peu sur toutes les imaginations « européennes ». Et c'est Gœthe que nous cherchons, et c'est Gœthe que nous trouvons en parcourant les rues, les places et les jardins de Weimar.

Si Weimar n'était un lieu de pèlerinage, qui songerait à s'y arrêter? La ville a, sans doute, le charme propre à toutes les petites résidences allemandes; elle a un grand palais, un grand parc, de petites rues et de petites maisons. Elle a été faite pour la vie de cour et il n'y a plus de cour. « Ce n'était point une petite ville, disait Mme de Staël, mais un grand château »; il n'y a plus personne dans le château; les princes allemands préfèrent la Riviera, Ostende ou la Maloja au mélancolique séjour de leur principauté. Ces petites résidences sont silencieuses et surannées; elles évoquent une Allemagne lointaine, cordiale et un peu gauche, où l'on singeait la France, mais où l'on aimait la nature. Elles se ressemblent toutes : Gotha, Meiningen, Altenburg, et bien d'autres dont les images se brouillent et se confondent dans le souvenir du voyageur... Weimar est l'une d'elles. Mais c'est là que Gœthe a vécu et régné.

Puisqu'on est à Weimar, on en profite cependant pour voir les « curiosités » de Weimar. Dans les appartements du château, il y a de très beaux dessins, des cartons de Léonard de Vinci et quelques peintures précieuses. Dans le musée, le « professeur » Preller a peint des scènes de *l'Odyssée*, qui ont ici une grande et inexplicable renommée. Dans la Stadtkirche, au-dessus de l'autel est placé un magnifique triptyque de Cranach, où se trouve un des plus beaux portraits de Luther que j'aie jamais rencontrés ; et l'on voit encore de vieilles tombes avec de vilaines sculptures et des épitaphes étranges comme celle-ci, que je recueille sur le monument funéraire d'une princesse du xvie siècle :

Ad superas abii, morte soluta, domus,
Morte, propinati quæ suspicione veneni
Non curet. Occultum indicat omne Deus.

Puis l'on vague par les rues qui montent, descendent et serpentent et où circule un tramway électrique, le paradoxal tramway des petites villes d'Allemagne qui, le soir, traverse éblouissant, comme un météore, les carrefours sombres, le bon et paternel tramway où personne ne vous réclame le prix de votre place et où l'on est seulement prié de jeter dans un tronc ses dix pfennig. Et toutes ces « curiosités » ne sont point méprisables.

Mais il faut revenir à Gœthe, bon gré mal gré ; car tout ici évoque sa mémoire.

Partout on se heurte à son image. La grande salle de la bibliothèque de Weimar regorge de ses bustes et de ses portraits. Dans les rues, on ne saurait échapper à l'obsession ; dans toutes les boutiques, chez les libraires, chez les épiciers et chez les coiffeurs, on vend des photographies de Gœthe et la carte postale, l'inévitable carte postale, reproduit de toutes parts les traits de Gœthe, jeune, mûr, vieux, avec ou sans Schiller, avec ou sans ses parents, avec ou sans sa femme, etc... Puis il y a des monuments de Gœthe, des statues de Gœthe, une Archive, élégant pavillon qui domine Weimar et qui a été récemment élevé pour abriter les manuscrits, les lettres et les livres de Gœthe et de Schiller. Mais le lieu saint entre tous, le sanctuaire du gœthisme, c'est la maison de Gœthe.

Cette maison où le poète a logé pendant plus de quarante années a été léguée à l'État par le dernier de ses petits-fils, en 1885, avec toutes les collections et tous les souvenirs qu'elle contenait. Elle est devenue, depuis ce temps-là, le *Gœthe-National-Museum*. On l'a vingt fois décrite. Elle a inspiré aux pèlerins qui l'ont visitée des dithyrambes, des méditations, des poèmes et même quelquefois des plaisanteries. Je ne ferai pas, une fois de plus, l'inventaire des collections de Gœthe (gravures, dessins, médailles, faïences, échantillons minéralogiques, etc...), des portraits qui sont accrochés aux murailles et des souvenirs qui garnissent les vitrines.

Ces « souvenirs » ont fait sourire certains passants. Lorsque Gérard de Nerval vint à Weimar, en 1890, pour assister à l'inauguration de la statue de Herder (1), il s'attendrit en écoutant Liszt jouer sur l'épinette de Schiller la mélodie des *Plaintes de la jeune fille* de Schubert. Mais il fut moins respectueux dans la maison de Gœthe et s'étonna d'y trouver réunis les portraits de toutes les femmes que le poète avait aimées. Cela déroutait les idées de Gérard sur la pudeur allemande. Naguère, M. Édouard Rod, dans son *Essai sur Gœthe*, écrivait : « Weimar est devenu la Mecque d'une religion dont Gœthe est le dieu : on y conserve sa tabatière et ses collections, les cailloux qu'il ramassait dans ses promenades, les objets d'art qu'il rapportait d'Italie, les présents qu'il recevait de ses admirateurs. Il y a un musée Gœthe pour l'installation duquel le rigorisme allemand s'est adouci ; car on y expose les portraits de toutes les femmes qu'il a aimées autour de ceux de sa femme légitime. »

On ne saurait imaginer les colères que ces blasphèmes ont déchaînées. Les professeurs allemands ont vertement traité M. Rod d'écrivain « spirituel ». Et on vend à la porte du musée Gœthe une petite brochure du conservateur, M. Carl Ruland, où il est exposé que la « boutade » de M. Rod ne mérite point d'être prise au sérieux, que Gœthe n'a jamais fait usage du tabac, que ces « cailloux » sont des échantillons d'un grand intérêt scientifique et qu'on n'a jamais réuni autour du portrait de la légitime épouse les portraits des femmes qui furent aimées de Gœthe. Sur ce dernier point, je me hâte de donner raison à M. Carl Ruland. J'ai cherché ces fameux portraits :

(1) Le récit de ces fêtes durant lesquelles Liszt fit représenter, pour la première fois, *Lohengrin* sur le théâtre de Weimar, se trouve dans un volume de Gérard de Nerval intitulé : *Lorelye*.

je ne les ai pas trouvés. Dans un coin, comme en pénitence, une pauvre lithographie de Lotte Kestner, la Charlotte de *Werther*, puis un portrait de Maximilienne Brentano, et enfin quelques images de la belle comédienne Corona Schrœter, voilà toutes les traces de la vie sentimentale de Gœthe que j'ai découvertes sur les murailles. J'aurais voulu voir l'image de Frédérique, celle de Lili, celle de Mme de Stein. Si elles figurent dans le musée, le « rigorisme allemand » les a bien dissimulées.

Ce qui a mis M. Rod de si méchante humeur, c'est que, comme beaucoup d'autres, il a été exaspéré par la dévotion superstitieuse que révèle cette exhibition de reliques. (Un peu de cette méchante humeur est resté, je crois, dans tout son *Essai*, où, d'ailleurs, sous une forme très vivante, sont résumés, commentés et discutés les derniers travaux de la critique allemande.) Je me rappelle avoir, jadis, partagé cette irritation : je jugeais de telles collections de « souvenirs » niaises et ridicules. Depuis, j'ai changé d'avis et je ne trouve plus si méprisable cette façon d'instituer pour les grands hommes une sorte de culte populaire, fût-il un peu grossier, fût-il un peu puéril.

Il suffit de mettre dans le choix des reliques quelque goût et quelque mesure. En de telles matières on tombe facilement dans la bouffonnerie. Il y a précisément à Weimar un musée de Liszt qui est d'un comique délicieux : on a réuni là toutes les décorations, toutes les tabatières, toutes les cannes, tous les services d'argenterie, toutes les couronnes que lui donnèrent les rois et les princes ; c'est vraiment la maison du pianiste. La maison de

Gœthe a un intérêt plus haut et elle ne satisfait pas seulement la banale curiosité de la foule.

Certaines reliques auraient pu sans inconvénient disparaître des vitrines : une montre, des anneaux, des plumes, une poignée de cheveux. Mais d'autres ont une singulière vertu d'évocation, comme cette croix de la Légion d'honneur que nos yeux ne peuvent rencontrer sans que notre mémoire se reporte à l'entrevue de Gœthe et de Napoléon. Puis, à les bien regarder, les collections artistiques de Gœthe, ses dessins, ses bronzes, ses gravures, ses bibelots nous en disent long sur son goût intime, sur ses vraies préférences esthétiques. On surprend là le fond même de l'esprit de Gœthe. On voit à quel point il demeura toujours un homme du xviiie siècle, un humaniste, un classique. Quel bon commentaire, quelle bonne illustration du *Voyage en Italie !* Et comme, après avoir visité la maison du poète, on comprend bien que *Gœtz* fut un accident de jeunesse dans l'histoire de son développement intellectuel et que l'œuvre où il a suivi le plus docilement la pente de son imagination, c'est *Iphigénie* !

Lorsque, il y a treize ans, je vins à Weimar pour la première fois, je passai dédaigneusement devant la porte de la maison de Gœthe. C'était, je le croyais alors, outrager la mémoire d'un poète que de vouloir connaître de lui autre chose que ses vers, et il fallait laisser les badauds et les snobs exercer leur vile curiosité sur la vie des grands hommes. Mais, en vivant, on apprend que toute vie a son intérêt, même celle des poètes. *Vérité et Poésie*, c'est le titre des *Mémoires* de Gœthe. Il vient un temps où l'on sent le prix de la *vérité.*

*
* *

Si la *vérité* vous déplaît encore, si vous êtes de ceux à qui elle ne plaira jamais, il est à Weimar un lieu où vous pourrez évoquer en toute poésie l'esprit de Gœthe : c'est le parc, le merveilleux parc de la résidence, avec ses arbres d'une royale beauté, ses prairies pleines de fleurs, sa rivière rapide et fraîche. Les avenues silencieuses et désertes sont propres à la rêverie. On y oublie tout : les tristesses de notre heure, la lourdeur de l'été, le journal qu'on vient de lire, le tramway qu'on vient de croiser... Je devrais dire *les* parcs de Weimar ; car celui de la résidence n'est point le seul qui ait ce charme souverain. Non loin de la ville, il y a d'autres châteaux : Belvédère, Tiefurt, Ettersburg et chaque château a son parc, son grand parc touffu et solitaire qui convie les imaginations à s'évader dans le passé.

C'est là qu'on peut comprendre quelle fut la vie de la petite cour de Weimar, quelles modes y fleurissaient, quels divertissements y étaient en faveur, quels y étaient les façons et les goûts. Or Gœthe était l'âme de cette société ; il en gouvernait les modes et les goûts ; il en réglait les divertissements ; ses fonctions officielles auprès de Charles-Auguste ne durèrent que dix années ; mais lorsque, à son retour d'Italie, il crut devoir s'en démettre, il garda, en réalité, sa toute-puissance et rien ne se fit dans le duché sans son conseil ou son approbation : c'est donc Gœthe lui-même à qui nous revenons encore.

Ce parc de Weimar a été dessiné par Gœthe. J'accorde qu'il fallait, pour exécuter ce dessin, moins de génie que pour composer *Egmont*. Mais, tout de même, c'est un chef-d'œuvre; et c'est en même temps un signe intéressant de l'évolution du goût allemand à la fin du xviii° siècle.

A la cour de Charles-Auguste on a encore la superstition des choses de France; on parle et on écrit le français; on représente des comédies françaises; on s'habille à la mode française. Gœthe n'échappe pas à cette obsession : nous connaissons ses lettres en français; nous savons qu'il a « adapté » des tragédies de Voltaire... Et, cependant, le parc de Weimar n'est point un parc à la française : ni rocailles, ni jeux d'eau, ni charmilles; les perspectives y sont ménagées comme au hasard, sans symétrie; sous les grands arbres inclinés l'Ilm court presque torrentueux; rien ne sent l'imitation de Versailles, cette imitation qui fut si longtemps l'idée fixe de tous les princes d'Allemagne. C'est que ce parc est l'œuvre de l'auteur de *Werther* et que *Werther*, pour l'Allemagne, fut le retour au « sentiment de la nature ». Gœthe s'est défendu à maintes reprises d'avoir, dans *Werther*, subi l'influence des romanciers anglais. C'est discutable. Mais ce qu'on ne peut contester, c'est que la cour de Weimar vivait à la française dans un parc anglais et qu'ainsi l'avait voulu Gœthe lui-même... Sous les chênes et les hêtres, poussez plus loin cette méditation et, tout en écoutant le murmure de l'Ilm, vous pourrez faire des conjectures ingénieuses, amusantes, et peut-être justes, sur la formation du génie allemand.

Puis, dans ce parc, il y a des « monuments » : ils ne sont point d'une grande beauté. Mais, eux aussi, ils ont bien des choses à nous conter. Écoutons-les, au hasard de notre promenade.

Voici une chapelle construite en « style gothique », le *Tempelherrenhaus*. C'est le seul vestige de romantisme ou pour mieux dire de néo-moyenâgisme qu'on puisse découvrir ici. Bien que Schiller ait vécu à Weimar, bien que ses drames aient été représentés sur le théâtre de la cour, le goût romantique ne fut jamais en grande faveur à Weimar. Quand Gœthe y vint résider, il avait déjà presque oublié ses premières ferveurs, son indignation contre les Welches imitateurs de l'antiquité, la révélation que lui avaient apportée la lecture de Shakespeare et le spectacle de la cathédrale de Strasbourg. Cette petite bâtisse gothique, — et, mon Dieu! quel gothique! — fait donc un effet surprenant dans ce parc où le seul bric-à-brac qui gâte la beauté des pelouses et des frondaisons est un bric-à-brac gréco-romain.

Non loin de là, on se trouve en face d'une maison romaine; c'est moins imprévu. Des colonnes ioniques, un fronton, des muses et des génies en stuc, des palmes, des lyres et des masques, tout ce décor est plus conforme à l'esthétique de Gœthe, du Gœthe qui avait découvert en Italie les raisons décisives de *paganiser* sa vie et son art.

Genio hujus loci : ces mots sont gravés sur un autel antique, où se trouvent des pains que mange un grand serpent enroulé au fût de la colonne. Que veut dire ce rébus? Selon une légende populaire, il y avait jadis en ces parages un terrible serpent dont on fut débarrassé par la ruse d'un boulanger, qui plaça sur les rochers des pains empoisonnés. Des commentateurs affirment que le grand-duc Charles-Auguste voulut simplement rappeler qu'autrefois les bords de l'Ilm étaient infestés de serpents. D'autres soutiennent que le serpent, emblème d'une vie sans cesse renouvelée, était chez les anciens la forme sous laquelle apparaissait le génie d'un lieu sacré. Cette dernière interprétation doit être la meilleure... Admirez en passant le zèle des exégètes.

Une petite maison de bois et d'écorce nommée la *cellule* a son histoire, qui mérite qu'on la rappelle. Car voici un petit tableau de cette vie de cour que Goethe mena dix années durant (1775-1786) et où tant de critiques lui ont reproché d'avoir gaspillé son activité et son génie. Le 25 août 1778, Goethe veut célébrer la fête de la duchesse Louise par une représentation; mais survient un orage; l'Ilm déborde sur toutes les prairies de la rive droite. Alors Goethe, en trois jours, dans le plus grand mystère, fait bâtir cette petite maison sur le coteau opposé et il y invite la cour. Des moines en robes blanches, Goethe faisant le *Pater decorator*, reçoivent les hôtes à qui l'on sert une pauvre collation dans des écuelles de terre. Puis tout à coup l'on entend de la musique; une porte s'ouvre et apparaît un festin magnifique... Lisez la poésie de Goethe intitulée : *les Joyeux Vivants de Weimar*, où il énumère, jour par jour, les parties, les excursions et les divertissements auxquels il entraînait ses amis et la cour : « Jeu et danse, conversation, théâtre nous rafraîchissent le sang... » Mais on ne traduit pas une poésie de Goethe; c'est impossible.

Au fond du parc, adossé à une pente boisée, faisant face à une grande prairie, s'élève une singulière maison blanche, basse avec un toit très haut (*Hohes Dach und niedres Haus*, dit Goethe). C'est le logis de campagne dont

Charles-Auguste fit présent au poète. Celui-ci y demeura sept ans et y composa les trois premiers livres de *Wilhelm Meister*, *Egmont*, *Iphigénie* et *Le Tasse*. Naturellement, c'est encore un lieu de pèlerinage. La maisonnette est à peu près démeublée. A peine s'y trouve-t-il encore quelques mauvais bibelots rapportés d'Italie et on montre un lit de sangle qui fut, paraît-il, le lit de voyage de Gœthe. Dans le jardin, sur une pierre sont gravés des vers à Mme de Stein.

Ce fut dans cette petite maison qu'un beau jour le conseiller privé installa, au grand scandale de Weimar, une gentille grisette, Christiane Vulpius, « la petite fleur, luisante comme les étoiles, belle comme de petits yeux », Christiane, qui après avoir été le « petit *eroticon* » du poète, devint la meilleure et la plus dévouée des ménagères, une parfaite « hausfrau ». C'est dans le jardin de la petite maison qu'il faut relire les *Élégies romaines* ; car c'est là que furent écrits ces poèmes de volupté païenne.

Oftmals hab'ich auch schon in ihren Armen gedichtet,
Und des Hexameters Mass leise mit singernder Hand
Ihr auf den Rücken gezählt....

Christiane, qui, malgré cette initiation, paraît n'avoir jamais connu la mesure des hexamètres, se laissait païennement aimer de son conseiller... Quant à Mme de Stein, les vers que lui avaient jadis adressés Gœthe demeuraient gravés dans le jardin de Christiane et c'était là tout ce qui restait des amours platoniques d'autrefois.

Maintenant, laissant Weimar, il faudrait suivre la cour de Charles-Auguste dans ses résidences d'été, au joli petit château du Belvédère, la demeure de la duchesse-mère Anne-Amélie, qui de loin domine la ville parmi des ombrages épais ; à Tiefurt, dont le parc est semé de mausolées, d'autels, de temples et de statues ; surtout à Ettersburg, où la forêt, avec ses admirables futaies, prolonge à l'infini le parc du château. Et partout nous retrouverions encore le souvenir de Gœthe, le vestige de ses fantaisies, et, sur les socles et les rochers, la trace de ses épigrammes.

Dans toutes ces résidences il y avait une scène. On eut à Weimar la fureur du théâtre. On montre à Tiefurt la place où l'on donnait la comédie aux flambeaux, et à Ettersburg la salle où Charles-Auguste, Gœthe et la belle Corona Schrœter représentèrent *Iphigénie* pour la première fois. Gœthe a passionnément aimé le théâtre ; et il ne l'a point aimé seulement en poète, mais aussi en comédien, en régisseur, en machiniste, en impresario. Il l'a aimé toute sa vie. Dans sa maison natale, à Francfort, on conserve le petit théâtre de marionnettes que lui légua sa grand'mère, et dont le spectacle « causa au petit garçon une impression très forte qui se fit sentir plus tard dans une grande et durable activité » (*Mémoires*). Sa première œuvre est un drame. A Weimar, il improvise des représentations d'amateurs ; puis il devient l'intendant du théâtre de la cour. Enfin relisez *Wilhelm Meister*…

Ces notes sont un peu décousues, je l'avoue. Mais je vous les livre telles quelles, comme je les ai prises sur les bancs des beaux parcs frais et hospitaliers. Ainsi, elles exprimeront moins imparfaitement le charme d'une promenade à l'aventure à travers Gœthe et Weimar.

TABLE DES MATIÈRES

A TRAVERS LES IDÉES

De l'Influence des littératures étrangères	3
L'Ironie	31

A TRAVERS LES MŒURS

Les Temps du Panama	55
Trois radicaux	55
Les naufragés	61
La coterie	64
Impressions d'audience	69
Le secret de la comédie	73
Le Tout-Mazas	75
Un examen de conscience	78
Cornélius Herz	81
L'Élection du Président de la République	84
L'Interview	91
Spectacles et divertissements	112
La fête des fleurs	112
Tableaux vivants	114
Quelques symboles	117
Esthétique dominicale	120
Au Jardin d'acclimatation	123
La *Passion* au Nouveau-Théâtre	129
Tristan au Cirque d'été	136
Au Jardin des plantes	141
Aux Folies-Bergère	145
Les concours du Conservatoire	153

A TRAVERS PARIS

Le Musée Carnavalet	163
Le Monument aux morts	172
La Maison de Gustave Moreau	181
A la Bibliothèque de la Comédie française : Beaumarchais et la marquise de la Croix	194
La « Schola cantorum »	207

A TRAVERS LA FRANCE

Vézelay.. 215
Beaune... 219
Lyon... 222
    Fourvière.. 222
    Le Guignol lyonnais.. 230

Toulouse... 243
Albi... 258
Solesmes... 268
Maintenon... 283
Pèlerinages raciniens... 296
    La Ferté-Milon et Uzès... 296
    Le centenaire de Racine.. 312

A TRAVERS L'EUROPE

Majorque... 327
    La semaine sainte.. 327
    Souvenirs de Majorque.. 339

    Engadine... 344
    Rastapolis... 344
    Pontresina... 347
    Les chameaux de la Maloja.. 350

Munich.. 353
    Le charme de Munich.. 353
    Le souvenir de Louis II.. 356
    L'*Octoberfest*.. 360
    Napoléonisme... 365

Carlsbad... 371
Amsterdam... 383
    La rue... 383
    L'exposition de Rembrandt.. 386

Kreuznach... 391
Friedrichsdorf.. 395
Weimar.. 401

Les études et les notes réunies dans ce volume ont été publiées dans le Journal des Débats, *dans* la Revue de Paris, *dans* la Revue bleue et *dans* la Revue illustrée.

Paul Gaultier,
Avocat
Licencié-ès-Lettres
Directeur des Publications de la Société d'Edition Artistique.

Pavillon de Hanovre
reçoit le Jeudi de 8h½ à 11h½   32-34, rue Louis-le-Grand

www.ingramcontent.com/pod-product-compliance
Lightning Source LLC
Chambersburg PA
CBHW051835230426
43671CB00008B/961